제1판 머 리 말

성범죄로 고소를 받은 경우 굉장히 당혹스럽고 패닉에 빠질 것입니다. 그럴수록 신중해져야 하고 더욱 이성적으로 행동해야 합니다. 본 책을 보기 전에는 임의로 판단해서 섣불리 행동을 하지 마시기 바랍니다.

또한 이 책은 피의자뿐만 아니라 성범죄 사건을 실제로 다루는 변호사들에게도 유익한 내용을 담고 있습니다. 피의자가 사실관계를 정리할 때 반드시 고려해야 할 실무상 주요 쟁점, 수사·재판 과정에서 마주하는 구체적인 대응 포인트, 그리고 판례 분석을 통한 전략적 시사점 등을 함께 수록하였습니다.

따라서 이 책은 사건 당사자에게는 실질적 대응 매뉴얼이 되고, 변호사들에게는 의뢰인 상담 및 사건 준비에 도움이 되는 참고서가 될 것입니다.

저는 변호사로서 대한민국에서 소송을 가장 많이 하는 법무부에서 운영하는 대한법률구조공단(인천 부천, 김포, 대전)에서 퇴사 후 개업변호사인 현재까지 1인 기준 4,000건이 넘는 재판을 경험했습니다(부산변호사협회 소명완료). 처음 변호사를 시작한 법무부 공익법무관 3년의 복무기간에 성범죄 피해자의 국선변호를 맡았고, 이후에는 피고소인 변론까지 담당하며 고소인과 피고소인 양측의 입장을 깊이 이해하게 되었습니다. 이러한 경험은 저에게 성범죄 사건의 본질을 꿰뚫을 수 있는 큰 무기가 되었습니다. 처음 책을 집필하고자 마음먹고 사건을 처리하면서 메모하고 정리한 것이 5년입니다. 5년 만에 본 책의 제1판이 나올 수 있게 되었습니다. 본 책은 성범죄 사건에 연루된 사람들을 위한 실질적인 도움을 제공하는 책입니다.

본 책은 단순한 스펙이나 홍보용이 아닌, 실제 사건 처리와 연구 과정을 통해 집필한 실무 교재입니다. 저자는 사건마다 상담 내용을 기록하고, 승소사례는 전략으로 정리하며 패소사례는 반성의 거울로 삼아왔습니다.

성범죄 사건에 연루되었다는 것만으로도 당사자는 극심한 심리적, 사회적 압박에 시달리게 됩니다. 억울하게 처벌받는다면 그 고통은 이루 말할 수 없을 것입니다. 제가 말하는 '<u>억울한 처벌</u>'이란 두 가지입니다. <u>첫째, 하지도 않은 일로 처벌받는 것</u>. <u>둘째, 자신이 한 잘못보다 과도하게 처벌받는 것</u>입니다.

이 책은 억울한 처벌을 받지 않기 위해 성범죄 사건에 연루된 피의자 또는 피고인들이 꼭 알아야 할 실용적인 지침서(실무서)입니다. 변호사의 역할도 중요하지만, 고소를 받은 본인도 이 위기를 이겨낼 준비와 공부가 필요합니다. 아무리 유능한 변호사와 사건을 해결한다고 하더라도 피의자 또는 피고인의 잘못된 판단과 행동은 사건을 되돌릴 수 없게 악화시킵니다.

이 책은 전문 법률서적이 아니라 비법률가(일반인)를 위해 쉽게 쓴 책입니다. 성범죄로 고소를 받은 사람은 본 책을 정독하는 것이 의무적인 '**숙제**'라 생각하시고 스스로를 지킬 수 있는 지식과 전략을 얻으시길 바랍니다. 변호사를 선임하여 사건을 진행하시는 분에게는 '**변호사와 손발이 맞을 때**' 가장 좋은 성과를 낼 수 있습니다. '**공부만이 살 길**' 또는 '**아는게 힘이다**' 라는 말을 믿고, 함께 준비해봅시다.

본 실무서는 대한민국 내 시중에 유통된 모든 성범죄 관련 서적을 참고하고 연구했으며, 저의 살아 있는 경험과 노하우로 정리하여 제작하였습니다. **계속해서 사건의 경험을 누적시켜 나가면서 주기적으로 개정판이 출간될 예정입니다**. 저의 성장과 함께 본 책도 계속해서 성장할 것입니다.

저작권 위반의 문제에 대해서는 법적 조치가 취해질 수 있습니다.

2025년 10월
대한변호사협회 등록 형사전문변호사
법률사무소 나인(부산) 대표변호사 김 현 태

더욱 자세한 문의는 아래 QR코드를 통하여
네이버플레이스 내 네이버톡톡 '문의'주시면 답변드리겠습니다.

<목차>

1. **형사사건 중 성범죄만의 특이성** ·· 7
   가. 성범죄? 고소인의 진술만으로 유죄 ··· 7
   나. 성범죄 유죄선고만? 다양한 부가처분이 부과 ···························· 8
   다. 고소인에 대한 직접 연락? 2차 가해로 제한 ···························· 40

2. **이 책의 활용방법** ·· 41
   가. 반드시 알아야 하는 법률용어 ·· 41
   나. 본 책을 본인의 '입장'과 '단계별 시기'에 맞는 '쟁점'별 발췌하세요 ········· 50

3. **입장별 전체적인 절차 이해** ·· 51
   가. 죄를 인정하는 피의자 형사소송절차의 전체적인 흐름 ················· 51
   나. 무죄를 주장하는 피의자 등 형사소송절차의 전체적인 흐름 ·········· 62
   다. 절차별 공통적으로 변호인이 할 수 없고, 피의자 등만이 할 수 있는 일 ··· 75
   라. 성범죄 형사사건에서 변호사가 하는 일 ···································· 77

4. **모든 피의자 등의 필수적 대응지침(필독★)** ····························· 83
   가. 성범죄로 고소를 받은 피의자의 대응지침 총정리 도표 ··············· 83
   나. 공통된 대응지침의 내용 ·· 84
   다. 죄를 인정하는 피의자 등 대응지침의 내용 ······························· 94
   라. 무죄를 주장하는 피의자 등 대응지침의 내용 ··························· 102

5. **각 죄명별 성립요건 및 반드시 확인해야 하는 주요쟁점** ············· 108
   가. 서설 ·· 108
   나. 형법 ·· 108
   다. 성폭력범죄의 처벌 등에 관한 특례법(성폭력처벌법) ·················· 134
   라. 아동·청소년의 성보호에 관한 법률(아청법 혹은 청소년성보호법) ······ 155

마. 성매매알선 등 행위의 처벌에 관한 법률(성매매처벌법) ···················· 162

바. 스토킹범죄의 처벌 등에 관한 법률(스토킹처벌법) ···················· 168

6. 죄를 인정하는 의뢰인 대응솔루션(구체적 대처방법★) ················ **173**

가. 서설 ···················· 173

나. 사죄편지 작성방법 ···················· 174

다. 반성문 작성방법 ···················· 189

라. 선처탄원서 작성방법 ···················· 200

마. 성범죄 사건 합의 하는 방법 ···················· 210

바. 기타 양형자료 준비방법 ···················· 215

사. 선처를 위한 경찰 또는 검찰조사 받는 방법 ···················· 219

아. 구속 전 피의자심문(구속영장실질심사) 대비방법 ···················· 230

자. 법원 유죄인정 최후진술 준비방법 ···················· 236

7. 무죄를 주장하는 의뢰인 대응솔루션(구체적 대처방법★) ················ **241**

가. 서설 ···················· 241

나. 성범죄가 무죄가 나올 수 있는 사건 유형 ···················· 242

다. 성범죄가 무죄가 나오기 힘든 사건 유형 ···················· 244

라. 사실관계 정리 및 무죄를 입증할 증거자료 확보 및 예시 ···················· 246

마. 본인진술서 작성방법 ···················· 254

바. 무죄를 위한 경찰 또는 검찰조사 받는 방법 ···················· 267

사. 구속 전 피의자심문(구속영장실질심사) 대비 ···················· 288

아. 법원단계 무죄 재판준비 ···················· 293

자. 무죄가 나온 경우 고소인 상대로 할 수 있는 법적 조치 ···················· 310

8. 자주 묻는 질문(Q&A) ···················· **320**

가. 피해자에 대한 대처 궁금증 ···················· 320

나. 경찰단계 궁금증 ··· 321
다. 검찰단계 궁금증 ··· 324
라. 재판단계 궁금증 ··· 327
마. 집행단계 궁금증 ··· 334
바. 양형자료 궁금증 ··· 336

1. 형사사건 중 성범죄만의 특이성

가. 성범죄? 고소인의 진술만으로 유죄

성범죄는 다른 형사사건과는 본질적으로 다른 특이성을 지니고 있습니다. 가장 큰 특징 중 하나는 사건의 수사와 재판이 고소인의 진술을 중심으로 진행된다는 점입니다. **성범죄는 대개 폐쇄적인 공간이거나 은밀한 공간에서 이루어지는 경우가 많아 직접적인 물적 증거가 부족한 경우가 대부분입니다.** 이러한 특성 때문에 **고소인의 진술이 증거의 중심**이 되고, 이는 사건의 방향과 결론에 중대한 영향을 미칩니다.

우리 헌법은 무죄추정의 원칙을 근본으로 하여, 피고인은 유죄가 입증되기 전까지 무죄로 간주된다고 규정하고 있습니다. 그러나 성범죄 사건에서는 이러한 원칙이 제대로 지켜지지 않는 경우가 많습니다. **사실상 '유죄추정의 원칙'이 적용되는 현실이 존재합니다.** 성범죄 고소가 접수되면, 피고소인(피의자 또는 피고인)은 자신의 무죄를 입증해야 하는 입증책임을 떠안게 되는 구조에 놓입니다. 이는 헌법과 형사소송법이 보장하는 원칙과는 상반된 상황입니다.

수사 단계에서는 경찰과 검사가 고소인의 진술을 기본으로 사건을 구성하며, 피의자의 진술은 신뢰하지 않으려는 경향이 강합니다. 성범죄의 특성상 고소인은 스스로 피해를 밝히기 어려운 위치에 놓여 있다는 전제가 작용하기 때문에, 고소인의 진술을 적극적으로 받아들이는 반면, 피고소인의 주장은 회피 논리로 간주되며 중요도가 낮게 취급됩니다. 이는 초기 수사 단계에서 피고인의 방어권을 실질적으로 약화시키는 결과를 초래합니다.

재판 과정에서도 이러한 경향은 이어집니다. 판사는 증거 판단에 있어 신중을 기해야 하지만, 고소인의 진술을 유일한 증거로 삼아 유죄의 심증을 굳히는 경우가 적지 않습니다. 이는 성범죄가 사회적으로 민감한 사안이라는 점, 피해자 보호가 강조되는 법적 환경, 그리고 대중의 시선을 의식한 판결 등이 영향을 미친 결과로 볼 수 있습니다. 고소인의 진술이 일관되고 구체적이라면, 그 외의 객관적 증거가 부족하더라도 피고인은 유죄 판결을 받을 가능성이 큽니다.

이러한 구조는 억울한 피고인에게 큰 부담을 안깁니다. 자신이 하지 않은 일을 하지 않았음을 입증해야 하는 상황, 즉 '소극적 사실의 증명'이라는 매우 어려운 과제를 스스로 해결해야 합니다. 변호인은 객관적 증거를 통해 고소인의 진술의 신빙성을 공격해야 하고, 피고인은 자신의 진술을 신뢰받지 못하는 환경 속에서 사실을 증명해야 하는 이중의 어려움을 겪습니다.
결론적으로, 성범죄 사건은 그 특수성으로 인해 고소인의 진술이 과도하게 중심이 되고, **피의자 또는 피고인이 스스로 무죄나 피해자의 과장된 진술에 대한 입증을 해야하는 왜곡된 구조**가 형성되고 있습니다.

나. 성범죄 유죄선고만? 다양한 부가처분이 부과

성범죄의 경우 일반 형사사건에 비하여 다음과 같이 다양한 부가처분 또는 보안처분이 부과되어 피고인의 불이익이 가중됩니다. ①신상정보 등록, ②신상정보 공개·고지명령, ③성폭력 치료 프로그램 이수명령 또는 재범예방에 필요한 수강명령, ④취업제한 명령, ⑤보호관찰, ⑥사회봉사 명령, ⑦전자발찌 부착명령 또는 전자장치 부착 명령. 일부 부가처분은 법률상 의무적으로 부과되며, 일부 부가처분은 판사의 재량으로 부가됩니다. 실무상 신상정보 등록과 성폭력 치료 프로그램 이수명령 등은 성범죄 유죄시 대부분 부가가 되고 있습니다.

1) 신상정보 등록

신상정보 등록이란 성범죄의 유죄의 판결이 '**확정**'된 날부터 30일 이내에 다음 각 호의 신상정보(성명, 주민등록번호, 주소 및 실제거주지, 직업 및 직장 등의 소재지, 연락처, 신체정보, 소유차량의 등록번호, 인물사진)를 자신의 주소지를 관할하는 경찰관서의 장에게 제출하여야 하는 것을 말합니다(성폭력처벌법 제43조).

> ■ 성폭력 범죄의 처벌 등에 관한 특례법 (약칭 : 성폭력처벌법)
> 제42조(신상정보 등록대상자) ① 제2조제1항제3호·제4호, 같은 조 제2항(제1항제3호·제4호에 한정한다), 제3조부터 제15조까지의 범죄 및 「아동·청소년의 성보호에 관한 법률」 제2조제2호가목·라목의 범죄(이하 "등록대상 성범죄"라 한다)로 <u>유죄판결이나 약식명령이 확정된 자</u> 또는 같은 법 제49조제1항제4호에 따라 공개명령이 확정된 자는 <u>신상정보 등록대상자(이하 "등록대상자" 라 한다)가 된다. 다만, 제12조(성적 목적을 위한 다중이용장소 침입행위)·제13조(통신매체를 이용한 음란행위)의 범죄</u> 및 「아동·청소년의 성보호에 관한 법률」 제11조제3항 및 제5항의 범죄로 <u>벌금형을 선고받은 자는 제외</u>한다. <개정 2016. 12. 20.>

위 규정과 같이 대부분의 모든 성범죄의 유죄판결은 판사의 재량이 없이 신상정보

등록을 법률상 의무사항으로 규정하고 있습니다. 다만, ①성적 목적을 위한 다중이용 장소 침입, ②**통신매체이용음란죄**, ③아동·청소년 성 착취물 배포, 제공, 광고, 소개, 전시, 상영과 ④아동·청소년 성 착취물 소지, 시청 행위로 '**벌금형**'을 선고받는 경우 신상정보 등록 대상에서 제외됩니다.

신상정보 등록 대상자는 아래 규정에서 보시는 것처럼 신상정보가 변경된 경우에는 변경정보를 20일 이내에 경찰서 등에 제출해야 하고, 매년 12월 31일까지 경찰서 등에 출석하여 인물사진을 제출해야 합니다. 6개월 이상 국외에 체류하기 위해서는 미리 관할 경찰관서의 장에게 체류 국가 및 체류 기간 등을 신고하여야 하는 불이익이 있습니다. 또한, 출국 사실뿐만 아니라 입국 사실을 신고해야 하는 불이익도 있습니다.

> ■ 성폭력 범죄의 처벌 등에 관한 특례법 (약칭 : 성폭력처벌법)
> 제43조(신상정보의 제출 의무) ① 등록대상자는 제42조제1항의 판결이 **확정된 날부터 30일 이내**에 다음 각 호의 신상정보(이하 "기본신상정보"라 한다)를 자신의 주소지를 관할하는 경찰관서의 장(이하 "관할경찰관서의 장"이라 한다)에게 제출하여야 한다. 다만, 등록대상자가 교정시설 또는 치료감호시설에 수용된 경우에는 그 교정시설등의 장에게 기본신상정보를 제출함으로써 이를 갈음할 수 있다.
> 1. 성명
> 2. 주민등록번호
> 3. 주소 및 실제거주지
> 4. 직업 및 직장 등의 소재지
> 5. 연락처(전화번호, 전자우편주소를 말한다)
> 6. 신체정보(키와 몸무게)
> 7. 소유차량의 등록번호
>
> ② 관할경찰관서의 장 또는 교정시설등의 장은 제1항에 따라 등록대상자가 기본신상정보를 제출할 때에 등록대상자의 정면·좌측·우측 상반신 및 전신 컬러사진을 촬영하여 전자기록으로 저장·보관하여야 한다.
> ③ 등록대상자는 제1항에 따라 제출한 **기본신상정보가 변경된 경우**에는 그 사유와 변경내용(이하 "변경정보"라 한다)을 변경사유가 발생한 날부터 **20일 이**

> 내에 제1항에 따라 제출하여야 한다.
> ④ 등록대상자는 제1항에 따라 기본신상정보를 제출한 경우에는 그 다음 해부터 **매년 12월 31일까지** 주소지를 관할하는 경찰관서에 출석하여 경찰관서의 장으로 하여금 자신의 정면·좌측·우측 상반신 및 전신 컬러사진을 촬영하여 전자기록으로 저장·보관하도록 하여야 한다. 다만, 교정시설등의 장은 등록대상자가 교정시설 등에 수용된 경우에는 석방 또는 치료감호 종료 전에 등록대상자의 정면·좌측·우측 상반신 및 전신 컬러사진을 새로 촬영하여 전자기록으로 저장·보관하여야 한다.
>
> 제43조의2(출입국 시 신고의무 등) ① 등록대상자가 **6개월 이상 국외**에 체류하기 위하여 출국하는 경우에는 미리 관할경찰관서의 장에게 체류국가 및 체류기간 등을 **신고하여야** 한다.
> ② 제1항에 따라 신고한 등록대상자가 입국하였을 때에는 특별한 사정이 없으면 14일 이내에 관할경찰관서의 장에게 입국 사실을 신고하여야 한다. 제1항에 따른 신고를 하지 아니하고 출국하여 **6개월 이상 국외에 체류한 등록대상자가 입국하였을 때에도** 또한 같다.

아래 규정에서 보시는 것처럼 신상정보가 등록되면 최소 10년 동안 등록 정보가 보존됩니다.

> ■ 성폭력 범죄의 처벌 등에 관한 특례법 (약칭 : 성폭력처벌법)
> 제45조(등록정보의 관리) ① 법무부장관은 제44조제1항 또는 제4항에 따라 기본신상정보를 최초로 등록한 날(이하 "최초등록일"이라 한다)부터 다음 각 호의 구분에 따른 기간(이하 "등록기간"이라 한다) 동안 등록정보를 보존·관리하여야 한다. 다만, 법원이 제4항에 따라 등록기간을 정한 경우에는 그 기간 동안 등록정보를 보존·관리하여야 한다.
>
> 1. 신상정보 등록의 원인이 된 성범죄로 사형, 무기징역·무기금고형 또는 10년 초과의 징역·금고형을 선고받은 사람: 30년
> 2. 신상정보 등록의 원인이 된 성범죄로 **3년 초과** 10년 이하의 징역·금고형을 선고받은 사람: **20년**

> 3. 신상정보 등록의 원인이 된 성범죄로 **3년 이하**의 징역·금고형을 선고받은 사람 또는 「아동·청소년의 성보호에 관한 법률」 제49조제1항제4호에 따라 공개명령이 확정된 사람: **15년**
> 4. 신상정보 등록의 원인이 된 성범죄로 **벌금형**을 선고받은 사람: **10년**

신상정보 등록 면제는 아래 규정을 참고해주시기 바랍니다.

> ■ 성폭력 범죄의 처벌 등에 관한 특례법 (약칭 : 성폭력처벌법)
> 제45조의2(신상정보 등록의 면제) ① 신상정보 등록의 원인이 된 성범죄로 형의 선고를 유예받은 사람이 선고유예를 받은 날부터 2년이 경과하여 「형법」 제60조에 따라 면소된 것으로 간주되면 신상정보 등록을 면제한다.
>
> ② 등록대상자는 다음 각 호의 구분에 따른 기간(교정시설 또는 치료감호시설에 수용된 기간은 제외한다)이 경과한 경우에는 법무부령으로 정하는 신청서를 법무부장관에게 제출하여 신상정보 등록의 면제를 신청할 수 있다.
> 1. 제45조제1항에 따른 등록기간이 30년인 등록대상자: 최초등록일부터 20년
> 2. 제45조제1항에 따른 등록기간이 **20년**인 등록대상자: 최초등록일부터 **15년**
> 3. 제45조제1항에 따른 등록기간이 **15년**인 등록대상자: 최초등록일부터 **10년**
> 4. 제45조제1항에 따른 등록기간이 **10년**인 등록대상자: 최초등록일부터 **7년**
>
> ③ 법무부장관은 제2항에 따라 등록의 면제를 신청한 등록대상자가 다음 각 호의 요건을 모두 갖춘 경우에는 신상정보 등록을 면제한다.
> 1. 등록기간 중 등록대상 성범죄를 저질러 유죄판결이 확정된 사실이 없을 것
> 2. 신상정보 등록의 원인이 된 성범죄로 선고받은 징역형 또는 금고형의 집행을 종료하거나 벌금을 완납하였을 것
> 3. 신상정보 등록의 원인이 된 성범죄로 부과받은 다음 각 목의 명령의 집행을 모두 종료하였을 것
>   가. 「아동·청소년의 성보호에 관한 법률」에 따른 공개명령·고지명령
>   나. 「전자장치 부착 등에 관한 법률」에 따른 전자장치 부착명령
>   다. 「성폭력범죄자의 성충동 약물치료에 관한 법률」에 따른 약물치료명령
> 4. 신상정보 등록의 원인이 된 성범죄로 부과받은 다음 각 목의 규정에 따른

보호관찰명령, 사회봉사명령, 수강명령 또는 이수명령의 집행을 완료하였을 것
    가. 제16조제1항·제2항·제4항 및 제8항
    나. 「형법」 제62조의2제1항
    다. 「아동·청소년의 성보호에 관한 법률」 제21조제1항·제2항·제4항 및 같은 법 제61조제3항
    라. 「전자장치 부착 등에 관한 법률」 제21조의3
5. 등록기간 중 다음 각 목의 범죄를 저질러 유죄판결을 선고받아 그 판결이 확정된 사실이 없을 것
    가. 제50조제3항 및 제5항의 범죄
    나. 「아동·청소년의 성보호에 관한 법률」 제65조제3항·제5항 및 같은 법 제66조의 범죄
    다. 「전자장치 부착 등에 관한 법률」 제38조 및 제39조(성폭력범죄로 위치추적 전자장치의 부착명령이 집행 중인 사람으로 한정한다)의 범죄
    라. 「성폭력범죄자의 성충동 약물치료에 관한 법률」 제35조의 범죄

신상정보 등록대상자에 대한 고지서는 법원에서 판결 선고 직후 피고인에게 직접 제공됩니다. 법원은 유죄 판결이 확정된 날부터 14일 이내에 판결문 등본과 함께 신상정보 등록대상자 고지서를 법무부 장관에게 송달합니다. 이후, 등록대상자는 판결 확정일로부터 30일 이내에 자신의 주소지를 관할하는 경찰관서의 장에게 신상정보를 제출해야 합니다.

등록대상자는 본인의 등록정보를 형사사법포털(www.kics.go.kr)에 접속하여 개인정보 인증 후 열람할 수 있습니다. 또한, 등록정보의 폐기 사실 및 등록 면제 신청에 대한 결과도 동일한 방법으로 확인할 수 있습니다. 만약 등기우편을 통해 등록정보를 받기를 희망하는 경우, '등록정보 통지 신청서'를 작성하여 법무부에 제출하면 등기우편으로 통지받을 수 있습니다.

따라서, 신상정보 등록대상자 고지서는 판결 확정 후 법원의 절차에 따라 송달되며, 본인의 등록정보는 형사사법포털을 통해 확인하거나, 별도의 신청을 통해 우편으로 받을 수 있습니다.

신상정보 등록대상자 고지서 예시

신상정보 등록대상자 고지서

부산지방법원
형사1단독

사　건 : 2025고약1234
피고인 : 김OO

■ 피고인은 **이 사건 약식명령이 확정되면** 「성폭력범죄의 처벌 등에 관한 특례법」(이하 '법'이라합니다.) 제42조 제1항에 따라 신상정보 등록대상자가 됨을 알려드립니다.

■ 등록대상자는 **이 사건 약식명령**이 확정된 날부터 30일 이내에 별지에 첨부된 신상정보 제출서를 자신의 주소지를 관할하는 경찰관서의 장에게 제출하여야 합니다.

■ 다만, 등록대상자가 교정시설 또는 치료감호시설에 수용된 경우에는 그 교정시설의 장 또는 치료감호시설의 장에게 신상정보 제출서를 제출함으로써 이를 갈음할 수 있습니다.

■ 등록대상자는 신상정보 제출서를 제출할 때에 관할경찰관서의 장 또는 교정시설등의 장이 실시하는 등록대상자의 정면·좌측·우측 상반신 및 전신 컬러 사진 촬영에 응하여야 합니다.

■ 등록대상자는 신상정보 제출서에 의해 제출한 신상정보가 변경된 경우에는 변경사유가 발생한 날부터 20일 이내에 위 관할경찰관서의 장 또는 교정시설등의 장에게 그 사유와 변경내용을 신상정보 제출서에 의하여 제출하여야 합니다.

■ 등록대상자는 **최초 신상정보를 제출한 경우 그 다음 해부터 매년 12월 31일까지** 주소지를 관할하는 경찰관서에 출석하여 경찰관서의 장으로 하여금 자신의 정면·좌측·우측 상반신 및 전신 컬러사진을 촬영하도록 하여야 합니다. 다만, 교정시설등의 장은 등록대상자가 교정시설 등에 수용된 경우에는 석방 또는 치료감호 종료 전에 등록대상자의 정면·좌측·우측 상반신 및 전신 컬러사진을 새로 촬영합니다.

■ 등록대상자는 정당한 사유 없이 신상정보를 제출하지 아니하거나 거짓정보를 제출하는 경우 또는 정당한 사유 없이 관할경찰관서에 출석하지 아니하거나 위 사진촬영에 응하지 아니한 경우에는 1년 이하의 징역 또는 500만원 이하의 벌금을 부과 받을 수 있습니다.

■ 별지 : 신상정보 제출서 1부. 끝.

2025. 00. 00.

판사 김 ○ ○

2) 신상정보 공개·고지

신상정보 공개·고지명령은 성범죄자의 정보를 일반 국민에게 공개하거나 특정 지역 주민에게 고지하여, 사회적 경각심을 높이고 범죄 예방을 도모하는 제도입니다.
신상정보등록은 성범죄자에 대한 기본적인 관리 수단이며, 신상정보 공개·고지명령은 사회적 안전을 위한 추가적인 조치로 이해할 수 있습니다. 신상정보등록과 신상정보 공개·고지명령은 다른 것이며 신상정보등록과 달리 신상정보 공개·고지명령은 피고인의 생활상 불이익이 극심할 수 있습니다.
흔히들 이웃주민이 성범죄를 저지른 사람이 어디에 살고 있는지 알 수 있게 되는 것이 신상정보공개입니다. 신상정보공개가 되면 해당자의 이름, 나이, 주소, 신체정보, 사진, 성범죄 내용 등이 여성가족부가 운영하는 '성범죄자 알림e' 사이트에 공개되어, 일반 국민이 열람할 수 있습니다. 신상정보 공개·고지 기간은 원칙적으로 위에서 살펴본 신상정보 등록 기간과 동일하게 설정됩니다.

아래는 관련 규정입니다.

> ■ 성폭력 범죄의 처벌 등에 관한 특례법 제47조(등록정보의 공개) ① 등록정보의 공개에 관하여는 **「아동·청소년의 성보호에 관한 법률」 제49조, 제50조, 제52조, 제54조, 제55조 및 제65조를 적용**한다.
> ② 등록정보의 공개는 여성가족부장관이 집행한다.
>
> ■ 제49조(등록정보의 공개) ① 법원은 **다음 각 호의 어느 하나에 해당하는 자**에 대하여 판결로 제4항의 공개정보를「성폭력범죄의 처벌 등에 관한 특례법」제45조제1항의 등록기간 동안 정보통신망을 이용하여 공개하도록 하는 명령(이하 **"공개명령"** 이라 한다)을 등록대상 사건의 판결과 동시에 선고하여야 한다. 다만, 피고인이 아동·청소년인 경우, 그 밖에 **신상정보를 공개하여서는 아니 될 특별한 사정**이 있다고 판단하는 경우에는 **그러하지 아니하다**.
> 1. **아동·청소년대상 성범죄**를 저지른 자
> 2. 「**성폭력범죄**의 처벌 등에 관한 특례법」제2조제1항제3호·제4호, 같은 조 제2항(제1항제3호·제4호에 한정한다), 제3조부터 제15조까지의 범죄를 **저지른 자**
> 3. 제1호 또는 제2호의 죄를 범하였으나「형법」제10조제1항에 따라 처벌할 수 없는 자로서 제1호 또는 제2호의 죄를 다시 범할 위험성이 있다고 인정되는 자
>
> ■ 제50조(등록정보의 고지) ① 법원은 공개대상자 중 다음 각 호의 어느 하나에 해당하는 자에 대하여 판결로 제49조에 따른 **공개명령 기간 동안** 제4항에 따른 고지정보를 제5항에 규정된 사람에 대하여 고지하도록 하는 명령(이하 **"고지명령"** 이라 한다)을 등록대상 성범죄 사건의 판결과 동시에 선고하여야 한다.

사실상 거의 모든 성범죄가 신상정보공개·고지명령의 대상이 됩니다. 법문상 성범죄가 유죄가 되어도 신상정보가 공개되지 않는 경우는 대표적으로 2가지가 있습니

다. ① 피고인이 '아동·청소년인 경우'(2심을 포함하여 판결 선고시 기준으로 만 19세 미만), ② '그 밖에 신상정보를 공개하여서는 아니 될 특별한 사정이 있다고 판단되는 경우'입니다.

다만 실무적으로는 강력한 성범죄가 아닌 비교적 가벼운 성범죄의 경우에는 '특별한 사정'이 있다고 보아 신상정보공개·고지명령이 되지 않는 경우가 많이 있습니다. 하지만 필자가 직접 진행한 사건 중 초범이면서 가벼운 카메라 촬영죄임에도 불구하고, 1심에서 신상정보 공개·고지가 결정된 사례가 있습니다(다만, 2심에서 신상정보 공개·고지 부분을 부산지방법원 2024노144 판결에 의해 파기시켰습니다).

판례로 보는 신상정보 공개·고지명령이 되지 않은 경우들	
대표적인 유형	1. 비교적 경미한 성범죄 : 강력한 성범죄가 아닌 경우 2. 초범인 경우 : 피고인이 초범이며, 재범 위험성이 낮다고 판단되는 경우 3. 우발적 범행 : 계획적이지 않고 우발적으로 발생한 범행 4. 반성 및 피해자와의 합의 : 피고인이 자신의 잘못을 인정하고 반성하며, 피해자와 원만하게 합의한 경우(피해자가 처벌을 원하지 않는 경우)
구체적인 고려	- 피고인의 연령, 직업, 가정환경, 사회적 유대관계, 재범위험성 등 행위자의 특성 - 범행의 종류, 동기, 범행과정, 결과 및 죄의 경중 등 범행의 특성 - 공개·고지명령으로 인한 불이익과 예상되는 부작용 - 공개·고지를 통해 달성할 수 있는 성범죄 예방 효과 및 피해자 보호 효과 - 성폭력 치료프로그램 이수명령만으로도 재범 방지 효과를 거둘 수 있다고 판단되는 경우 - 신상정보 공개·고지 외의 다른 수단으로도 재범 방지 효과를 달성할 수 있는지 여부 - 피고인의 반성과 개선의지가 진정한 것으로 판단되는 경

	우(반성문 제출 필수)
	- 피해자의 피해의 정도 또는 피해자의 피해회복의 정도
	- 피해자의 의사
	- 피해자에 대한 보복우려

단순히 유죄만 선고되는 것과 유죄가 선고되면서 신상정보공개·고지명령까지 붙는 경우는 불이익의 차이가 굉장히 큽니다. 본인이 비교적 경미한 죄를 지었음에도 신상정보공개·고지명령까지 받는 일은 없어야 할 것입니다. 신상정보 공개·고지명령을 막기 위해서는 재판 과정에서 적극적이고 성의 있는 대응이 중요합니다.

주요 차이점		
구분	신상정보등록	신상정보공개·고지
실무상 대상	대부분의 성범죄 사건은 의무적으로 등록대상에 해당함	성범죄 사건 중 중대한 사안
공개 여부	일반 대중에게 비공개	인터넷 및 지역 주민에게 공개

3) 이수명령 또는 수강명령

성폭력 치료 프로그램 이수명령 또는 재범예방에 필요한 수강명령은 성범죄자에 대한 처분의 한 유형으로서 보안처분의 성격을 가지는 것으로서 의무적 강의 수강 또는 성폭력 치료프로그램의 의무적 이수를 받도록 하는 것을 말합니다. 수강명령은 다양한 범죄에 적용되지만, 이수명령은 주로 성범죄 사건에서 부과되며 실무상 빈번합니다.

> ■성폭력범죄의 처벌 등에 관한 특례법(약칭 성폭력처벌법)
> 제16조(형벌과 수강명령 등의 병과) ② 법원이 성폭력범죄를 범한 사람에 대하여 **유죄판결(선고유예는 제외한다)**을 선고하거나 약식명령을 고지하는 경우에는 **500시간의 범위**에서 **재범예방에 필요한 수강명령** 또는 **성폭력 치료프로그램의 이수명령**(이하 "이수명령"이라 한다)을 **병과하여야** 한다. **다만**, 수강명령 또는 이수명령을 부과할 수 없는 **특별한 사정이 있는 경우에는 그러하지 아니하다.**
> ④ 법원이 성폭력범죄를 범한 사람에 대하여 **형의 집행을 유예하는 경우**에는

> 제2항에 따른 수강명령 외에 그 집행유예기간 내에서 **보호관찰 또는 사회봉사 중 하나 이상**의 처분을 **병과할 수** 있다.
> ⑤ 제2항에 따른 **수강명령 또는 이수명령은 형의 집행을 유예할 경우에는 그 집행유예기간 내에, 벌금형을 선고하거나 약식명령을 고지할 경우에는 형 확정일부터 6개월 이내에, 징역형 이상의 실형(實刑)을 선고할 경우에는 형기 내에 각각 집행**한다. 다만, 수강명령 또는 이수명령은 성폭력범죄를 범한 사람이 「아동·청소년의 성보호에 관한 법률」 제21조에 따른 수강명령 또는 이수명령을 부과받은 경우에는 병과하지 아니한다.
> ⑥ 제2항에 따른 수강명령 또는 이수명령이 벌금형 또는 형의 집행유예와 병과된 경우에는 보호관찰소의 장이 집행하고, 징역형 이상의 실형(치료감호와 징역형 이상의 실형이 병과된 경우를 포함한다. 이하 이 항에서 같다)과 병과된 경우에는 교정시설의 장 또는 치료감호시설의 장(이하 "교정시설등의 장"이라 한다)이 집행한다. 다만, 징역형 이상의 실형과 병과된 이수명령을 모두 이행하기 전에 석방 또는 가석방되거나 미결구금일수 산입 등의 사유로 형을 집행할 수 없게 된 경우에는 보호관찰소의 장이 남은 이수명령을 집행한다.
> ⑦ 제2항에 따른 **수강명령 또는 이수명령은 다음 각 호의 내용**으로 한다.
> 1. 일탈적 이상행동의 **진단·상담**
> 2. 성에 대한 건전한 이해를 위한 **교육**
> 3. 그 밖에 성폭력범죄를 범한 사람의 **재범예방**을 위하여 필요한 사항
> ⑨ 보호관찰, 사회봉사, 수강명령 및 이수명령에 관하여 이 법에서 **규정한 사항 외의 사항에 대하여는 「보호관찰 등에 관한 법률」**을 준용한다.

성범죄 사건에서 수강명령 또는 이수명령은 성폭력범죄의 처벌 등에 관한 특례법에 따라 적용되며, 형의 집행유예를 선고할 경우 집행유예 기간 내에서 병과되며, 형의 집행을 유예하는 경우에는 보호관찰 또는 사회봉사 중 하나 이상의 처분도 병과할 수 있습니다. 벌금형을 선고하거나 약식명령을 고지할 경우에는 형 확정일로부터 6개월 이내에 집행됩니다. 실형이 선고된 경우에는 형기 내에서 집행됩니다. 수강명령 또는 이수명령은 원칙적으로 성폭력범죄 사건에서의 판결선고시 필요적 병과사항이지만, 특별한 사정이 있는 경우에는 부과하지 않을 수 있습니다.

이수명령 예시

부 산 지 방 법 원

이수명령의 취지 및 준수사항

사　　　건　　2025고단1234
피　고　인　　김OO
판　결　내　용　　벌금 500만원, 성폭력 치료프로그램 이수명령 40시간

이수명령의 취지

이수명령은 피고인에게 일정한 시간 동안 지정된 장소에 출석하여 강의, 훈련 또는 상담을 받도록 하는 **형집행**입니다.

피고인에게 선고된 이수명령을 명하는 <u>**판결이 확정되면(선고 후 7일이 경과), 10일 이내에 「주민등록법」상 거주지 관할 보호관찰소에 신고**</u>하여야 하고, 피고인은 보호관찰관의 지도를 받으며 아래에 적힌 준수사항을 지키고 스스로 건전한 사회인이 되도록 노력하여야 합니다.

아래의 준수사항을 위반하는 때에는 구인될 수 있고, 선고유예가 실효되거나 집행유예가 취소 될 수 있습니다.

일반 준수 사항

1. 보호관찰관의 집행에 관한 지시에 따를 것.
2. 주거를 이전하거나 1개월 이상 국내외여행을 할 때에는 미리 보호관찰관에게 신고할 것

　　　　　　　　　　　　판사　　　김 O O

▣ 부산지역 보호관찰(지)소
◉ 부산보호관찰소 동부지소
　부산 금정구 청룡예전로 103 / 051-580-8721

> ⦿ 부산보호관찰소(부산준법지원센터)
>   부산 강서구 대저1동 1287-3 / 051-580-3000
> ⦿ 부산보호관찰소 서부지소
>   부산 사상구 광장로 10 화인빌딩 7, 10, 11층 / 051-580-0500

4) 취업제한 명령

취업제한 명령이란 성범죄자가 아동·청소년 관련 기관이나 장애인 복지시설 등 특정 직업에 일정 기간 동안 종사할 수 없도록 제한하는 것을 말합니다.

> ■아동·청소년의 성보호에 관한 법률(약칭 : 청소년성보호법)
>
> 제56조(아동·청소년 관련기관등에의 취업제한 등) ① 법원은 **아동·청소년대상 성범죄 또는 성인대상 성범죄**(이하 "성범죄"라 한다)로 형 또는 치료감호를 선고하는 경우에는 판결(약식명령을 포함한다. 이하 같다)로 그 형 또는 치료감호의 전부 또는 일부의 집행을 종료하거나 집행이 유예·면제된 날(벌금형을 선고받은 경우에는 그 형이 확정된 날)부터 **일정기간**(이하 "취업제한 기간"이라 한다) 동안 **다음 각 호에 따른 시설·기관 또는 사업장(이하 "아동·청소년 관련기관등"** 이라 한다)을 운영하거나 아동·청소년 관련기관등에 취업 또는 사실상 노무를 제공할 수 없도록 하는 명령(이하 **"취업제한 명령"이라 한다**)을 성범죄 사건의 판결과 동시에 선고(약식명령의 경우에는 고지)하여야 한다. 다만, 재범의 위험성이 현저히 낮은 경우, 그 밖에 취업을 제한하여서는 아니 되는 **특별한 사정이 있다고 판단하는 경우에는 그러하지 아니한다.**
>
> ■장애인복지법
>
> 제59조의3(장애인관련기관에의 취업제한 등) ① 법원은 장애인학대관련범죄나 성범죄(「성폭력범죄의 처벌 등에 관한 특례법」 제2조에 따른 **성폭력범죄** 또는 「아동·청소년의 성보호에 관한 법률」 제2조제2호에 따른 아동·청소년대상 성범죄를 말한다. 이하 같다)로 형 또는 치료감호를 선고하는 경우에는 판결(약식명령을 포함한다. 이하 같다)로 그 형 또는 치료감호의 전부 또는 일부의 집행을 종료하거나 집행이 유예·면제된 날(벌금형을 선고받은 경우에는 그 형이 확정된 날을 말한다)부터 **일정기간**(이하 "취업제한기간"이라 한다) 동안 **다음**

> 각 호에 따른 시설 또는 기관(이하 "장애인관련기관"이라 한다)을 운영하거나 장애인관련기관에 취업 또는 사실상 노무를 제공할 수 없도록 하는 명령(이하 "**취업제한명령**"이라 한다)을 장애인학대관련범죄나 성범죄(이하 "**장애인학대관련범죄등**"이라 한다) 사건의 판결과 동시에 선고(약식명령의 경우에는 고지를 말한다)하여야 한다. **다만, 재범의 위험성이 현저히 낮은 경우**, 그 밖에 취업을 제한하여서는 아니 되는 **특별한 사정이 있다고 판단하는 경우에는 그러하지 아니한다.**

성범죄가 유죄가 되는 경우 원칙적으로 아동·청소년 관련기관 및 장애인 복지시설에 대한 취업제한 명령이 선고됩니다. 다만 예외적으로 ① 재범의 위험성이 현저히 낮은 경우, ② 그 밖에 취업을 제한하여서는 아니 되는 특별한 사정이 있다고 판단하는 경우에는 예외적으로 취업제한 명령이 내려지지 않을 수 있습니다.

	판례로 보는 취업제한 명령이 되지 않은 경우들
대표적인 유형	1. 범행의 경중 - 범죄의 중대성이 낮은 경우 : 범죄 행위가 경미하거나, 피해자가 실질적인 피해를 입지 않은 경우 - 예 : 경미한 스킨십, 명백한 강압이나 폭력이 없는 상황 2. 피해자와의 관계 - 합의 또는 피해자 의사 반영 : 피해자와의 원만한 합의가 이루어졌거나, 피해자가 취업제한을 원하지 않는 경우 - 예 : 피해자가 선처를 호소한 경우 3. 재범 가능성 낮음 - 개인의 성향이나 환경 : 피고인의 재범 가능성이 현저히 낮다고 판단될 경우 - 이전에 범죄 경력이 없거나, 충동 조절 문제가 없는 경우. - 사건 후 교화 프로그램에 성실히 참여한 기록

	- 우발적이거나 일회성 범행인 경우 4. 피고인의 개인적 특성 - 피고인의 연령 - 피고인의 직업 및 경력 - 사회적 유대관계가 긍정적인 경우 - 가정환경이 안정적인 경우 5. 취업제한의 부당한 피해 - 생계와 직결된 경우 : 피고인의 생업이 아동·청소년 관련 기관 또는 복지시설과 밀접하게 연결되어 있, 취업제한이 생계를 지나치게 위협하는 경우 - 본래의 직업 활동에 종사할 수 없는 직접적이고 구체적인 불이익이 예상되는 경우 - 예 : 가족 부양 의무가 있는 경우 또는 다른 직업으로 전환이 현실적으로 불가능한 경우 6. 사건 발생 당시의 특수한 상황 - 오해나 착각으로 인한 사건 : 피고인의 의도가 명백히 악의적이지 않았던 경우 - 범죄 동기와 의도 : 악의적·계획적인 범죄가 아니라 우발적이거나 순간적 실수로 이루어진 경우

취업 제한기간은 최대 10년까지 선고가 가능하며 일반적으로 판례의 경향을 보면 3년에서 5년의 취업제한 명령이 부과되는 경우가 많습니다. 심각한 범죄, 중범죄인 경우 7년 이상의 제한이 부과될 가능성이 높습니다.

법원에 의해 취업제한 명령이 내려진 후, 일정 기간이 경과하면 가해자는 취업제한 해제를 신청할 수 있습니다. 일반적으로 취업제한 기간의 1/2 이상이 경과했을 때 관할 법원에 해제 신청 가능합니다. 반드시 승인되는 것은 아니며, 법원이 검토후 결정합니다.

취업에 제한되는 기관은 아래와 같으니 참고하시기 바랍니다.

■아동·청소년의 성보호에 관한 법률(약칭 : 청소년성보호법)
제56조(아동·청소년 관련기관 등에의 취업제한 등)

1. 「유아교육법」 제2조제2호의 **유치원**
예: 국공립유치원, 사립유치원.

2. 「**초·중등**교육법」 제2조의 학교, 같은 법 제28조와 같은 법 시행령 제54조에 따른 위탁 교육기관 및 「**고등**교육법」 제2조의 **학교**
예: 부산국제중학교, 서울과학고등학교.

2의2. 특별시·광역시·특별자치시·도·특별자치도 교육청 또는 「지방교육자치에 관한 법률」 제34조에 따른 교육지원청이 「초·중등교육법」 제28조에 따라 직접 설치·운영하거나 위탁하여 운영하는 **학생상담지원시설** 또는 위탁 교육시설
예: 대전교육청 학생상담센터.

2의3. 「제주특별자치도 설치 및 국제자유도시 조성을 위한 특별법」 제223조에 따라 설립된 **국제학교**
예: 제주국제학교(KIS 제주).

3. 「**학원**의 설립·운영 및 과외교습에 관한 법률」 제2조제1호의 학원, 같은 조 제2호의 교습소 및 같은 조 제3호의 개인과외교습자(아동·청소년의 이용이 제한되지 아니하는 학원·교습소로서 교육부장관이 지정하는 학원·교습소 및 아동·청소년을 대상으로 하는 개인과외교습자를 말한다)
예: 메가스터디 학원, 김선생 수학 교습소.

4. 「청소년 보호법」 제35조의 청소년 보호·재활센터
예: 청소년 쉼터, 보호관찰센터.

5. 「청소년활동 진흥법」 제2조제2호의 청소년활동시설
예: 청소년문화의집, 청소년수련관.

6. 「청소년복지 지원법」 제29조제1항에 따른 청소년상담복지센터, 같은 법 제30조제1항에 따른 이주배경청소년지원센터 및 같은 법 제31조에 따른 청소년복지시설
예: 한국청소년상담복지개발원.

6의2. 「학교 밖 청소년 지원에 관한 법률」 제12조의 학교 밖 청소년 지원센터
예: 꿈드림 센터.

7. 「영유아보육법」 제2조제3호의 어린이집, 같은 법 제7조에 따른 육아종합지원센터 및 같은 법 제26조의2에 따른 시간제보육서비스지정기관
예: 해운대 어린이집, 서울시 육아종합지원센터.

8. 「아동복지법」 제3조제10호의 아동복지시설, 같은 법 제37조에 따른 통합서비스 수행기관 및 같은 법 제44조의2에 따른 다함께돌봄센터
예: 아동쉼터, 지역아동센터.

9. 「성매매방지 및 피해자보호 등에 관한 법률」 제9조의 성매매피해자등을 위한 지원시설 및 같은 법 제17조의 성매매피해상담소
예: 성매매피해상담소.

9의2. 성교육 전문기관 및 성매매 피해아동·청소년 지원센터
예: 한국성교육센터.

10. 「주택법」 제2조제3호의 공동주택의 관리사무소. 이 경우 경비업무에 직접 종사하는 사람에 한정한다.
예: 삼성래미안 관리사무소.

11. 「체육시설의 설치·이용에 관한 법률」 제3조에 따라 설립된 체육시설 중 아동·청소년의 이용이 제한되지 아니하는 체육시설로서 문화체육관광부장관이 지정하는 체육시설
예: 어린이 스포츠센터, YMCA 체육시설.

12. 「의료법」 제3조의 의료기관(같은 법 제2조의 의료인, 같은 법 제80조의 간호조무사 및 「의료기사 등에 관한 법률」 제2조의 의료기사로 한정한다)
예: 서울아산병원, 동네 소아과.

13. 「게임산업진흥에 관한 법률」에 따른 다음 각 목의 영업을 하는 사업장
예: XX PC방, YZ VR카페.
   가. 「게임산업진흥에 관한 법률」 제2조제7호의 인터넷컴퓨터게임시설제공업
   나. 「게임산업진흥에 관한 법률」 제2조제8호의 복합유통게임제공업

14. 「경비업법」 제2조제1호의 경비업을 행하는 법인. 이 경우 경비업무에 직접 종사하는 사람에 한정한다.
예: 건물 경비업체.

15. 영리의 목적으로 「청소년기본법」 제3조제3호의 청소년활동의 기획·주관·운영을 하는 사업장(이하 "청소년활동기획업소"라 한다)
예: 청소년 캠프 운영업체.

16. 대중문화예술기획업소
예: SM엔터테인먼트, YG엔터테인먼트.

17. 아동·청소년의 고용 또는 출입이 허용되는 다음 각 목의 어느 하나에 해당하는 기관·시설 또는 사업장(이하 이 호에서 "시설등"이라 한다)으로서 대통령령으로 정하는 유형의 시설등
예: XX 만화카페, YY 오락실.
   가. 아동·청소년과 해당 시설등의 운영자·근로자 또는 사실상 노무 제공자

　　　　사이에 업무상 또는 사실상 위력 관계가 존재하거나 존재할 개연성이 있는 시설등
　나. 아동·청소년이 선호하거나 자주 출입하는 시설등으로서 해당 시설등의 운영 과정에서 운영자·근로자 또는 사실상 노무 제공자에 의한 아동·청소년대상 성범죄의 발생이 우려되는 시설등

18. 가정을 방문하거나 아동·청소년이 찾아오는 방식 등으로 아동·청소년에게 직접교육서비스를 제공하는 사람을 모집하거나 채용하는 사업장(이하 "가정방문 등 학습교사 사업장"이라 한다). 이 경우 아동·청소년에게 직접교육서비스를 제공하는 업무에 종사하는 사람에 한정한다.
예: X선생님 영어 방문과외.

19. 「장애인 등에 대한 특수교육법」 제11조의 특수교육지원센터 및 같은 법 제28조에 따라 특수교육 관련서비스를 제공하는 기관·단체
예: 장애아동 특수교육센터.

20. 「지방자치법」 제161조에 따른 공공시설 중 아동·청소년이 이용하는 시설로서 행정안전부장관이 지정하는 공공시설
예: 어린이회관.

21. 「지방교육자치에 관한 법률」 제32조에 따른 교육기관 중 아동·청소년을 대상으로 하는 교육기관
예: 미술학원, 방과후 체육교실.

22. 「어린이 식생활안전관리 특별법」 제21조제1항의 어린이급식관리지원센터
예: 서울 어린이급식지원센터.

23. 「아이돌봄 지원법」 제11조에 따른 서비스제공기관
예: XX 아이돌봄센터.

24. 「건강가정기본법」 제35조에 따른 건강가정지원센터
예: 부산 건강가정지원센터.

25. 「다문화가족지원법」 제12조에 따른 다문화가족지원센터
예: 서울 다문화가족지원센터.

■장애인복지법

제59조의3(장애인관련기관에의 취업제한 등)

1. 제54조의 장애인자립생활지원센터, 제58조의 장애인복지시설, 제59조의11의 장애인권익옹호기관, 제59조의13의 장애인 쉼터 및 피해장애아동 쉼터
예: 서울장애인자립생활센터, 장애인 재활시설, 주간보호센터, 한국장애인권익옹호기관, 장애인 쉼터, 피해장애아동 쉼터.

2. 「노인복지법」 제31조의 노인복지시설
예: 노인요양시설, 노인주간보호센터, 경로당.

3. 「노인장기요양보험법」 제31조에 따른 **장기요양기관**
예: 요양병원, 재가요양센터, 방문요양센터.

4. 「발달장애인 권리보장 및 지원에 관한 법률」 제33조의 발달장애인지원센터
예: 한국발달장애인지원센터, 지역 발달장애인지원센터.

5. 「아동복지법」 제37조에 따른 취약계층 아동 통합서비스 수행기관 및 같은 법 제52조의 아동복지시설
예: 지역아동센터. 아동양육시설, 아동그룹홈.

6. 「의료법」 제3조의 **의료기관**(같은 법 제2조의 의사·치과의사·한의사·조산

사, 「간호법」 제2조의 간호사·간호조무사 및 「의료기사 등에 관한 법률」 제2조의 의료기사로 한정한다)
예: 종합병원, 치과병원, 한의원, 의원.

7. 「장애아동 복지지원법」 제21조제3항의 발달재활서비스 제공기관 및 같은 법 제32조의 장애영유아를 위한 어린이집
예: 언어치료센터, 물리치료센터, 특수 어린이집.

8. 「장애인활동 지원에 관한 법률」 제2조제6호의 활동지원기관
예: 장애인 활동지원센터.

9. 「정신건강증진 및 정신질환자 복지서비스 지원에 관한 법률」 제3조제3호의 정신건강복지센터 및 같은 조 제4호의 정신건강증진시설
예: 지역 정신건강복지센터, 정신과 병동, 정신재활시설.

10. 「장애인 등에 대한 특수교육법」 제2조제10호의 특수교육기관 및 같은 법 제11조의 특수교육지원센터
예: 특수학교, 맹학교, 농학교, 지역 특수교육지원센터.

11. 「평생교육법」 제20조의2의 장애인평생교육시설
예: 장애인평생교육센터, 직업훈련센터.

12. 「장애인고용촉진 및 직업재활법」 제2조제8호에 따른 장애인 표준사업장
예: 장애인 생산품 제조업체, 표준사업 인증 기업.

13. 「교통약자의 이동편의 증진법」 제16조제2항의 이동지원센터 및 같은 조 제3항의 광역이동지원센터
예: 서울시 장애인콜택시, 광역 장애인 이동지원센터.

추가적으로 법원의 취업제한명령과는 달리 성범죄 전과가 있다는 이유만으로도 직업의 결격사유가 되는 경우가 있습니다. 취업제한 명령이 선고되는 것과 별개로 성

범죄 전과 자체가 직업의 결격사유가 되는 주요 직업들은 아래와 같습니다.

■국가공무원법

제33조(결격사유) 다음 각 호의 어느 하나에 해당하는 자는 **공무원으로 임용될 수 없다**. <개정 2023. 4. 11.>

3. 금고 이상의 **실형**을 선고받고 그 **집행이 끝**나거나(집행이 끝난 것으로 보는 경우를 포함한다) 집행이 면제된 날부터 **5년**이 지나지 아니한 자
4. 금고 이상의 형의 **집행유예**를 선고받고 그 **유예기간이 끝난 날부터 2년**이 지나지 아니한 자
5. 금고 이상의 형의 **선고유예**를 받은 경우에 그 **선고유예 기간 중**에 있는 자

6의3. 다음 각 목의 어느 하나에 해당하는 죄를 범한 사람으로서 **100만원 이상의 벌금형**을 선고받고 그 형이 확정된 후 **3년**이 지나지 아니한 사람
   가. 「성폭력범죄의 처벌 등에 관한 특례법」 제2조에 따른 **성폭력범죄**
   나. 「정보통신망 이용촉진 및 정보보호 등에 관한 법률」 제74조 제1항 제2호(**음란한 부호·문언·음향·화상 또는 영상을 배포·판매·임대하거나 공공연하게 전시한 자**) 및 제3호(공포심이나 불안감을 유발하는 부호·문언·음향·화상 또는 영상을 반복적으로 상대방에게 도달하게 한 자)에 규정된 죄
   다. 「스토킹범죄의 처벌 등에 관한 법률」 제2조제2호에 따른 **스토킹범죄**

6의4. **미성년자에 대한** 다음 각 목의 어느 하나에 해당하는 죄를 저질러 파면·해임되거나 형 또는 치료감호를 선고받아 그 형 또는 치료감호가 확정된 사람(집행유예를 선고받은 후 그 집행유예기간이 경과한 사람을 포함한다)
   가. 「성폭력범죄의 처벌 등에 관한 특례법」 제2조에 따른 **성폭력범죄**
   나. 「아동·청소년의 성보호에 관한 법률」 제2조제2호에 따른 **아동·청소년 대상 성범죄**

■공공기관의 운영에 관한 법률(약칭 : 공공기관운영법)

제34조(결격사유) ①**다음 각 호**의 어느 하나에 해당하는 사람은 **공기업·준정부기관의 임원이 될 수 없다**.
1. **「국가공무원법」 제33조(결격사유) 각 호**의 어느 하나에 해당하는 사람

■교육공무원법

제10조의4(결격사유) **다음 각 호**의 어느 하나에 해당하는 사람은 **교육공무원으로 임용될 수 없다**. <개정 2022. 10. 18.>

1. **「국가공무원법」 제33조** 각 호의 어느 하나에 해당하는 사람
2. **미성년자에 대한** 다음 각 목의 어느 하나에 해당하는 행위로 파면·해임되거나 형 또는 치료감호를 선고받아 그 형 또는 치료감호가 확정된 사람(집행유예를 선고받은 후 그 집행유예기간이 지난 사람을 포함한다)
  가.「성폭력범죄의 처벌 등에 관한 특례법」제2조에 따른 **성폭력범죄** 행위
  나.「아동·청소년의 성보호에 관한 법률」제2조제2호에 따른 **아동·청소년 대상 성범죄** 행위
3. **성인에 대한**「성폭력범죄의 처벌 등에 관한 특례법」제2조에 따른 성폭력범죄 행위로 파면·해임되거나 **100만원 이상의 벌금형**이나 그 이상의 형 또는 치료감호를 선고받아 그 형 또는 치료감호가 확정된 사람(집행유예를 선고받은 후 그 집행유예기간이 지난 사람을 포함한다)

■유아교육법

제22조의2(교사 자격 취득의 결격사유) **다음 각 호**의 어느 하나에 해당하는 사람은 제22조제2항**(정교사(1급·2급)·준교사)에 따른 교사의 자격을 취득할 수 없다**.
2. **미성년자에 대한** 다음 각 목의 어느 하나에 해당하는 행위로 형 또는 치료감호를 선고받아 그 형 또는 치료감호가 확정된 사람(집행유예를 선고받은 후 그 집행유예기간이 경과한 사람을 포함한다)

가. 「성폭력범죄의 처벌 등에 관한 특례법」 제2조에 따른 **성폭력범죄**

나. 「아동·청소년의 성보호에 관한 법률」 제2조제2호에 따른 **아동·청소년 대상 성범죄**

3. **성인에 대한** 「성폭력범죄의 처벌 등에 관한 특례법」 제2조에 따른 성폭력범죄 행위로 **100만원 이상의 벌금형**이나 그 이상의 형 또는 치료감호를 선고받아 그 형 또는 치료감호가 확정된 사람(집행유예를 선고받은 후 그 집행유예기간이 경과한 사람을 포함한다)

■국민체육진흥법

제11조의5(체육지도자의 결격사유) **다음 각 호**의 어느 하나에 해당하는 사람은 **체육지도자가 될 수 없다**.

2. **금고 이상의 형**을 선고받고 그 **집행이 종료**되거나 집행이 면제된 날부터 **2년**이 지나지 아니한 사람

3. 금고 이상의 형의 **집행유예**를 선고받고 그 **유예기간 중**에 있는 사람

4. 다음 각 목의 어느 하나에 해당하는 죄를 저지른 사람으로서 금고 이상의 형 또는 치료감호를 선고받고 그 집행이 종료되거나 집행이 유예·면제된 날부터 20년이 지나지 아니하거나 **벌금형**이 확정된 날부터 **10년이 지나지 아니한 사람**

가. 「성폭력범죄의 처벌 등에 관한 특례법」 제2조에 따른 **성폭력범죄**

나. 「아동·청소년의 성보호에 관한 법률」 제2조제2호에 따른 **아동·청소년 대상 성범죄**

■의료법

제8조(결격사유 등) **다음 각 호**의 어느 하나에 해당하는 자는 **의료인(의사·치과의사·한의사·조산사 및 간호사)이 될 수 없다**. 다만, 간호사에 대하여는 「간호법」에서 정하는 바에 따른다. <개정 2024. 9. 20.>

4. 금고 이상의 **실형**을 선고받고 그 **집행이 끝**나거나 그 집행을 받지 아니하기로 확정된 후 **5년**이 지나지 아니한 자

5. 금고 이상의 형의 **집행유예**를 선고받고 그 **유예기간이 지난 후 2년**이 지나

> 지 아니한 자
> 6. 금고 이상의 형의 **선고유예**를 받고 그 **유예기간 중**에 있는 자

이 외에도 성범죄 전과가 있는 경우 택시운전기사나 버스운전기사 등 여객자동차 운송사업에 종사하는 것이 여객자동차 운수사업법 제24조를 근거로 제한될 수 있습니다.

5) 보호관찰

보호관찰이란 성범죄자에게 일정기간 동안 보호관찰관의 지도와 감독을 받도록 명령하는 것을 말합니다.

> ■성폭력범죄의 처벌 등에 관한 특례법(약칭 성폭력처벌법)
>
> 제16조(형벌과 수강명령 등의 병과) ① 법원이 성폭력범죄를 범한 사람에 대하여 **형의 선고를 유예하는 경우**에는 **1년** 동안 보호관찰을 받을 것을 **명할 수** 있다. 다만, 성폭력범죄를 범한 「소년법」 제2조에 따른 **소년에 대하여 형의 선고를 유예하는 경우에는 반드시** 보호관찰을 **명하여야** 한다.
> ④ 법원이 성폭력범죄를 범한 사람에 대하여 형의 집행을 유예하는 경우에는 제2항에 따른 **수강명령 외**에 그 집행유예기간 내에서 **보호관찰 또는 사회봉사 중 하나 이상**의 처분을 **병과할 수** 있다.
> ⑧ 성폭력범죄를 범한 사람으로서 형의 집행 중에 **가석방된 사람은 가석방기간 동안 보호관찰**을 **받는다**. **다만**, 가석방을 허가한 행정관청이 보호관찰을 할 **필요가 없다고 인정한 경우에는 그러하지 아니하다.**
> ⑨ 보호관찰, 사회봉사, 수강명령 및 이수명령에 관하여 이 법에서 규정한 사항 외의 사항에 대하여는 「보호관찰 등에 관한 법률」을 준용한다.
>
> ■전자장치 부착 등에 관한 법률(약칭 : 전자장치부착법)
> 제21조의2(보호관찰명령의 청구) **검사**는 다음 각 호의 어느 하나에 해당하는 사람에 대하여 **형의 집행이 종료된 때부터** 「보호관찰 등에 관한 법률」에 따른 보호관찰을 받도록 하는 명령(이하 **"보호관찰명령"** 이라 한다)을 법원에 청구할 수 있다.

> 1. 성폭력범죄를 저지른 사람으로서 성폭력범죄를 **다시 범할 위험성**이 있다고 인정되는 사람

보호관찰명령의 법적 근거는 다음과 같습니다. 첫째, 형 선고유예 시 보호관찰명령은 법원이 성폭력범죄를 범한 사람에게 형 선고를 유예하면서 1년 동안 보호관찰을 명할 수 있도록 규정되어 있습니다. 다만, 소년범에 대해서는 반드시 보호관찰을 명해야 합니다. 둘째 형 집행유예 시 보호관찰명령은 집행유예를 선고받은 성폭력범죄자가 유예기간 동안 보호관찰을 받도록 하는 것으로, 법원의 판단에 따라 병과될 수 있습니다. 셋째 형 집행 종료 후 보호관찰명령은 성폭력범죄를 저지른 사람 중 재범 가능성이 있다고 판단되는 경우 검사가 법원에 청구할 수 있습니다. 이 명령은 형 집행 종료 시점부터 보호관찰을 받도록 하는 것입니다.

보호관찰명령을 부과할 때는 재범위험성 판단과 특별준수사항을 종합적으로 고려합니다. 재범위험성은 피고인의 직업과 환경, 범행 이전의 행적, 범행의 동기와 수단, 범행 후의 태도, 개전의 정 등을 종합적으로 평가하여 판단합니다. 또한, 법원은 보호관찰명령에 특별준수사항을 추가로 부과할 수 있습니다. 예를 들어, 재범 가능성을 줄이기 위해 야간 외출 제한, 거주지 제한, 특정 지역·장소의 출입 금지, 음주 제한, 피해자 접근 금지 등이 포함될 수 있습니다(보호관찰 등에 관한 법률 제32조).

보호관찰의 기간은 선고 유형에 따라 다릅니다. 선고유예의 경우 1년, 집행유예의 경우 집행유예 기간 동안이 원칙이며, 가석방이 이루어진 경우에는 가석방 기간 내에서 적용됩니다(보호관찰 등에 관한 법률 제30조). 그러나, 군법 적용 대상자인 현역 군인 등은 보호관찰 대상에서 제외되며, 이에 따라 군법의 적용을 받는 피고인에게는 보호관찰을 명할 수 없습니다(대법원 2012. 2. 23. 선고 2011도8124 판결).

아래는 보호관찰 안내문의 예시입니다.

보호관찰 안내문 예시
보호관찰대상자 신고안내

◎ 보호관찰 또는 사회봉사나 수강을 명하는 판결을 받은 사람은 재판이 **확정된 날로부터 10일 이내**에 **신분증을** 가지고 **본인의 주거지를 관할하는 보호관찰소**에 나오셔서 **신고**(미성년자인 경우 반드시 보호자 동반)하여야 합니다(보호관찰등에관한법률 제29조 제2항, 동법시행령 제16조).
 ※ 형사재판은 특별한 사정이 없는 한 피고인 또는 검사의 상소가 없는 경우 판결 선고일부터 7일(선고일은 미포함)이 경과하면 확정됩니다.

◎ 보호관찰 등을 명하는 재판을 받고 기한 내에 신고하지 아니할 경우에는 지명수배·구인될 수 있고, 사안에 따라 집행유예가 취소되거나 선고유예가 실효되는 등 **불이익한 처분**을 받을 수도 있으니 **기간 내에 반드시 신고**하시기 바랍니다.

성인에 대한 보호관찰명령 준수사항 예시
(판결문 끝에 별지로 첨부)

별지

보호관찰명령 준수사항

보호관찰 기간 동안,
1. 혈중알코올 농도 0.05% 이상의 음주를 하지 말고, 이를 확인하기 위한 보호관찰관의 음주측정 요구에 응할 것.
2. 피해자들을 직접 만나거나 그 거주지, 직장 등에 접근하지 아니하고, 전화, 우편, 문자메시지, SNS 등 그 어떠한 방법으로도 피해자들에게 연락하지 아니할 것.
3. 보호관찰소에서 실시하는 성폭력 치료프로그램을 40시간 이수할 것.
4. 그 밖에 재범방지 및 성행교정을 위한 교육, 치료 및 처우 프로그램에 관한 보호관찰관의 지시에 따를 것. 끝.

미성년자에 대한 보호관찰 등 예시

부 산 가 정 법 원

보호관찰·사회봉사명령·수강명령의 취지 및 준수사항

사　　　　건　　2025푸1234 성폭력범죄의처벌등에관한특례법위반(카메라등이용촬영)

보 호 소 년　　김○○

보호관찰은 자유상태에 있는 보호소년을 지도하고 보살피며 도움으로써 보호소년의 건전한 사회 복귀를 촉진하는 제도입니다.

사회봉사명령은 보호소년에게 일정한 기간 내에 지정된 시간 동안 무보수로 근로에 종사하도록 하는 제도이고, **수강명령**은 일정한 시간 동안 지정된 장소에 출석하여 강의, 훈련 또는 상담을 받도록 하는 제도입니다.

보호소년에게 보호관찰을 명하는 보호처분이 확정되면 **10일 이내에 관할 보호관찰소에 신고**하여야 하고, 보호소년은 보호관찰관의 지도를 받으며 아래에 적힌 준수사항을 지키고, 스스로 건전한 소년이 되도록 노력하여야 합니다. 아래의 **준수사항을 위반**하는 때에는 구인될 수 있고 **보호처분이 변경**될 수 있습니다.

일반 준수사항

1. 주거지에 사주하고 생업에 종사할 것.
2. 범죄로 이어지기 쉬운 나쁜 습관을 버리고 선행을 하며 범죄를 저지를 염려가 있는 사람들과 교제하거나 어울리지 말 것.
3. 보호관찰관의 지도·감독에 따르고 방문하면 응대할 것.
4. 주거를 이전하거나 1개월 이상의 국내외 여행을 할 때에는 미리 보호관찰관에게 신고할 것.

특별 준수사항

1. 본건 공범 등을 비롯한 비행교우와 어울리거나 음란물을 접하지 말고, 준수사항 이행 확인을 위한 보호관찰관의 휴대전화 검사에 응할 것.

판사　　김○○

6) 사회봉사 명령

형법 제62조의2 또는 성폭력범죄의 처벌 등에 관한 특례법 제16조 제4항에 따라 법원은 형의 집행을 유예할 때, 사회봉사명령을 포함할 수 있습니다. 보안처분의 일종입니다.

> ■형법
>
> 제62조의2(보호관찰, 사회봉사·수강명령) ①형의 **집행을 유예하는 경우**에는 보호관찰을 받을 것을 명하거나 **사회봉사** 또는 수강을 **명할 수** 있다.
> ③사회봉사명령 또는 수강명령은 **집행유예기간내에 이를 집행**한다.
>
> ■성폭력범죄의 처벌 등에 관한 특례법(약칭 성폭력처벌법)
> 제16조(형벌과 수강명령 등의 병과) ④ 법원이 성폭력범죄를 범한 사람에 대하여 **형의 집행을 유예하는 경우**에는 제2항에 따른 **수강명령 외**에 그 집행유예기간 내에서 **보호관찰 또는 사회봉사 중 하나 이상**의 처분을 **병과할 수** 있다.

사회봉사명령의 법정기준 시간은 500시간 범위 내에서 부과될 수 있으며(보호관찰 등에 관한 법률 제59조 제1항), 실무에서 사회봉사명령을 받게 되면 일반적으로 최소 40시간 ~ 최대 200시간 사이로 나옵니다. 사회봉사명령과 함께 보호관찰명령이나 수강명령 등의 보안처분도 함께 병과될 수 있습니다. 사회봉사명령을 성실히 이행하지 않거나, 명령을 위반한 경우에는 법적 제재를 받을 수 있고, 집행유예가 취소되거나, 추가 처벌을 받을 수 있으므로 이를 성실히 이행해야 합니다.

7) 전자발찌 부착명령 (전자장치 부착 명령)

전자발찌 부착명령(전자장치 부착 명령)은 재범가능성이 높은 성범죄자를 대상으로 일정 기간 동안 전자발찌를 착용하여 법무부 보호관찰소에서 실시간 위치를 추적하는 명령을 하는 것을 말합니다.

> ■전자장치 부착 등에 관한 법률(약칭 : 전자장치부착법)
>
> 제5조(전자장치 부착명령의 청구) ①**검사**는 **다음 각 호**의 어느 하나에 해당하고, 성폭력범죄를 다시 범할 위험성이 있다고 인정되는 사람에 대하여 **전자장**

> 치를 부착하도록 하는 명령(이하 "**부착명령**" 이라 한다)을 **법원에 청구할 수** 있다.
> 1. **성폭력범죄**로 징역형의 실형을 선고받은 사람이 그 집행을 종료한 후 또는 집행이 면제된 후 **10년 이내에 성폭력범죄를 저지른 때**
> 2. 성폭력범죄로 이 법에 따른 **전자장치를 부착받은 전력이 있는 사람**이 다시 **성폭력범죄**를 저지른 때
> 3. **성폭력범죄를 2회 이상** 범하여(유죄의 확정판결을 받은 경우를 포함한다) 그 **습벽**이 인정된 때
> 4. **19세 미만**의 사람에 대하여 **성폭력범죄**를 저지른 때
> 5. 신체적 또는 정신적 **장애가 있는 사람에** 대하여 **성폭력범죄**를 저지른 때
>
> 제9조(부착명령의 판결 등) ④법원은 **다음 각 호**의 어느 하나에 해당하는 때에는 판결로 부착명령 **청구를 기각하여야** 한다.
> 1. 부착명령 청구가 **이유 없다**고 인정하는 때
> 2. 특정범죄사건에 대하여 **무죄**(심신상실을 이유로 치료감호가 선고된 경우는 제외한다)·면소·공소기각의 판결 또는 결정을 선고하는 때
> 3. 특정범죄사건에 대하여 **벌금형**을 선고하는 때
> 4. 특정범죄사건에 대하여 **선고유예 또는 집행유예를 선고**하는 때(제28조제1항에 따라 전자장치 부착을 명하는 때를 제외한다)
>
> 제28조(형의 집행유예와 부착명령) ①법원은 특정범죄를 범한 자에 대하여 **형의 집행을 유예하면서 보호관찰을 받을 것을 명할 때에는** 보호관찰 기간의 범위 내에서 기간을 정하여 준수사항의 이행여부 확인 등을 위하여 **전자장치를 부착할 것을 명할 수** 있다.

전자발찌 부착은 검사의 청구가 있어야 가능하고, 검사는 중한 성폭력범죄라 판단되는 사건 중 재범 위험성이 높은 경우나 피해자 보호 필요성이 높은 경우에 법원에 전자발찌 부착명령 청구를 합니다.

일반적으로 전자발찌 부착명령 청구를 하는 경우 검사는 보호관찰소에 조사를 의뢰하게 되는 데 이러한 절차를 '재범위험성 평가 의뢰' 또는 '재범위험성 조사'라고 합니다. 해당 조사가 끝이 나면 조사보고서(재범가능성 높다, 중간 수준이다, 낮다

등의 평가)가 법원에 제출되어 판사가 부착명령 청구가 필요한지에 대해 참고를 하게 되는데, 성범죄 사건의 특성과 공익 보호의 필요성 때문에 보수적으로 평가되는 경우가 많아, "재범 가능성이 높다"는 의견이 상대적으로 높을 수 있습니다.

전자발찌 부착명령은 실무상 실형선고가 되어 법정구속되는 경우에 이루어지며, 일반적으로 집행유예 등으로 불구속이 되는 경우에는 전자발찌 부착명령 이루어지지 않는 경우가 많습니다. 다만 집행유예라고 하더라도 보호관찰을 받을 것을 명할 때에는 전자장치 부착 명령을 받을 수 있습니다.

8) 성범죄 유죄 선고시 부가되는 부가처분 총정리

부가처분 종류	성범죄 유죄 시 원칙	예외적으로 부가처분을 받지 않는 경우
성범죄자 신상정보 등록	원칙적으로 부과	①성적 목적을 위한 다중 이용 장소 침입, **②통신매체이용음란죄**, ③아동·청소년 성 착취물 배포, 제공, 광고, 소개, 전시, 상영과 ④아동·청소년 성 착취물 소지, 시청 행위로 '**벌금형**'
성범죄자 신상정보 공개·고지	원칙적으로 부과	①**피고인이 아동·청소년인 경우**(사실심 판결 선고시 기준(대법원 2012도2763)) ②그 밖에 신상정보를 공개하여서는 아니 될 **특별한 사정**이 있다고 판단하는 경우에는 그러하지 아니하다.
성폭력 치료 프로그램 이수 명령	원칙적으로 부과	①법원이 선고유예를 하는 경우 ②수강명령 또는 이수명령을 부과할 수 없는 **특별한 사정**이 있는 경우에는 그러하지 아니하다.
취업제한 명령	원칙적으로 부과	①**재범의 위험성이 현저히 낮은 경우**, ②그 밖에 취업을 제한하여서는 아니 되는 **특별한 사정**이 있다고 판단하는

		경우에는 그러하지 아니한다.
전자발찌 부착 (전자장치 부착)		①동종전과, ②2회이상 습벽, ③피해자가 미성년자, ④피해자가 장애인인 사건 중 재범 우려가 있는 경우에 '검사'가 법원에 청구 가능

다. 고소인에 대한 직접 연락? 2차 가해로 제한

성범죄는 피해자가 사건 이후에도 추가적으로 심리적, 사회적 피해를 겪는 2차 가해의 우려가 높아, 피의자 또는 피고인은 이에 대한 각별한 주의가 필요합니다. 2차 가해란 피의자 또는 피고인이 및 그 가족이 피해자에게 심리적, 사회적 또는 물리적 피해를 추가적으로 입히는 행위를 말하며, **피해자 비난, 개인정보 유출, 협박 및 회유, 허위사실 유포, 합의 압박 등 다양한 형태로 나타납니다**. 가해자 또는 가해자의 가족이 직접 피해자를 접촉하여 합의를 계속해서 요구하는 것도 2차 가해가 될 수 있습니다. 실무상 고소인이 2차피해를 입었다는 자료를 수사기관이나 법원에 전달하는 경우가 많이 있으므로 주의가 필요합니다.

법적으로는 피해자에 대한 2차 가해가 명예훼손, 협박, 개인정보보호법 위반 등으로 간주될 경우 **추가적인 형사처벌을 받을 수 있으며, 재판 과정에서도 피의자가 반성하지 않는다고 판단되어 형량이 가중되거나 재판 도중에 2차 가해를 이유로 갑자기 구속영장이 발부되는 가능성**이 있습니다. 또한 2차 가해가 있는 경우 사건 해결을 위한 피해자와의 합의 가능성도 낮아집니다.

이러한 2차 가해의 우려를 방지하기 위해 성범죄 사건에서는 변호사의 선임이 필수적입니다. 변호사는 피해자와의 직접적인 접촉을 대리하여 피의자가 오해를 받을 가능성을 줄이고, 법적으로 안전한 방식으로 사건을 처리할 수 있도록 돕습니다. 피해자와의 합의 과정에서도 변호사가 중재자로서 역할을 수행하면, 불필요한 갈등을 예방하고 사건을 원만히 해결할 가능성을 높일 수 있습니다. 또한 변호사는 조사와 재판 과정에서 피의자가 불필요한 발언을 하지 않도록 지도하며, 이를 통해 2차 가해로 오해받지 않도록 사전에 방지합니다.

성범죄 사건에서는 피해자의 진술과 증거가 사건의 핵심이 되는 경우가 많아, 피의자가 감정적으로 대응할 경우 불리한 결과로 이어질 가능성이 큽니다. 변호사는 이러한 상황에서 피의자가 합리적이고 법적인 대응을 할 수 있도록 조언하며, 사건의 사실관계에 집중하도록 돕습니다. 따라서 성범죄 사건에서 변호사를 선임하는 것은 단순한 방어를 넘어, 사건의 효율적이고 안전한 해결을 위한 필수적인 조치라 할 수 있습니다.

2. 이 책의 활용방법

가. 반드시 알아야 하는 법률용어

형사사건에서 사용되는 법률용어는 자신의 사건을 이해하고 효과적으로 대응하기 위해 반드시 알아야 하는 중요한 개념들입니다. **본 책에서는 고소를 받은 사람을 위한 책으로서 '피고소인 또는 피의자, 피고인 등'을 통칭하여 '피의자 등' 등으로 표현하겠습니다.** 아래는 피의자 등 입장에서 꼭 알아야 할 용어들에 대한 설명입니다.

■ 고소인
- 정의 : 범죄 피해를 입었다고 주장하며 수사기관에 가해자를 처벌해 달라고 요청하는 사람.
- 의미 : 고소인은 수사를 촉발하는 중요한 역할을 하며, 성범죄 사건에서 피해자가 고소인이 되는 경우가 많습니다.

■ 피해자
- 정의 : 범죄로 인해 직접적인 피해를 입은 사람.
- 의미 : 고소인과 동일할 때도 있지만, 반드시 고소인이 피해자와 일치하지는 않습니다(예: 대리 고소의 경우). 고소와 고발은 구분됩니다. 고발은 범죄 사실을 수사기관에 알리는 행위로, 고소권이 없는 제3자가 범죄를 수사기관에 신고하는 절차를 말합니다. 성범죄는 대부분 피해자 본인이 직접 고소장을 접수하여 사건이 진행됩니다.

■ 피고소인
- 정의 : 고소인에 의해 범죄 혐의를 받는 사람.
- 의미 : 수사 초기 단계에서 '피의자'로 전환되기 전 상태를 지칭합니다.

■ 피의자
- 정의 : 범죄 혐의를 받고 수사 대상이 된 사람(수사단계).
- 의미 : 수사가 진행 중이며, 경찰 및 검찰 조사의 대상이 됩니다.

■ 피고인
- 정의 : 검사가 공소(기소)를 제기한 뒤 법원에서 재판을 받는 사람(재판단계). 즉 피의자가 재판단계로 넘어가면 피고인으로 지칭됩니다.
- 의미 : 수사단계에서 피의자였다가 재판 단계로 넘어가면서 피고인으로 불립니다.

■ 피의자신문조서
- 정의 : 피의자신문조서는 수사기관(경찰 또는 검찰)이 피의자를 조사한 내용을 문서로 기록한 공식적인 조서입니다.
- 의미 : 이는 피의자의 진술과 사건 관련 사실관계를 기록하여, 수사와 재판 과정에서 증거자료로 활용됩니다.

■ 진술조서
- 정의 : 진술조서는 수사기관이 참고인이나 고소인 등 피의자 외의 사람이 진술한 내용을 문서로 작성한 공식 기록입니다.
- 의미 : 이는 사건의 사실관계를 확인하고 수사와 재판 과정에서 증거로 활용됩니다.

■ 경찰의 송치결정
- 정의 : 경찰의 송치결정이란, 수사가 완료된 사건을 검찰에 넘겨 기소 여부를 판단하도록 사건 기록과 증거를 송부하는 결정입니다.
- 의미 : 이는 수사기관 간 역할 분담에 따라, 경찰이 수사를 종결하고 검찰이 공소 제기 여부를 결정할 수 있도록 하는 절차적 과정입니다.

■ 경찰의 불송치결정
- 정의 : 경찰이 사건을 검토한 뒤, 혐의가 없거나 수사를 진행할 필요가 없다고 판단하여 사건을 검찰에 송치하지 않는 결정.
- 의미 : 불송치결정이 내려진 경우 검찰의 재수사요청 등이 없는 경우 일반적으로 사건이 종결되지만, 피해자는 불송치결정에 대해 이의를 제기할 수 있습니다.

■ 이의신청
- 정의 : 경찰이나 검찰의 처분에 불복하여 재검토를 요청하는 절차.
- 의미 : 주로 경찰의 불송치결정에 대해 피해자가 이의를 제기하는 것을 말합니다.

■ 영장실질심사
- 정의 : 영장실질심사(구속 전 피의자 심문)는 수사단계에서 검사가 법원에 피의자 구속영장을 청구했을 때, 법원이 피의자를 직접 심문한 뒤 구속 여부를 결정하는 절차(경찰단계에서는 경찰수사관이 검사에게 요청하여 검사가 검토 후 기각하거나 법원에 청구).
- 의미 : 이는 피의자의 인권 보호와 구속 사유의 적정성을 판단하기 위해 마련된 법적 절차입니다.

■ 구속적부심사
- 정의 : 수사기관에 의해 구속된 피의자에 대해 법원이 그 구속의 적법성과 필요성을 심사하여, 부당하거나 위법하다고 판단되는 경우 피의자를 석방하는 제도입니다.
- 의미 : 구속적부심사는 영장실질심사에서 구속영장이 발부되어 구속된 피의자를 구제하기 위한 제도입니다. 즉, 영장실질심사 후 구속된 피의자가 자신의 구속이 부당하다고 판단될 경우, 구속적부심사를 청구하여 법원에 의해 구속의 적법성과 필요성을 다시 한번 심사받을 수 있습니다.

■ 수사검사
- 정의 : 사건을 수사하고 기소 여부를 결정하는 검찰 내 담당 검사.
- 의미 : 수사 과정에서 경찰과 함께 사건을 검토하며, 피의자를 검사실로 불러 피의자를 조사하거나 기소 여부를 판단하는 핵심 역할을 합니다.

■ 공판검사
- 정의 : 재판 단계에서 검찰을 대표하여 법원에 출석하여 피고인의 유죄를 주장하고 증거를 제시하는 검사.
- 의미 : 법정에서 검찰 측 논리를 펼치며 구형(형량 요구) 등을 진행합니다. 실무

상 보통 수사검사와 공판검사는 달라집니다.

■ **검사의 구공판**
- 정의 : 구공판이란 검사가 피고인을 정식 재판에 회부하여 공개된 법정에서 사건을 심리하는 형사소송 절차입니다.
- 의미 : 검찰이 혐의가 중하여 실형을 선고받길 원하는 등의 경우 법원의 판결을 받는 과정입니다.

■ **검사의 약식기소**
- 정의 : 약식기소란 검사가 벌금형 등 비교적 경미한 사건에 대해 정식 재판 없이 서면 심리로 처리할 것을 법원에 청구하는 기소 절차입니다.
- 의미 : 사건을 간소화하고 신속히 처리하기 위한 제도로, 법정 출석 없이 법원이 벌금 등을 선고할 수 있습니다.

■ **검사의 보완수사명령**
- 정의 : 경찰이 송치한 사건에서 증거 부족이나 사실 관계의 명확화를 위해 검사가 경찰에 추가적인 수사를 지시하는 명령.
- 의미 : 이는 공소 유지에 필요한 증거와 사실을 철저히 확인하여 부실한 기소를 방지하고, 사건의 완전한 해결을 도모하기 위한 제도입니다

■ **검사의 불기소결정**
- 정의 : 검사의 불기소결정이란, 수사 결과 혐의가 없거나 공소 제기 요건이 충족되지 않아 피의자에 대해 기소하지 않기로 하는 결정.
- 의미 : 불기소결정은 피의자에게 형사 처벌을 받지 않도록 하며, 혐의 없음, 죄가 안 됨, 공소권 없음 등의 사유로 이루어질 수 있습니다.

■ **기소유예**
- 정의 : 기소유예란, 범죄 혐의가 인정되지만 경미한 사유 등을 고려하여 검사가 피의자를 기소하지 않고 처벌을 유예하는 처분.
- 의미 : 이는 피의자의 개선 가능성을 고려하여 형사 처벌 대신 자율적 교정을 유도하는 제도입니다.

- **조건부 기소유예**
  - 정의 : 조건부 기소유예란, 피의자가 일정 조건(예: 교육 이수 조건부 기소유예 등)을 이행하는 것을 전제로 검사가 기소를 유예하는 처분입니다.
  - 의미 : 이는 피의자가 조건을 충족함으로써 형사 처벌 없이 사건을 종결하고 재범 방지와 자율적 교화를 도모하는 제도입니다.

- **구형**
  - 정의 : 재판 과정에서 검사가 법원에 피고인에게 어떤 형벌을 내려달라고 요청하는 것.
  - 의미 : 구형은 실제 선고 형량과는 다를 수 있습니다.

- **단독재판부**
  - 정의 : 판사 1명이 사건을 심리하고 판결을 내리는 재판부.
  - 의미 : 합의재판부에 비하여 경미한 사건을 다룹니다(법원사건번호 : 고단).

- **합의재판부**
  - 정의 : 판사 3명이 구성되어 사건을 심리하고 판결을 내리는 재판부.
  - 의미 : 중대한 사건이 있을 때 주로 다룹니다(법원사건번호 : 고합).

- **공판기일**
  - 정의 : 피고인이 법정에 출석하여 재판을 진행하는 날.
  - 의미 : 변론, 증거 조사, 증인신문 등이 이루어지며, 사건의 핵심 심리가 진행됩니다.

- **유죄 및 무죄 판결**
  - 유죄 판결 : 피고인이 기소된 범죄사실에 대해 법원이 범죄의 구성요건이 충족되었고, 이를 뒷받침하는 증거가 충분하다고 판단하여 피고인에게 형사책임을 인정하는 판결입니다.
  - 무죄 판결 : 법원이 피고인에게 범죄의 구성요건이 충족되지 않았거나, 증거가 부족하여 범죄사실이 인정되지 않는다고 판단하여 피고인에게 형사책임을 부과

하지 않는 판결입니다.

■ **양형**
- 정의 : 법원이 피고인에게 유죄를 선고할 때 형벌을 종류와 양을 정하면서 고려하는 사유와 기준.
- 의미 : 범죄의 중대성, 반성 여부, 피해자와의 합의 등이 양형에 영향을 미칩니다.

■ **선고기일**
- 정의 : 재판부가 사건에 대한 최종 판결을 내리는 날. 선고기일은 마지막 재판(공판기일 또는 변론기일)이 끝난 후 별도로 정해집니다.
- 의미 : 판사는 유·무죄 여부와 형량을 선고합니다.

■ **선고유예**
- 정의 : 선고유예는 법원이 피고인의 유죄를 인정하면서도 일정 기간 동안 형의 선고를 미루는 제도입니다. 단 피고인이 자격정지 이상의 형을 받은 전과가 없어야 합니다.
- 의미 : 이 기간 동안 별다른 범죄 없이 지내면 형의 선고를 면하고 전과 기록이 남지 않아 갱생의 기회를 제공합니다.

■ **집행유예**
- 정의 : 집행유예는 법원이 형을 선고하면서 일정 기간 동안 형의 집행을 미루고, 그 기간 동안 재범이 없으면 형의 집행을 면제하는 제도입니다. 선고되는 형이 3년 이하의 징역이나 금고, 또는 500만 원 이하의 벌금이어야 하며, 집행유예의 기간은 1년 이상 5년 이하로 정해집니다(법정형 자체가 최소 7년 이상의 경우 집행유예가 불가능합니다). 또한, 누범기간은 중범행은 집행유예를 받을 수 없습니다.
- 의미 : 피고인을 불구속하며 피고인에게 교화와 자발적인 갱생의 기회를 제공하면서, 형사처벌로 인한 사회적 비용을 줄이기 위한 취지입니다.

■ **항소**

- 정의 : 1심 판결에 불복하여 상급 법원에 재판을 다시 요청하는 절차. 항소는 반드시 판결 선고일로부터 7일 이내에 제기해야 하며, 소송기록접수 통지를 받은 날로부터 반드시 20일 이내에 항소이유서를 항소법원에 제출해야 합니다.
- 의미 : 2심 재판(항소심)은 새로운 증거 제출과 변론이 가능합니다.

■ 상고
- 정의 : 2심 판결에 불복하여 대법원에 법률적 판단을 요청하는 절차입니다.
- 의미 : 상고는 법률 해석 및 적용의 적절성을 검토하며, 대법원에서는 새로운 사실심리는 이루어지지 않습니다.

■ 구속
- 정의 : 경찰서 유치장, 구치소, 교도소 등에 신체적 자유를 제한받는 상태입니다.
- 의미 : 형사사건에서 구속은 ①수사단계에서 체포 후 영장실질심사를 통하여 구속영장이 발부될 때, ②기소 후 재판 중 2차 가해를 이유로 구속영장이 발부되는 경우, ③1심 선고기일에 실형이 선고되는 경우 등에 이루어질 가능성이 있습니다. 보통은 불구속 수사가 원칙이고, 실형선고가 된다면 선고기일에 선고 즉시 구속되는 경우가 많습니다.

■ 조건부 보석
- 정의 : 조건부 보석이란, 법원이 구속된 피고인에게 특정 조건(예: 거주지 제한, 관계자 접촉 금지 등)을 부과하여 석방을 허가하는 제도입니다.
- 의미 : 이는 피고인의 방어권을 보장하면서 도주와 증거인멸을 방지하기 위해 설계된 절차입니다.

■ 보증금납입조건부 보석
- 정의: 보증금납입조건부 보석이란, 피고인이 법원이 정한 보증금을 납입하는 것을 조건으로 구속 상태에서 석방되는 제도입니다.
- 의미: 이는 금전적 담보를 통해 피고인의 도주와 증거인멸을 방지하며, 석방 후에도 법정 출석을 보장하기 위한 조치입니다.

- **가석방**
  - 정의 : 징역이나 금고형의 실형선고로 구속된 사람이 선고된 형기의 1/3 이상을 복역한 경우 등에 교정 성과와 재범 가능성을 고려하여 법적으로 석방되는 제도입니다.
  - 의미 : 이는 교화된 수형자에게 조기 사회 복귀의 기회를 제공하고, 교정시설의 과밀화를 완화하며, 재범 방지와 사회적 안정성을 도모하기 위한 제도입니다.

- **형법**
  - 정의 : 어떠한 행위가 범죄에 해당하며, 그에 대한 법적 효과로서 어떠한 형벌이 부과되는지를 규정한 법규범의 총체를 의미합니다.

- **성폭력 범죄의 처벌 등에 관한 특례법(약칭 : 성폭력처벌법)**
  - 정의 : 이 법은 형법에 포함된 일반적인 성범죄 처벌 규정 외에도 성폭력 범죄의 특수성을 고려한 별도의 처벌 규정을 두고 있습니다.

- **아동·청소년의 성보호에 관한 법률(약칭 : 아청법 또는 청소년성보호법)**
  - 정의 : 만 19세 미만의 아동·청소년대상 성범죄 처벌의 특례를 규정하기 위한 법입니다.

- **성매매알선 등 행위의 처벌에 관한 법률(약칭 : 성매매처벌법)**
  - 정의 : 이 법은 성매매와 성매매알선 등 행위 및 성매매 목적의 인신매매를 근절하고, 성매매피해자의 인권을 보호하기 위해 제정되었습니다.

- **스토킹범죄의 처벌 등에 관한 법률(약칭 : 스토킹처벌법)**
  - 정의 : 이 법은 스토킹범죄의 처벌 및 피해자 보호에 관한 사항을 규정하여, 국민의 안전과 인권을 보호하는 것을 목적으로 합니다.

- **형사소송법**
  - 정의 : 형법을 구체적인 사건에 적용하고 실현하는 과정을 규율함으로써 국가의 형벌권을 현실화하는 법률입니다. 예를 들어, 형법이 범죄와 형벌에 관한

실체법이라면, 형사소송법은 그 실체법을 적용하기 위한 절차를 규정한 절차법입니다.

나. 본 책을 본인의 '입장'과 '단계별 시기'에 맞는 '쟁점'별 발췌하세요

성범죄로 고소를 당하면 1심 판결선고가 나오는 데까지 짧게는 6개월 길게는 1년 6개월 정도 소요됩니다(**평균적으로 사건이 경찰에 접수되고 - 검찰로 송치 후 - 법원 재판결과가 나오기까지 1년**으로 생각하시면 됩니다). 피의자 등은 긴 기간 법적 절차에 연루되게 됩니다. 본인의 입장에 맞추어 시기별 또는 단계별에 맞추어 필요한 목차 중심으로 발췌를 하고 필요한 내용을 위주로 발췌하면 효과적으로 책을 활용할 수 있습니다.

이 책은 성범죄 사건에 연루된 피의자 등이 사건의 각 단계에서 적절히 대처할 수 있도록 구성되었습니다. 각 상황에 맞는 내용을 발췌하여 읽는 것이 중요합니다. 모든 정보를 한 번에 읽고 이해하려 하기보다는, 사건 진행 단계에 따라 필요한 부분을 찾아보고 준비한다면 더 효과적으로 대응할 수 있습니다.

먼저 죄를 인정하는 입장과 무죄를 주장하는 입장을 정한 후 각 입장에 따라 경찰단계, 검찰단계, 법원단계 등 단계별 시기에 맞도록 쟁점별로 본 책을 회독하여 활용하시기 바랍니다. 예를 들어, 기소가 되어 법원단계에서 최후진술을 준비해야 하는 시기에는 '법원단계-최후진술 준비방법' 부분을 보셔야 합니다.

책 활용의 기본 원칙

1. 입장 정하기 : 먼저 자신의 입장이 무엇인지 명확히 해야 합니다. 죄를 인정하는 입장인지, 무죄를 주장하는 입장인지에 따라 준비해야 할 내용과 접근 방식이 다릅니다.

2. 단계별 활용 : 경찰단계, 검찰단계, 법원단계 등 사건이 진행되는 단계에 따라 적합한 내용을 발췌하여 준비하세요.

3. 쟁점별 회독 : 사건의 주요 쟁점(예: 필수적 대응지침, 구체적 대처방법★ 내 경찰 또는 검찰조사 받는 방법 등)에 따라 필요한 부분을 집중적으로 읽고 활용하세요.

3. 입장별 전체적인 절차 이해
가. 죄를 인정하는 피의자 형사소송절차의 전체적인 흐름

경찰	→	검찰	→	법원
①고소장 접수 ②고소인 조사 (③압수수색 또는 CCTV 확보) (④포렌식) ⑤피의자 조사 (⑥구속영장실질심사) *()괄호는 임의	①송치	(①형사조정신청)	①기소 [:㉠구공판, ㉡약식기소] or ②기소유예	①인정신문 ②공소사실낭독 ③공소사실인부 ④증거의견 (⑤합의를 위한 양형조사신청) (⑥판결전조사) (⑦공탁) ⑧구형 ⑨최후진술 ⑩선고기일 (⑪항소) (⑫가석방)

죄를 인정하는 것을 자백이라고 합니다. 자백 피의자의 경우 형사소송절차는 대체적으로 위 도표와 같이 진행되며, **자백사건**의 경우 사건 발생 후 1심 판결선고시까지 **짧으면 8개월에서 1년 정도 소요**된다고 생각하면 됩니다. 아래는 단계별 주요 절차에 대한 간략한 설명입니다.

1) 자백 피의자 등 경찰단계에서의 주요 절차

가) 고소장 접수
- 성범죄 사건은 피해자가 경찰서에 직접 고소장을 제출하거나 변호인을 통해 접수하는 것으로 시작됩니다. 고소장에는 사건의 개요, 피해 사실, 피고소인의 인적 사항 등이 포함됩니다.
- 피의자가 공무원 등의 경우에는 아래와 같이 수사개시통보가 이뤄질 수 있습니다.

> (경찰청) 범죄수사규칙
> [시행 2023. 11. 1.] [경찰청훈령 제1103호, 2023. 11. 1.]

제46조(공무원등에 대한 수사 개시 등의 통보) ① 경찰관은 공무원 및 공공기관의 임직원 등(이하 "공무원등"이라 한다)에 대하여 수사를 시작한 때와 이를 마친 때에는 다음 각 호의 규정에 따라 **공무원등의 소속기관의 장 등에게 수사 개시 사실 및 그 결과를 통보해야** 한다.

1. 「**국가공무원법**」 제83조제3항 : 감사원과 검찰·경찰, 그 밖의 수사기관은 조사나 수사를 시작한 때와 이를 마친 때에는 10일 내에 소속 기관의 장에게 그 사실을 통보하여야 한다.
2. 「**지방공무원법**」 제73조제3항 : 감사원과 검찰·경찰, 그 밖의 수사기관 및 제1항에 따른 행정기관은 조사나 수사를 시작하였을 때와 마쳤을 때에는 10일 이내에 소속 기관의 장에게 해당 사실을 알려야 한다.
3. 「**사립학교법**」 제66조의3제1항 : 감사원, 검찰·경찰, 그 밖의 수사기관은 사립학교 교원에 대한 조사나 수사를 시작하였을 때와 마쳤을 때에는 10일 이내에 해당 교원의 임용권자에게 그 사실을 통보하여야 한다.
4. 「**공공기관의 운영에 관한 법률**」 제53조의2

> 공공기관의 운영에 관한 법률 제53조의2(수사기관등의 수사 개시·종료 통보) 수사기관등은 공공기관의 임직원에 대하여 다음 각 호의 어느 하나에 해당하는 사건에 관한 조사나 수사를 시작한 때와 이를 마친 때에는 10일 이내에 공공기관의 장에게 해당 사실과 결과를 통보하여야 한다. <개정 2024. 3. 26.>
> 1. 직무와 관련된 사건
> 2. 다음 각 목의 성관련 비위행위와 관련된 사건
>   가. 「**성매매**알선 등 행위의 처벌에 관한 법률」 제4조에 따른 금지행위
>   나. 「성폭력범죄의 처벌 등에 관한 특례법」 제2조에 따른 **성폭력범죄**
> 3. 「도로교통법」 제44조제1항에 따른 음주운전 또는 같은 조 제2항에 따른 음주측정에 대한 불응

5. 「**지방공기업법**」 제80조의2

> 지방공기업법 제80조의2(수사기관 등의 수사 등 개시·종료 통보) 다음 각 호의 어느 하나에 해당하는 기관은 공사 또는 공단의 임직원에 대하여 직무와 관련된 사건에 관한 조사나 수사를 시작한 때와 이를 마친 때에는 10일

이내에 공사의 사장 또는 공단의 이사장에게 해당 사실과 결과를 통보하여야 한다.
1. 감사원
2. 검찰·경찰 및 그 밖의 수사기관
3. 행정안전부장관
4. 지방자치단체의 장

6. 「**지방자치단체 출자·출연 기관의 운영에 관한 법률**」 제34조의2

제34조의2(수사기관 등의 수사 등 개시·종료 통보) 다음 각 호의 어느 하나에 해당하는 기관은 출자·출연 기관의 임직원에 대하여 직무와 관련된 사건에 관한 조사나 수사를 시작한 때와 이를 마친 때에는 10일 이내에 출자·출연 기관의 장에게 해당 사실과 그 결과를 통보하여야 한다.
1. 감사
2. 검찰·경찰 및 그 밖의 수사기관
3. 지방자치단체의 장

7. 「**과학기술분야 정부출연연구기관 등의 설립·운영 및 육성에 관한 법률**」 제35조의2 : 감사원과 검찰·경찰, 그 밖의 수사기관은 연구기관 또는 연구회의 임직원에 대하여 직무와 관련된 사건에 관한 조사나 수사를 시작한 때와 이를 마친 때에는 10일 이내에 연구기관의 원장 또는 연구회의 이사장에게 해당 사실과 결과를 통보하여야 한다.

8. 「**국가연구개발혁신법**」 제37조 : 검찰, 경찰 등 수사기관의 장은 연구개발기관의 임직원에 대하여 국가연구개발활동과 관련된 사건에 관한 조사나 수사를 시작한 때와 이를 마친 때에는 10일 이내에 해당 연구개발기관의 장과 소관 중앙행정기관의 장에게 그 사실을 통보하여야 한다.

9. 「**국가정보원직원법**」 제23조제3항 : 수사기관이 직원에 대하여 수사를 시작한 때와 수사를 마친 때에는 지체 없이 원장에게 그 사실과 결과를 통보하여야 한다.

10. 「**군인사법**」 제59조의3제1항 : 감사원이나 군검찰, 군사법경찰관, 그 밖의 수사기관은 군인의 비행사실에 대한 조사나 수사를 시작한 때와 마친

> 때에는 10일 이내에 그 군인의 소속 또는 감독 부대나 기관의 장에게 그 사실을 통보하여야 한다.
> 11. 「부정청탁 및 금품등 수수의 금지에 관한 법률 시행령」 제37조 :수사기관은 법 위반행위에 따른 신고 등에 따라 범죄 혐의가 있다고 인식하여 수사를 시작한 때와 이를 마친 때에는 10일 이내에 그 사실을 해당 공직자등이 소속한 공공기관에 통보하여야 한다.
> 12. 그 밖에 소속 기관의 장 등에게 수사 개시 등을 통보하도록 규정하고 있는 법령

나) 고소인 조사

- 고소장을 제출한 후, 고소인을 경찰서로 소환하여 구체적인 피해 사실을 조사합니다. 수사관이 고소인 조사를 통하여 문서로 기록 한 것을 '피해자진술조서'라 합니다.
- 고소인은 사건 당시의 상황, 피의자와의 관계, 피해사실의 경위, 피해 규모 등을 진술하며, 이 진술은 사건 수사의 초석이 됩니다.

다) 압수수색 또는 CCTV 확보(임의)

- 경찰은 사건 관련 증거를 확보하기 위해 압수수색을 진행합니다. 압수수색 영장을 통해 피의자의 집, 차량, 전자기기 등에서 물적 증거를 수집합니다.
- 모든 성범죄 사건에서 압수수색을 실시하는 것은 아닙니다. 예컨대, 카메라촬영죄와 같이 불법촬영물의 확보가 필요한 경우에는 피의자의 집이나 회사로 불시에 찾아가 휴대폰, 컴퓨터 등을 압수합니다.

> ※ 자택방문 압수수색
> 카메라 촬영죄 혐의와 관련해서는 수사기관이 피의자 조사를 진행하기에 앞서 자택에 압수수색영장을 지참해 갑작스럽게 방문하는 경우가 많습니다. 이 과정에서 압수한 자료에 대해 포렌식을 진행한 뒤 피의자 조사 일정이 잡히는 것이 일반적입니다. 압수수색 중 수사관들은 다양한 질문을 할 수 있으며, 이때의 질문과 답변은 수사보고서에 기재되고 재판에 불리하게 활용될 수 있습니다.

- 고소 내용에 CCTV 확보가 유의미한 증거가 될 가능성이 있는 경우, 경찰은 해당 CCTV 영상을 확보합니다. 특히, 준강간 또는 준강제추행 등의 사건의 경우

에는 고소인인의 심신상실 또는 항거불능 상태를 확인하기 위해서 적극적으로 CCTV 영상을 확보합니다.

라) 포렌식(임의)

- 압수된 디지털 기기 및 증거물에 대해 포렌식 조사가 이루어집니다. 이는 삭제된 데이터를 복원하거나 사건과 관련된 자료를 분석하여 증거로 활용하기 위함입니다.
- 포렌식 결과는 사건의 실체를 명확히 하는 데 중요한 역할을 하며, 법정에서 증거로 제출될 수 있습니다.
- 카메라등이용촬영죄 또는 아동성착취물제작죄 등 전자기기 사용으로 인한 성범죄의 경우 원칙적으로 포렌식 절차를 거치게 됩니다. 전자기기 사용 외의 성범죄는 포렌식 절차가 없는 경우가 대부분입니다.

마) 피의자 조사

- 경찰은 고소인 조사를 마친 후 피의자를 소환하여 범죄 사실에 대한 진술을 받습니다. 피의자를 조사하여 기록한 문서를 '피의자신문조서'라 합니다.
- 피의자 조사를 마친 후, 경찰은 피의자에게 혐의가 있다고 판단되면 사건을 검찰로 송치합니다. 경찰은 피의자를 용서하거나, 혐의가 있음에도 사건을 검찰에 송치하지 않을 권한을 갖고 있지 않습니다.

바) 구속영장실질심사(임의)

- 구속영장실질심사는 구속 전 피의자 심문 절차로, 검사가 수사 단계에서 판사에게 구속영장을 청구했을 때 법원이 피의자를 직접 심문하여 구속 여부를 결정하는 절차입니다(형사소송법 제70조, 제201조의2). 이 과정은 비공개로 진행되며, 판사, 피의자, 변호인 3명이 참여합니다. 검사는 출석하지 않는 경우가 대부분입니다.
- 사안이 중대하거나 피의자의 주거가 일정하지 않아 도망갈 우려가 높거나 증거인멸의 우려가 높은 경우에 수사단계에서 법원에 구속영장을 청구하여 기소 전에 구속영장실질심사를 받을 수 있습니다. 또한, 사안이 중대하여 실형가능성이 높은 경우에도 구속영장이 청구될 수 있습니다.

2) 자백 피의자 검찰단계에서의 주요 절차

가) 형사조정신청
- 형사조정이란 검찰 산하의 형사조정위원회가 중립적 입장에서 피의자와 피해자 간의 대화를 주선하여 사건의 합의를 돕는 절차입니다.
- 형사조정은 피의자가 피해자의 인적 사항을 모르거나 연락 방법이 없는 경우에도 유용한 제도입니다.
- 그러나 형사조정신청이 반드시 받아들여지는 것은 아니며, 경미한 성범죄 사건에서 형사조정신청을 하여 검찰이 이를 승인하거나, 피해자가 합의 의사가 있음을 수사기관에 밝힌 경우에 담당 검사 직권으로 조정 절차가 시작될 수 있습니다.
- 수사기관에서는 피해자가 피의자와의 접촉으로 인해 2차 가해를 입을 가능성을 방지하기 위해, 피의자와 피해자의 직접적인 대화를 피하려는 경향이 있습니다. 따라서, 피의자에게 변호인이 선임된 경우, 변호사가 형사조정 절차에서 대리인으로 피해자와 소통하기 때문에 형사조정이 더 원활히 진행될 가능성이 높아집니다.

나) 검찰의 처분 : 구공판
- 정식 재판을 청구하는 기소 형태로, 사건의 중대성이나 법적 쟁점이 많을 때 사용됩니다.
- 검사가 사건을 법원으로 송부하고, 피의자는 판사, 검사 등이 모두 출석하는 정식 재판에 출석하여 사건에 대한 심리를 받게 됩니다.
- 재판 과정에서 검사는 피의자의 혐의를 입증하고, 변호인은 피고인을 변호하며, 판사는 이를 종합적으로 판단하여 형량을 결정합니다.
- 성범죄 형량이 높아지는 추세에 따라 실무상 대부분의 성범죄가 정식 재판에 청구되는 경우가 많아지고 있습니다.

다) 검찰의 처분 : 약식기소
- 피의자가 죄를 인정하고, 사건이 비교적 경미한 경우 벌금형 등 간단한 형을 법원이 서면으로 선고하도록 청구하는 기소 형태입니다.
- 약식명령은 법정 출석 없이 서면 심리로 이루어지며, 판사가 검사의 청구를 바

탕으로 벌금 등을 선고합니다. 검사가 법원에 약식명령을 청구하면 법원이 이를 심리 검토하여 약식명령을 최종적으로 결정합니다.
- 피의자는 형량이 과다하다는 등의 약식명령에 이의가 있을 경우 법원의 약식명령 고지일로부터 7일 이내에 정식 재판을 요청할 수 있습니다
- 성범죄 중 비교적 가벼운 사건이거나 피해자와 합의가 된 경우에 활용됩니다.

라) 검찰의 처분 : 기소유예 또는 교육이수조건부 기소유예
- 검사가 피의자의 범죄 혐의를 인정하면서도, 피의자의 상황을 고려하여 처벌을 유예하는 결정입니다. 이는 기소와 달리 피의자가 재판을 받지 않고 사건이 종결되는 형태입니다. 경찰은 가지고 있지 않은 권한이며, 검찰이 피의자를 용서할 수 있는 큰 권한입니다.
- 기소유예는 ①범죄의 경미성, ②피의자가 초범, ③피해자와의 합의, ④진심 어린 반성, ⑤재범의 가능성이 낮은 경우 등에 활용됩니다.
- 교육이수조건부 기소유예란 교육 프로그램의 종류와 이수 기간을 지정하여 기소유예를 유지하기 위한 필수 조건으로 내려지는 기소유예입니다. 성범죄 사건의 경우 교육이수조건부 기소유예와 같은 조건부 기소유예가 많이 활용됩니다.

3) 자백 피고인 법원단계에서의 주요절차

가) 인정신문
- 재판 시작 전에 판사가 피고인의 신원 확인을 위해 질문하는 절차입니다.
- 판사가 피고인의 이름, 생년월일, 주소, 직업 등을 확인합니다. 변호인이 있다고 하더라도 피고인 스스로 답해야 합니다. 신원이 확인 된 후 자리에 앉으면 됩니다.
- 첫인상이 중요한 만큼 법정에서 단정하고 겸손한 태도를 유지하여야 합니다.

나) 공소사실 낭독
- 검사가 피고인에게 제기된 혐의(공소사실)를 법정에서 낭독하는 절차입니다.
- 검찰이 작성한 공소장을 바탕으로 사건의 핵심 내용, 범죄 행위, 관련 법령 등을 설명합니다.

다) 공소사실 인부

- 피고인이 공소사실에 대해 유죄를 '인정(자백)'할 것인지, 아니면 '부인(무죄 주장)'할 것인지를 밝히는 절차입니다.
- 피고인에게 변호인이 있다변 변호인이 공소사실 인부를 하며, 재판부에서는 피고인에게도 변호인과 같은 의견인지 묻는 경우가 있는데, 그런 경우 통상 "네"라고 대답하면 됩니다.
- 공소사실을 인정하면 재판은 주로 형량을 결정하는 양형심리에 집중됩니다.

라) 증거 의견

- 검찰과 변호인이 법정에서 제출된 증거에 대한 의견을 밝히는 절차입니다.
- 검찰은 피고인의 유죄를 입증하기 위해 증거를 제시합니다.
- 피고인에게 변호인이 있다면 변호인이 검찰측 제출 증거목록에 대한 의견을 밝힙니다.
- 자백 사건의 경우 증거 전체에 대해 증거로 쓰이는 것을 '전부 동의'하는 경우가 많습니다. 다만 일부 혐의에 대해서 부인하는 경우에는 부인하는 부분에 대해서는 증거를 부동의 하고 무죄를 다투어야 합니다.

마) 합의를 위한 양형조사 신청(임의)

- 합의를 위한 양형조사신청은 아직 합의가 되지 않은 경우에 재판부에 양형조사 신청을 하여 채택이 되면 법원조사관이 피해자에게 연락하여 피해자의 합의의사를 확인하고, 실무상 피고인 측 변호인에게만 연락처를 공개한다는 조건부로 연락처를 공개할 의사가 있는지 여부 등을 조사해주는 절차를 말합니다.
- 피해자와의 합의는 형량 감경의 중요한 요인으로 작용하며, 양형조사절차를 통하여 합의가 성사될 수 있고, 합의가 결렬된다 하더라도 합의 의사를 확인하는 것만으로도 법원에서 긍정적으로 평가받을 수 있습니다.

바) 판결전 조사(임의)

- 판결 전에 피고인의 성격, 생활 환경, 가족 관계 등을 조사하여 판사가 판단에 참고하도록 하는 절차입니다.
- 판결전 조사는 법원이 필요하다고 판단할 경우 직권으로 명령하여 진행됩니다. 피고인이나 변호인이 법적인 신청권은 없지만, 필요성을 제안하는 의미로 신청

- 할 수 있습니다.
- 판결 전 조사는 보호관찰소에서 실시하며, 피고인의 재범 가능성, 사회 복귀 가능성을 평가합니다.
- 판결 전 조사보고서는 재판부에 전달되며 그 내용에 따라 피고인의 양형에 도움이 될 수 있습니다.

사) 공탁(임의)
- 피고인이 피해자에게 손해배상을 목적으로 일정 금액을 법원에 맡기는 절차입니다.
- 공탁은 합의만큼의 효과는 없지만 양형에 도움이 될 수 있습니다.
- 피해자가 공탁금을 수령한다면 합의와 유사한 효과를 얻을 수 있습니다.

아) 구형
- 공판기일 마지막 날에 구형을 합니다. 구형은 검사가 피고인에 대해 법원이 선고해야 할 형량의 종류와 양을 '요청'하는 절차입니다. 법원의 판결선고와는 다른 개념입니다.
- 검사는 사건의 중대성과 법적 쟁점을 기반으로 형량을 제시하며, 피고인이 처벌받아야 할 이유를 설명합니다.
- 예를 들어, 검사는 재판부에게 피고인에게 "~~ 한 이유로 피고인에게 징역 1년을 선고해주시기 바랍니다."등의 요청을 합니다.
- 검사가 제시하는 구형 이유에서 논리적으로 약한 부분을 찾아내 변호인과 함께 반박 자료를 참고서면으로 선고기일 전에 제출할 수 있습니다.

자) 최후진술
- 판결 전 피고인이 판사에게 자신의 입장을 직접 진술하는 절차입니다.
- 법적으로 판사는 재판 마지막에 피고인에게 최후진술의 기회를 주어야 합니다.
- 최후진술은 피고인의 변호인과 피고인에게 각 한 차례씩 진행되며, 피고인의 변호인이 먼저 진술한 후 피고인이 진술합니다.
- 자신의 잘못을 인정하고, 진심으로 반성하는 태도와 함께 재범 방지를 위한 어떤 노력을 할 것인지 구체적으로 설명해야 합니다.

차) 선고기일

- 판사가 피고인의 유무죄를 결정하고 형량을 선고하는 날입니다. 통상 마지막 공판기일(재판)이 끝난 후 3~4주 뒤에 선고기일이 별도로 잡힙니다. 쉽게 말해, 판결문을 작성하는 시간을 가지기 위함입니다.
- 선고기일에 실형(징역)이 선고되는 경우 통상 선고 즉시 구속됩니다. 다만 예외적으로 참작사유가 있고 합의의 가능성이 있는 경우에는 실형을 선고하면서 불구속을 하는 경우도 간혹 있습니다.
- 벌금형 또는 집행유예 경우에는 구속되지 않습니다(법적으로 집행유예가 벌금형보다 강한 처벌입니다).

카) 항소(임의)

- 1심 판결에 불복하여 상급 법원에 재판을 다시 요청하는 절차입니다.
- 판결이 형량이 과다하여 부당(양형부당)하다고 판단되는 경우 등에는 항소를 할 수 있습니다.
- 검사도 형량이 과소하여 부당하다고 판단되는 경우에는 항소를 할 수 있습니다.
- 항소는 판결 선고 후 **7일** 이내에 제기해야 합니다. 항소기간이 도과하는 경우 항소권이 소멸되므로 매우 큰 주의가 필요합니다. 항소법원으로부터 소송기록접수 통지를 받은 날로부터 **20일** 이내에 항소이유서를 항소법원에 제출해야 합니다. 항소이유서 제출기한이 도과한 경우 항소심은 항소기각을 하여 항소심 재판을 받을 기회를 박탈합니다.
- 항소심에서는 담당 재판부와 담당 검사 등이 전부 교체되며, 새로이 구성된 재판부에서 심리하며 자백사건의 경우 사건의 유무죄보다는 형량의 적정성, 피해 회복 정도, 반성 태도 등을 중심으로 심리됩니다.

타) 가석방(임의)

- 실형을 선고받고 복역 중인 피고인이 일정 요건을 충족하면 형기의 일부를 남기고 사회로 복귀할 수 있도록 허용하는 제도입니다.
- 형기의 일부를 남긴 상태에서 법무부의 심사를 거쳐 가석방이 결정됩니다.
- 형기의 1/3 이상 복역, 모범적인 태도, 재범 가능성이 낮은 경우에 허용됩니다.
- 가석방이 허가되면 조건부로 사회생활을 시작할 수 있습니다.
- 복역 중 성실한 태도를 보이며, 교화 프로그램이나 봉사활동에 적극 참여해야

합니다.
- 가족이나 지인의 탄원서를 통해 재사회화 가능성을 강조해야 합니다.

나. 무죄를 주장하는 피의자 등 형사소송절차의 전체적인 흐름

경찰	→	검찰	→	법원
①고소장 접수 ②고소인 조사 (③압수수색 또는 CCTV 확보) (④포렌식) ⑤피의자 조사 (⑥구속영장실질심사) (⑦추가조사) (⑧거짓말탐지기) *()괄호는 임의	①송치 또는 ②불송치 ※ 불송치의 경우 피해자 이의신청권 있음.	(①추가조사) (②보완수사명령)	①기소 [:㉠구공판, ㉡약식기소] ②불기소 ③기소유예	①인정신문 ②공소사실낭독 ③공소사실인부 ④증거의견 ⑤증인신문 ⑥피고인신문 ⑦구형 ⑧최후진술 ⑨선고기일 (⑩항소) (⑪가석방)

무죄를 주장하는 피의자 등의 경우 형사소송절차는 대체적으로 위 도표와 같이 진행되며, 무죄를 주장하는 사건을 **부인(否認)사건**이라 합니다. 부인 사건의 경우 사건 발생 후 1심 판결선고시까지 **짧으면 1년에서 1년 6개월 정도 소요**된다고 생각하면 됩니다. 아래는 단계별 주요 절차에 대한 간략한 설명입니다.

1) 무죄주장 피의자 경찰단계에서의 주요 절차

가) 고소장 접수

- 성범죄 사건은 고소인이 경찰서에 직접 고소장을 제출하거나 변호인을 통해 접수하는 것으로 시작됩니다. 고소장에는 사건의 개요, 피해 사실, 피고소인의 인적 사항 등이 포함됩니다.
- 고소장을 정보공개청구하여 열람하여 고소인의 주장과 논리가 모순되거나 허위의 주장을 찾아야 합니다. 다만 고소장이 없거나 고소장 내용이 2~3줄로 짧게 구성되어 있는 경우도 있습니다.
- 변호인을 통해 고소장의 주요 내용을 파악하고, 대비 방안을 수립합니다.
- 피의자가 공무원 등의 경우에는 아래와 같이 수사개시통보가 이뤄질 수 있습니

다.

(경찰청) 범죄수사규칙
[시행 2023. 11. 1.] [경찰청훈련 제1103호, 2023. 11. 1.]
제46조(공무원등에 대한 수사 개시 등의 통보) ① 경찰관은 공무원 및 공공기관의 임직원 등(이하 "공무원등"이라 한다)에 대하여 수사를 시작한 때와 이를 마친 때에는 다음 각 호의 규정에 따라 **공무원등의 소속기관의 장 등에게 수사 개시 사실 및 그 결과를 통보해야** 한다. 1. 「**국가공무원법**」 제83조제3항 : 감사원과 검찰·경찰, 그 밖의 수사기관은 조사나 수사를 시작한 때와 이를 마친 때에는 10일 내에 소속 기관의 장에게 그 사실을 통보하여야 한다. 2. 「**지방공무원법**」 제73조제3항 : 감사원과 검찰·경찰, 그 밖의 수사기관 및 제1항에 따른 행정기관은 조사나 수사를 시작하였을 때와 마쳤을 때에는 10일 이내에 소속 기관의 장에게 해당 사실을 알려야 한다. 3. 「**사립학교법**」 제66조의3제1항 : 감사원, 검찰·경찰, 그 밖의 수사기관은 사립학교 교원에 대한 조사나 수사를 시작하였을 때와 마쳤을 때에는 10일 이내에 해당 교원의 임용권자에게 그 사실을 통보하여야 한다. 4. 「**공공기관의 운영에 관한 법률**」 제53조의2
공공기관의 운영에 관한 법률 제53조의2(수사기관등의 수사 개시·종료 통보) 수사기관등은 공공기관의 임직원에 대하여 다음 각 호의 어느 하나에 해당하는 사건에 관한 조사나 수사를 시작한 때와 이를 마친 때에는 10일 이내에 공공기관의 장에게 해당 사실과 결과를 통보하여야 한다. <개정 2024. 3. 26.> 1. 직무와 관련된 사건 2. 다음 각 목의 성관련 비위행위와 관련된 사건 가. 「**성매매**알선 등 행위의 처벌에 관한 법률」 제4조에 따른 금지행위 나. 「성폭력범죄의 처벌 등에 관한 특례법」 제2조에 따른 **성폭력범죄** 3. 「도로교통법」 제44조제1항에 따른 음주운전 또는 같은 조 제2항에 따른 음주측정에 대한 불응 5. 「**지방공기업법**」 제80조의2

> 지방공기업법 제80조의2(수사기관 등의 수사 등 개시·종료 통보) 다음 각 호의 어느 하나에 해당하는 기관은 공사 또는 공단의 임직원에 대하여 직무와 관련된 사건에 관한 조사나 수사를 시작한 때와 이를 마친 때에는 10일 이내에 공사의 사장 또는 공단의 이사장에게 해당 사실과 결과를 통보하여야 한다.
> 1. 감사원
> 2. 검찰·경찰 및 그 밖의 수사기관
> 3. 행정안전부장관
> 4. 지방자치단체의 장

6. 「**지방자치단체 출자·출연 기관의 운영에 관한 법률**」 제34조의2

> 제34조의2(수사기관 등의 수사 등 개시·종료 통보) 다음 각 호의 어느 하나에 해당하는 기관은 출자·출연 기관의 임직원에 대하여 직무와 관련된 사건에 관한 조사나 수사를 시작한 때와 이를 마친 때에는 10일 이내에 출자·출연 기관의 장에게 해당 사실과 그 결과를 통보하여야 한다.
> 1. 감사
> 2. 검찰·경찰 및 그 밖의 수사기관
> 3. 지방자치단체의 장

7. 「**과학기술분야 정부출연연구기관 등의 설립·운영 및 육성에 관한 법률**」 제35조의2 : 감사원과 검찰·경찰, 그 밖의 수사기관은 연구기관 또는 연구회의 임직원에 대하여 직무와 관련된 사건에 관한 조사나 수사를 시작한 때와 이를 마친 때에는 10일 이내에 연구기관의 원장 또는 연구회의 이사장에게 해당 사실과 결과를 통보하여야 한다.

8. 「**국가연구개발혁신법**」 제37조 : 검찰, 경찰 등 수사기관의 장은 연구개발기관의 임직원에 대하여 국가연구개발활동과 관련된 사건에 관한 조사나 수사를 시작한 때와 이를 마친 때에는 10일 이내에 해당 연구개발기관의 장과 소관 중앙행정기관의 장에게 그 사실을 통보하여야 한다.

9. 「**국가정보원직원법**」 제23조제3항 : 수사기관이 직원에 대하여 수사를 시작한 때와 수사를 마친 때에는 지체 없이 원장에게 그 사실과 결과를 통

> 보하여야 한다.
> 10. 「**군인사법**」 제59조의3제1항 : 감사원이나 군검찰, 군사법경찰관, 그 밖의 수사기관은 군인의 비행사실에 대한 조사나 수사를 시작한 때와 마친 때에는 10일 이내에 그 군인의 소속 또는 감독 부대나 기관의 장에게 그 사실을 통보하여야 한다.
> 11. 「부정청탁 및 금품등 수수의 금지에 관한 법률 시행령」 제37조 : 수사기관은 법 위반행위에 따른 신고 등에 따라 범죄 혐의가 있다고 인식하여 수사를 시작한 때와 이를 마친 때에는 10일 이내에 그 사실을 해당 공직자등이 소속한 공공기관에 통보하여야 한다.
> 12. 그 밖에 소속 기관의 장 등에게 수사 개시 등을 통보하도록 규정하고 있는 법령

나) 고소인 조사

- 고소장을 제출한 후, 고소인을 경찰서로 소환하여 구체적인 피해 사실을 조사합니다. 수사관이 고소인 조사를 통하여 문서로 기록 한 것을 '피해자진술조서'라 합니다. 피해자진술조서는 기소가 되기 전 수사단계에서는 수사 기밀 보호를 위하여 열람할 수 없습니다.
- 고소인은 사건 당시의 상황, 피의자와의 관계, 피해사실의 경위, 피해 규모 등을 진술하며, 이 진술은 사건 수사의 초석이 됩니다.
- 변호인과 함께 고소인의 주장에 반박할 증거나 논리를 준비하여야 합니다.

다) 압수수색 또는 CCTV 확보(임의)

- 경찰은 사건 관련 증거를 확보하기 위해 압수수색을 진행합니다. 압수수색 영장을 통해 피의자의 집, 차량, 전자기기 등에서 물적 증거를 수집합니다.
- 모든 성범죄 사건에서 압수수색을 실시하는 것은 아닙니다. 예컨대, 카메라촬영죄와 같이 불법촬영물의 확보가 필요한 경우에는 피의자의 집이나 회사로 불시에 찾아가 휴대폰, 컴퓨터 등을 압수합니다.
- 압수수색영장 등의 기재의 범위 내의 압수수색인지 또는 압수수색절차가 적법한지를 살펴보아야 합니다.
- 압수수색 과정에서 불리한 발언을 하지 않도록 주의하셔야 합니다.
- 압수된 물품에 혐의와 관련 없는 개인 자료가 포함되어 있다면 변호인과 상의하

여 해당 자료의 보호를 요청할 수 있습니다.

> ※ 자택방문 압수수색
> 카메라 촬영죄 혐의와 관련해서는 수사기관이 피의자 조사를 진행하기에 앞서 자택에 압수수색영장을 지참해 갑작스럽게 방문하는 경우가 많습니다. 이 과정에서 압수한 자료에 대해 포렌식을 진행한 뒤 피의자 조사 일정이 잡히는 것이 일반적입니다. 압수수색 중 수사관들은 다양한 질문을 할 수 있으며, 이때의 질문과 답변은 수사보고서에 기재되고 재판에 불리하게 활용될 수 있습니다.

- 고소 내용에 CCTV 확보가 유의미한 증거가 될 가능성이 있는 경우, 경찰은 해당 CCTV 영상을 확보합니다. 특히, 준강간 또는 준강제추행 사건의 경우에는 고소인의 심신상실 또는 항거불능 상태를 확인하기 위해서 적극적으로 CCTV 영상을 확보합니다.

라) 포렌식(임의)
- 압수된 디지털 기기 및 증거물에 대해 포렌식 조사가 이루어집니다. 이는 삭제된 데이터를 복원하거나 사건과 관련된 자료를 분석하여 증거로 활용하기 위함입니다.
- 카메라등이용촬영죄 또는 아동성착취물제작죄 등 전자기기 사용으로 인한 성범죄의 경우 원칙적으로 포렌식 절차를 거치게 됩니다. 전자기기 사용 외의 성범죄는 포렌식 절차가 없는 경우가 대부분입니다.
- 포렌식 결과는 사건의 실체를 명확히 하는 데 중요한 역할을 하며, 법정에서 증거로 제출될 수 있습니다.
- 압수된 디지털 기기를 포렌식할 때, 피의자와 변호인에게도 해당 자료의 선별 및 검토 과정에 참여할 기회가 제공되어야 합니다. 상황과 판단에 따라서 참여를 하거나 참여를 하지 않을 수 있습니다.
- 포렌식 결과를 통해 오히려 자신의 결백을 증명할 수 있는 자료가 나올 수도 있으므로, 수사 결과를 면밀히 검토해야 합니다.
- 불리한 자료가 왜곡되거나 오해될 가능성이 있는 경우, 변호인을 통해 적극적으로 해명하세요.

마) 피의자 조사

- 경찰은 고소인 조사를 마친 후 피의자를 소환하여 범죄 사실에 대한 진술을 받습니다. 경찰은 고소인의 주장과 확보된 증거를 바탕으로 피의자에게 구체적인 질문을 하며, 진술은 기록으로 남겨집니다. 이를 기록한 문서를 '피의자신문조서'라 합니다.
- 피의자 첫 조사 단계는 사건의 시작이자 매우 중요한 과정이고 피의자의 진술은 앞으로의 사건의 향방을 바꿀 수 있습니다.
- 경찰 조사 전에 충분히 조사를 대비하여 사실관계를 정리하고 진술의 방향과 증거를 준비해야 합니다.

바) 구속영장실질심사(임의)

- 구속영장실질심사는 구속 전 피의자 심문 절차로, 검사가 수사 단계에서 판사에게 구속영장을 청구했을 때 법원이 피의자를 직접 심문하여 구속 여부를 결정하는 절차입니다(형사소송법 제70조, 제201조의2). 이 과정은 비공개로 진행되며, 판사, 피의자, 변호인 3명이 참여합니다. 검사는 출석하지 않는 경우가 대부분입니다.
- 사안이 중대하거나 피의자의 주거가 일정하지 않아 도망갈 우려가 높거나 증거인멸의 우려가 높은 경우에 수사단계에서 법원에 구속영장을 청구하여 기소 전에 구속영장실질심사를 받을 수 있습니다. 또한, 사안이 중대하여 실형가능성이 높은 경우에도 구속영장이 청구될 수 있습니다.

사) 추가조사(임의)

- 경찰이 수사 과정에서 새로운 증거를 발견하거나 기존 증거를 보강할 필요가 있다거나 고소인과 피의자의 말이 달라 추가 조사가 필요하다고 판단될 때 이루어지는 조사입니다.
- 일반적으로 무죄를 주장하는 경우에 추가조사가 실시될 가능성이 높습니다.
- 추가적으로 피의자, 고소인, 참고인을 소환하거나, 새로운 증거를 확보합니다.
- 추가조사에서는 초기 진술과 모순되지 않도록 주의해야 합니다.

아) 거짓말탐지기(임의)

- 경찰이 피의자 또는 고소인의 진술 신빙성을 확인하기 위해 심리생리검사를 진행하는 과정입니다.

- 거짓말탐지기는 심리적 반응(예: 심박수 등)을 기반으로 신빙성을 판단하지만, 죄의 인정여부에 참고자료로 활용됩니다. 대법원 판례에 의하면 거짓말탐지기 결과는 증거능력이 없다는 입장이지만, 실무상 거짓말탐지기 '거짓'반응은 피의자에게 불리하게 작용되는 경우가 많습니다.
- 거짓말탐지기 검사는 자발적인 동의에 의해 이루어지며, 응하지 않아도 됩니다.
- 거짓말 탐지기는 별도의 날을 잡아서 진행되며 경찰서에서 이루어지는 것이 아니라 경찰청에서 실시됩니다.
- 거짓말탐지기 검사 결과가 왜곡될 가능성을 염두에 두고, 변호사와 상담하여 응할지 여부를 결정해야 합니다.

자) 경찰의 결정 : 송치결정
- 경찰이 사건을 조사한 결과, 피의자에게 범죄 혐의가 있다고 판단하여 사건을 검찰로 송부하는 결정입니다.
- 억울하게 고소를 당한 성범죄 사건의 경우 ①고소인의 진술이 일관되고 신빙성이 높은 경우, ②피해에 대한 명백한 증거가 있는 경우, ③피의자의 반박 논리가 약한 경우 등의 경우 송치결정이 됩니다.
- 경찰은 사건에 대한 수사를 종결하고, 사건 기록과 증거 자료를 검찰에 송치합니다.
- 검찰은 송치된 사건을 검토하여 기소 여부를 결정하게 됩니다.

차) 경찰의 결정 : 불송치결정
- 경찰이 수사한 결과, 피의자에게 혐의가 없거나 증거가 부족하다고 판단하여 사건을 검찰에 송치하지 않는 결정입니다(혐의없음, 공소권 없음, 죄가 안 됨).
- 사유로는 ①증거가 부족한 경우, ②피의자의 무고가 명백한 경우, ③법리적으로 범죄가 성립하지 않는 경우, ④고소인의 진술의 신빙성을 믿을 수 없는 경우 등의 경우 불송치결정이 됩니다.
- 사건이 불송치결정으로 마무리되면, 수사 단계에서 사건이 종결됩니다.
- 다만 고소인은 불송치결정에 대해서 원하면 이의신청을 할 수 있습니다.

카) 불송치결정에 대한 고소인의 이의신청
- 고소인은 불송치결정에 대해 이의신청을 할 수 있습니다. 법적으로 명시된 이의

신청의 기한이 없습니다. 실무상 30일 내에 이의신청을 합니다.
- 이의신청이 접수되면, 사건 기록과 경찰의 수사 결과를 검찰이 다시 검토합니다.
- 검찰은 경찰의 결정을 그대로 유지하거나, 직접 추가 수사를 진행하거나 경찰에 보완수사명령을 지시할 수 있습니다.
- 검찰이 경찰의 불송치결정이 부당하다고 판단하면 사건을 기소하거나, 재수사로 전환할 수 있습니다. 그러나 경찰의 불송치결정이 타당하다고 판단하면 사건에 대해 불기소결정을 내립니다.

2) 무죄주장 피의자 검찰단계에서의 주요 절차

가) 추가조사

- 검찰이 경찰에서 송치된 사건을 검토한 후, 증거가 부족하거나 진술의 신빙성을 확인하기 위해 직접 추가적으로 피의자, 고소인, 참고인을 조사하거나 새로운 증거를 확보하는 절차를 말합니다.
- 검찰이 직접 추가조사를 하는 경우는 ①경찰 수사 단계에서 다루지 못한 핵심 증거를 확인해야 할 때, ②피의자의 주장과 고소인의 진술이 충돌하는 경우, ③새로운 증거나 참고인이 등장한 경우, ④법적 쟁점에 대한 추가 설명이나 보완이 필요한 경우 등입니다.
- 검찰의 추가조사가 있는 경우에는 ①초기 진술과 일관성 유지를 해야 하며, ②변호인과 준비를 철저히 하고, ③신규 증거를 제출하거나 기존 증거에 대한 설명을 강화하며, ④진술을 최대한 구체적이고 논리적으로 해야 합니다.

나) 보완수사명령

- 검찰이 사건을 검토한 결과, 경찰 수사에서 부족한 부분이 있다고 판단될 때 경찰에 추가적인 수사를 명령하는 절차입니다.
- 검찰이 보완수사명령을 하는 경우는 ①증거가 불충분하여 혐의를 입증하기 어렵다고 판단된 경우, ②경찰의 수사가 미흡하거나 누락된 부분이 있을 때, ③고소인의 진술 신빙성을 검증하거나, 피의자의 추가 주장을 확인할 필요가 있을 때 등입니다.
- 검찰의 보완수사명령이 있는 경우에는 ①초기 진술과 일관성 유지를 해야 하며, ②변호인과 준비를 철저히 하고, ③신규 증거를 제출하거나 기존 증거에 대한

설명을 강화하며, ④진술을 최대한 구체적이고 논리적으로 해야 합니다.

다) 검찰의 처분 : 불기소결정
- 불기소결정이란 검찰이 사건을 검토한 결과, 피의자를 기소하지 않기로 결정하는 처분을 말합니다. 이는 검찰이 사건을 종결시키는 행위로, 피의자에 대해 형사소송을 제기하지 않는다는 의미를 가집니다.
- 불기소결정의 유형으로는 ①혐의없음, ②죄가 안 됨, ③공소권 없음, ④기소유예 등이 있지만 무죄를 주장하여 불기소결정이 되는 경우 보통 혐의없음의 불기소결정이 내려집니다.

라) 검찰의 처분 : 구공판
- 구공판이란 정식 재판을 청구하는 기소 형태로 검찰이 혐의가 인정된다고 판단한 경우입니다. 특히, 실무상 성범죄의 경우 혐의를 부인하는 경우 약식기소 보다는 구공판이 이루어집니다.
- 검사가 사건을 법원으로 송부하고, 피의자는 판사, 검사 등이 모두 출석하는 정식 재판에 출석하여 사건에 대한 심리를 받게 됩니다.
- 재판 과정에서 검사는 피고인의 혐의를 입증하고, 변호인은 피고인을 변호하며, 판사는 이를 종합적으로 판단하여 유·무죄를 결정하며 유죄선고시 형량을 결정합니다.

3) 무죄주장 피고인 법원단계에서의 주요 절차

가) 인정신문
- 재판 시작 전에 판사가 피고인의 신원 확인을 위해 질문하는 절차입니다.
- 판사가 피고인의 이름, 생년월일, 주소, 직업 등을 확인합니다. 변호인이 있다고 하더라도 피고인 스스로 답해야 합니다. 신원이 확인 된 후 자리에 앉으면 됩니다.
- 첫인상이 중요한 만큼 법정에서 단정하고 겸손한 태도를 유지하여야 합니다.

나) 공소사실 낭독
- 검사가 피고인에게 제기된 혐의(공소사실)를 법정에서 낭독하는 절차입니다.

- 검찰이 작성한 공소장을 바탕으로 사건의 핵심 내용, 범죄 행위, 관련 법령 등을 설명합니다.
- 공소사실의 내용을 주의 깊게 듣고, 혐의 내용과 자신의 입장이 충돌하는 부분을 명확히 파악하세요.

다) 공소사실 인부
- 피고인이 공소사실에 대해 유죄를 인정(자백)할 것인지, 아니면 부인(무죄 주장)할 것인지를 밝히는 절차입니다.
- 피고인에게 변호인이 있다면 변호인이 공소사실 인부를 하며, 재판부에서는 피고인에게도 변호인과 같은 의견인지 묻는 경우가 있는데, 그런 경우 통상 "네"라고 대답하면 됩니다.
- 공소사실이 사실이 아니거나 다툼의 여지가 있다면 명확히 부인해야 합니다.
- 단순히 "아니다"라고만 하지 말고, 변호사와 논의하여 법적 근거나 합리적인 이유를 바탕으로 부인해야 합니다(간혹 판사가 피고인에게 사건에 대해 직접 질문을 하는 경우가 있습니다).

라) 증거 의견
- 검찰과 변호인이 법정에서 제출된 증거에 대한 의견을 밝히는 절차입니다.
- 검찰은 피고인의 유죄를 입증하기 위해 증거를 제시합니다.
- 피고인에게 변호인이 있다면 변호인이 검찰측 제출 증거목록에 대한 의견을 밝힙니다(통상 변호인은 의견서를 재판부에 미리 제출하여 증거의견을 밝힙니다).
- 무죄를 주장하는 경우 검찰측 제출 증거에 대한 의견을 정하는 것은 판결문과 직결되는 문제로서 매우 중요한 절차입니다.

마) 증인신문(임의)
- 법정에서 증인(고소인, 참고인 등)이 출석하여 사건과 관련된 사실에 대해 진술하는 절차입니다.
- 검찰과 변호인이 차례로 증인에게 질문하며 사건의 사실관계를 명확히 합니다. 판사도 질문할 수 있습니다.
- 무죄를 주장하는 경우, 증인신문이 실시되는 경우가 많으며, 특히 성범죄 사건에서는 증인의 보호와 심리적 안정을 위해 비공개 증인신문이 자주 이루어집니다.

이 경우, 피고인은 법정과 분리된 별도의 공간에서 헤드셋 등을 통해 증인신문 과정을 청취하는 방식으로 진행되는 경우가 많습니다.
- 비공개 증인신문이 끝난 후 변호인은 별도의 공간에 있는 피고인에게 가서 추가로 질문하고 싶은 것이 있는지 묻고, 변호인은 자리에 돌아와 피고인이 원하는 추가질문을 할 수 있습니다.
- 상대방 증인의 진술이 일관되지 않거나 모순되는 부분을 찾아내어 변호인에게 전달해줘야 합니다.
- 검찰이 신청하는 증인은 피고인에게 불리한 증인들입니다. 피고인 스스로 자신에게 유리한 증인을 소환하여 사건의 진실을 뒷받침하도록 준비하는 것도 중요합니다.
- 증인신문은 형사재판의 꽃이며, 증인신문의 결과가 유·무죄를 가르는 결정적인 절차가 되는 경우가 많으므로 증인신문을 실시한다면 증인신문 준비에 심혈을 기울여야 합니다.

바) 피고인신문(임의)

- 피고인이 법정에서 자신의 입장과 진술을 직접 설명하는 절차입니다. 피고인신문의 경우 변호인과 피고인이 미리 입을 맞추었다는 이미지가 강하여 신빙성이 약하여 사건마다 피고인신문을 하는 것은 아니며, 피고인의 주장은 이미 의견서 등으로 재판부에 제출되어 있어 피고인신문을 실시할지 여부는 상황에 따라 변호인과 의논하여 결정하면 됩니다. 일반적으로 재판부에서는 피고인신문을 실시하는 것에 대해 반감이 있고, 의견서(변론요지서)로 제출하라고 하는 경우가 있습니다.
- 판사, 검찰, 변호인이 피고인에게 질문하며, 피고인의 주장과 사건 당시 정황을 듣습니다.
- 일관된 진술 유지 : 초기 진술부터 법정 진술까지 일관성을 유지하여 신뢰를 쌓아야 합니다.
- 구체적이고 논리적인 답변 : 감정적으로 대응하지 말고, 사실에 근거한 명확한 답변을 준비해야 합니다.
- 예상 질문에 대비해 변호사와 충분히 연습하여 당황하지 않도록 합니다.

사) 구형

- 공판기일 마지막 날에 구형을 합니다. 구형은 검사가 피고인에 대해 법원이 선고해야 할 형량의 종류와 양을 '요청'하는 절차입니다. 법원의 판결선고와는 다른 개념입니다.
- 검사는 사건의 중대성과 법적 쟁점을 기반으로 형량을 제시하며, 피고인이 처벌받아야 할 이유를 설명합니다.
- 예를 들어, 검사는 재판부에게 피고인에게 "~~ 한 이유로 피고인에게 징역 1년을 선고해주시기 바랍니다." 등의 요청을 합니다. 무죄를 주장하는 경우에 구형이 올라가는 경향이 있습니다.
- 검사가 제시하는 구형 이유에서 논리적으로 약한 부분을 찾아내 변호인과 함께 반박 자료를 참고서면으로 선고기일 전에 제출할 수 있습니다.

아) 최후진술
- 판결 전 피고인이 판사에게 자신의 입장을 직접 진술하는 절차입니다.
- 법적으로 판사는 재판 마지막에 피고인에게 최후진술의 기회를 주어야 합니다.
- 최후진술은 피고인의 변호인과 피고인에게 각 한 차례씩 진행되며, 피고인의 변호인이 먼저 진술한 후 피고인이 진술합니다.
- 혐의를 부인하더라도, 사건으로 인해 피해자가 겪었을 불편이나 어려움에 대해 유감을 표명하면 판사에게 긍정적인 인상을 줄 수 있습니다. 또한, 사실과 다른 혐의에 대해서는 명확히 허위고소임을 강조하고, 그러한 사실관계 자체가 존재하지 않는다는 점을 구체적이고 논리적으로 주장하는 것이 효과적입니다.
- 감정에 치우치지 않고, 구체적인 논리와 사실로 무죄를 주장해야 합니다.
- 판사에게 진지하고 진솔한 태도를 보여 신뢰를 얻을 수 있어야 합니다.

자) 선고기일
- 판사가 피고인의 유무죄를 결정하고 형량을 선고하는 날입니다. 통상 마지막 공판기일(재판)이 끝난 후 3~4주 뒤에 선고기일이 별도로 잡힙니다. 쉽게 말해, 판결문을 작성하는 시간을 가지기 위함입니다.
- 판사는 피고인의 유무죄를 판결하고, 유죄일 경우 형량을 선고합니다. 선고기일에 실형(징역)이 선고되는 경우 선고 즉시 그 자리에서 구속됩니다. 다만 예외적으로 참작사유가 있고 합의의 가능성이 있는 경우에는 실형을 선고하면서 불구속을 하는 경우가 있습니다.

- 벌금형 또는 집행유예 경우에는 구속되지 않습니다(법적으로 집행유예가 벌금형보다 강한 처벌입니다).
- 선고가 유죄일 경우, 변호사와 항소 여부를 논의할 준비를 해야 합니다.
- 결과와 상관없이 차분한 태도를 유지하며 이후 대응을 준비해야 합니다.

차) 항소(임의)
- 1심 판결에 불복하여 상급 법원에 재판을 다시 요청하는 절차입니다.
- 항소이유로는 ① 사실관계 확정이 잘못된 경우(사실오인), ②무죄 선고가 되어야 함에도 유죄가 선고된 경우(법리오해), ③형량이 지나치게 높은 경우(양형부당) 등에는 항소를 할 수 있습니다.
- 검사도 무죄가 선고된 것이 부당하다거나 유죄라 하더라도 형량이 과소하여 부당하다고 판단되는 경우에는 항소를 할 수 있습니다.
- 항소는 판결 선고 후 **7일** 이내에 제기해야 합니다. 항소기간이 도과하는 경우 항소권이 소멸되므로 매우 큰 주의가 필요합니다. 항소법원으로부터 소송기록접수 통지를 받은 날로부터 **20일** 이내에 항소이유서를 항소법원에 제출해야 합니다. 항소이유서 제출기한이 도과한 경우 항소심은 항고기각을 하여 항소심 재판을 받을 기회를 박탈합니다.
- 항소심에서는 새로운 증거를 제출할 기회가 있으므로, 이를 적극 활용해야 합니다.
- 항소심에서는 담당 재판부와 담당 검사 등이 전부 교체되며, 새로이 구성된 재판부에서 유무죄를 심리하게 됩니다.

카) 가석방(임의)
- 실형을 선고받고 복역 중인 피고인이 일정 요건을 충족하면 형기의 일부를 남기고 사회로 복귀할 수 있도록 허용하는 제도입니다.
- 형기의 일부를 남긴 상태에서 법무부의 심사를 거쳐 가석방이 결정됩니다.
- 형기의 1/3 이상 복역, 모범적인 태도, 재범 가능성이 낮은 경우에 허용됩니다.
- 가석방이 허가되면 조건부로 사회생활을 시작할 수 있습니다.
- 복역 중 성실한 태도를 보이며, 교화 프로그램이나 봉사활동에 적극 참여해야 합니다.
- 가족이나 지인의 탄원서를 통해 재사회화 가능성을 강조해야 합니다.

다. 절차별 공통적으로 변호인이 할 수 없고, 피의자 등만이 할 수 있는 일

① 사실관계 정리
② 경찰 및 검찰조사시 진술
③ 법원출석의무, 인정신문과 피고인 최후진술

1) 사실관계 정리

성범죄 사건에서 사실관계는 변호인이 대신 정리할 수 없는 영역입니다. 사건 당시의 구체적인 시간, 장소, 대화, 행동 등은 오직 당사자인 피의자만이 알고 있는 내용입니다. 따라서 사건의 사실관계를 체계적으로 정리하는 것은 피의자의 고유한 역할이며, 변호인의 법률적 조언은 이를 보조할 뿐 사실 자체를 만들어낼 수는 없습니다. 실제 조사와 재판은 진술의 일관성과 구체성을 매우 중시하므로, 피의자가 직접 사실관계를 빠짐없이 정리해 두어야 신빙성을 확보할 수 있습니다. 시간이 흐르면서 기억이 흐려질 수 있기 때문에, 사건 초기부터 날짜별·시간순으로 사실관계를 문서화하는 습관이 필요합니다. 또한, 객관적 증거와 맞아떨어지는 정리가 되어야 하고, 변호인은 이를 토대로 법적 전략을 세우게 됩니다

2) 경찰 및 검찰조사시 진술

경찰 또는 검찰의 피의자 조사단계에서는 피의자 본인의 진술이 가장 중요한 핵심으로, 변호사가 대신 진술할 수 없습니다. 변호사는 조사에 동석하여 피의자가 불리한 상황에 처하지 않도록 법적 조력을 제공하지만, **수사관의 질문에 대한 대답은 피의자 스스로 해야 함이 원칙입니다**(물론 진술거부권 행사도 가능합니다. 다만 성범죄 사건은 고소인의 진술만으로 유죄가 나올 수 있는 상황에서 진술거부권 행사는 적합하지 않습니다). 변호사가 대신 대답을 하는 경우 수사방해로 지적받을 수 있습니다. 변호사는 옆에서 수사 과정을 지켜보며, 경찰이 부당하거나 적법하지 않은 방식으로 조사를 진행할 경우 즉시 이의를 제기할 수 있습니다. 그러나 경찰의 질문에 대한 답변과 사실관계의 진술은 피의자가 직접 담당해야 합니다. 피의자는 자신의 권리와 사건의 구체적인 내용을 충분히 이해한 상태에서 신중하게 답변해야 하며, 진술의 일관성과 정확성을 유지하는 것이 중요합니다. 조사 중 변호사는 피의자의 긴장을 완화하고, 필요 시 진술 내용을 보충하거나 경찰의 부당한 요구 등을 막는 역할을 할 수 있습니다. 조사가 끝난 후 변호사는 경찰 조서 내용을 확인하고, 진술한 내용 중 부족한 내용에 대해 변호인의견서(변론요지서)를 제출하

여 보완할 수 있습니다. 이 모든 과정에서 피의자는 변호사의 조언을 적극적으로 활용하되, 수사관이나 검사의 질문에 대한 모든 대답은 본인이 하여야 함을 알고 있어야 합니다.

3) 법원출석의무, 인정신문과 피고인 최후진술

법원 단계에서는 피고인으로서 공판기일에 직접 법정에 출석해야 하며, '인정신문'은 형사재판에서 재판부가 피고인에게 본인확인을 위한 기초적인 사항을 질문하는 절차를 말합니다. 피고인이 판사의 질문에 대해 자신의 신원(직원, 나이, 주소 등)을 직접 밝히는 절차입니다. **재판의 마지막 부분에서는 '최후진술'을 통해 자신의 입장을 직접적으로 밝힐 수 있습니다.** 최후진술은 변호인과 피고인이 각 한 차례씩 할 수 있는 피고인의 고유한 역할로, 재판부에게 자신의 반성이나 억울한 사정을 진솔하게 전달할 수 있는 마지막 기회입니다. 특히 성범죄 사건은 진술의 신빙성이 누가 높냐의 판단으로 귀결되는 경우가 많아 피고인의 진정성 있는 태도는 판사의 심증 형성에 큰 영향을 줄 수 있습니다. 일반적으로 선고기일에도 직접 법정에 출석해야 합니다(약식명령에 대해 정식재판을 청구하여 열리는 재판의 경우는 선고기일에 출석하지 않아도 됩니다). **형사재판의 경우 민사재판과 달리 법원 출석의무를 소홀히 하면 구속영장이 발부될 수 있으므로 주의해야 합니다.**

라. 성범죄 형사사건에서 변호사가 하는 일

① 의뢰인과의 소통
② 평균 1년 소요되는 형사사건 관리 및 부담감소
③ 고소장 열람 및 법률검토
④ 의견서 및 변론요지서 작성
⑤ 수사기관 조사 동석 및 보조
⑥ 수사기관 조사 후 조서 검토 및 의견서 제출
⑦ 포렌식 및 증거 선별 참여
⑧ 수사 진행 중 법적 조언
⑨ 영장실질심사 및 구속적부심 재판 준비
⑩ 구속수감시 변호인 접견
⑪ 기소 후 증거기록 열람·복사 및 분석
⑫ 증거기록 분석 후 증거인부서 작성 및 의견서 작성
⑬ 합의 및 양형조사절차, 판결 전 조사 신청
⑭ 공탁 업무
⑮ 증인신문 및 피고인신문 절차 진행
⑯ 변호인 최후진술
⑰ 형사판결문 열람
⑱ 항소 절차 진행

1) 의뢰인과의 소통

의뢰인은 사건 해결 과정에서 변호사와의 긴밀한 소통이 필요합니다. 수사기관에서 연락이 오면 즉시 변호사에게 전달하고, 상담 후 조사나 진술에 임해야 합니다. 변호사의 조언 없이 독단적으로 판단할 경우 사건이 불리하게 전개될 수 있으므로, **모든 상황과 증거를 변호인과 투명하게 공유하고 지침을 따라야 합니다**.

특히, 검찰에서 형사조정 출석통지 등의 일정이 변호사사무실에는 통보되지 않는 경우가 있을 수 있으므로, **수사기관(경찰, 검찰)에서 오는 모든 연락은 변호사에게 전달하는 것이 중요합니다**. 이를 통해 사건 방향을 점검하고 불필요한 오해나 실수를 예방하여 철저한 법적 대응이 가능합니다.

2) 평균 1년 소요되는 형사사건 관리 및 부담감소

형사사건은 최소 6개월에서 1년 6개월까지, 평균적으로 약 1년이 소요되며, 사건이 복잡할수록 더 많은 시간이 필요합니다. 이처럼 장기적인 법적 절차 속에서 피의자 등이 생업을 유지하면서 모든 과정을 직접 관리하기란 현실적으로 어렵습니다. 변호사는 장시간 피의자 등을 대신해 사건을 관리하고 법적 절차를 신경 써주는 역할을 합니다. 또한 피의자 등은 사건 종결까지 심리적, 정신적으로 큰 스트레스를 받을 가능성이 높은데, 이에 변호사는 피의자 등의 부담을 줄이고 최선의 결과를 도출하는 데 중추적인 역할을 합니다.

3) 고소장 열람 및 법률검토

변호사는 사건 초기 단계에서 고소장을 열람하여 사건의 전말을 파악하고, 법적 근거를 검토합니다. 이를 통해 사실관계와 법조문, 관련 판례를 분석하고 대응 방향을 설정합니다.

4) 의견서 및 변론요지서 작성

변호사는 고소장을 바탕으로 사건의 사실관계와 법적 쟁점을 정리하여 의견서나 변론요지서를 작성합니다. 이를 수사기관에 제출하여 피의자의 입장을 효과적으로 전달합니다.

5) 수사기관 조사 동석 및 보조

경찰 또는 검찰 조사 시, 변호사는 피의자 옆에서 동석하며 부당한 수사를 방지하고, 보조적인 조력을 제공합니다. 또한, 피의자의 긴장을 완화하고 법적 권리를 보호하기 위해 즉각적인 조언을 제공합니다.

6) 수사기관 조사 후 조서 검토 및 의견서 제출

조사 종료 직후에는 피의자신문조서를 열람하여 진술 내용이 정확히 반영되었는지 확인합니다.
조사가 이루어진 이후 변호사는 필요하면 피의자신문조서 정보공개청구를 통해 조서를 확보합니다. 이후 진술 과정에서 빠진 부분이나 의뢰인의 입장을 보충할 수 있는 자료를 근거로 의견서를 작성하여 수사기관에 제출합니다. 이 의견서는 단순한 보충자료가 아니라, 수사관의 시각을 교정하고 사건의 본질을 다시 잡아주는 중요한 역할을 합니다.

7) 포렌식 및 증거 선별 참여
사건에서 디지털 증거를 다루는 포렌식 절차가 있을 경우, 상황에 따라 전략적인 판단에 따라 변호사는 선별 작업에 직접 참여하여 적법성과 신뢰성을 검토합니다.

8) 수사 진행 중 법적 조언
변호사는 수사 진행 중 피의자에게 사건의 진행 방향과 변론 전략을 설명하며, 피의자가 올바르게 대응할 수 있도록 조언합니다.

9) 영장실질심사 및 구속적부심 재판 준비
수사단계에서 사전구속영장이 청구될 경우, 변호사는 영장실질심사를 준비하고, 필요한 경우 구속적부심 재판을 청구하여 피의자의 신체적 자유를 보호합니다. 특히, 구속영장실질심사는 구속영장청구 후 다음 날 재판이 잡히는 경우가 대부분이므로 시간적 여유가 없기에 미리 변호사가 선임되어 있어야 충분한 대응이 가능합니다.

10) 구속수감시 변호인 접견
형사사건에서 변호사는 구속된 피의자를 위해 접견을 진행하며, 변호사 접견은 가족 접견과 달리 접촉 차단시설이 없는 별도의 공간에서 이루어져 자유로운 의사소통이 가능합니다. 특히, 경찰수사 초기에 구속되는 경우 가족 등의 면회도 접견제한 조치를 받는 경우가 있습니다. 변호인의 접견은 제한할 수 없어 변호인만이 소통할 수 있는 경우가 있습니다.

11) 기소 후 증거기록 열람·복사 및 분석
기소 후에는 비로소 고소인의 진술조서, 수사보고서, CCTV, 포렌식 결과 등 모든 증거기록을 열람·복사할 수 있습니다. 변호인은 이 자료들을 면밀히 분석하여 고소인의 진술 모순, 일관성 부족, 증거 수집 절차 위법 여부를 검토합니다.
성범죄 사건은 직접증거가 부족하므로 고소인의 진술 신빙성을 검증하는 것이 핵심 쟁점이 됩니다. CCTV·통신기록·위치자료 등 객관적 증거는 고소인 진술과 대조하여 사건의 사실관계를 확인하는 데 활용됩니다. 불리한 증거는 반박 논리를 준비하고, 유리한 증거는 변론의 핵심으로 적극 활용합니다.
이 단계는 향후 재판 전략의 출발점으로, 변호인의 전문성과 치밀한 분석 능력이 가장 중요하게 작용합니다.

12) 증거기록 분석 후 증거인부서 작성 및 의견서 작성

기소 후 증거기록을 열람·분석한 다음 단계는 증거인부서 작성입니다. 증거인부서는 검사가 제출한 증거목록을 기준으로 각 증거에 대해 동의 여부를 밝히는 서면으로, 피고인의 방어전략을 구체화하는 첫 관문이 됩니다. 이때 단순히 피고인이나 가족이 임의로 결정할 수 있는 것이 아니라, 법률상 증거능력이 인정되지 않거나 위법수집증거 배제법칙이 적용되는 증거 등 법적으로 부동의가 가능한 범위 내에서만 부동의를 표시할 수 있습니다. 따라서 증거인부서는 반드시 변호사가 법률적 판단을 거쳐 작성해야 합니다.

변호인은 증거인부서를 작성하면서 동시에 공소사실을 인정할지, 아니면 부인할지를 결정하는 방향을 정리합니다. 만약 공소사실을 인정한다면, 양형에 유리하게 작용할 수 있는 참작 사유(증거기록을 토대로 분석)와 양형자료를 체계적으로 정리해야 합니다. 예컨대, 양형자료는 피해자와의 합의, 진지한 반성, 재범 방지 노력(상담·교육 참여), 사회적 유대관계 등이 이에 해당합니다.

반대로 공소사실을 부인하는 경우에는 단순히 "억울하다"는 주장에 그치지 않고, 구체적이고 합리적인 논거를 제시해야 합니다. 예를 들어 고소인의 진술이 일관되지 않거나, 객관적 증거와 불일치하는 부분, 또는 증거 수집 과정에서 절차 위반이 있었음을 논리적으로 지적하는 방식입니다.

이와 같이 증거인부서와 의견서는 단순한 형식적 절차가 아니라, 재판부에 피고인의 입장과 변호인의 법리적 주장을 공식적으로 전달하는 중요한 수단입니다. 따라서 변호인은 증거기록 분석을 토대로 사건 전반의 쟁점을 정리하고, 피고인의 방어권을 극대화할 수 있는 전략적 의견서를 함께 제출함으로써 재판의 주도권을 확보해야 합니다. 따라서 이는 변호인의 업무 중에서도 가장 중요한 업무 중 하나라고 할 수 있습니다.

13) 합의 및 양형조사절차, 판결 전 조사 신청

피해자와의 합의가 필요한 경우, 변호사는 피해자 측과의 협상을 주도하며, 동시에 법원에 제출할 양형조사 신청이나 판결 전 조사에 필요한 자료들을 준비하고 절차를 진행합니다. 성범죄 사건에서는 피해자 보호 차원에서 가해자가 직접 피해자와 접촉하는 것이 원칙적으로 제한되므로, 합의 절차는 반드시 변호인을 통해 이루어집니다.

합의 과정은 단순히 금전을 전달하는 것으로 성사되는 것이 아니라, 변호인이 가해자를 대신하여 진심으로 사죄하고 피해자의 용서를 구하는 복잡하고 민감한 절차입니다. 따라서 변호인은 단순한 협상가가 아니라, 가해자의 잘못을 대신 사과하는 대리인으로서 피해자의 분노와 상처를 마주해야 하고, 그 과정에서 상당한 심리적 부담과 정신적 스트레스를 감내하게 됩니다.

또한 합의가 성사되기 위해서는 피해자의 감정을 존중하는 태도, 재발방지 대책 제시, 가해자의 반성 및 진정성 있는 태도 등이 반드시 수반되어야 하며, 변호인은 이러한 요소들을 종합적으로 설득하여 피해자와 가족이 합의에 응할 수 있도록 노력합니다. 결국 합의와 양형조사 준비는 사건의 결과에 직접적인 영향을 미치는 절차이자, 변호인의 부단한 노력과 세심한 전략이 요구되는 중요한 업무입니다.

14) 공탁 업무

피해자와의 합의가 되지 않는 경우 상황에 따라 공탁을 진행합니다. 공탁은 피해자의 신원을 모르는 경우나, 합의가 어려운 경우에도 진행될 수 있으며, 공탁금 산정, 공탁서 작성, 관할 공탁소 확인, 공탁 완료 후 증빙 자료 재판부에 제출 등 복잡한 절차가 요구됩니다. 변호인은 피고인을 대신하여 공탁 업무를 진행합니다.

15) 증인신문 및 피고인신문 절차 진행

변호사는 증인신문이나 피고인신문이 필요한 경우, 사전에 질문사항을 정리하고 예상되는 검찰 측 질문에 대한 대비를 철저히 하여 재판에 임합니다. 증인신문과 피고인신문은 판결에 직접적이고 중대한 영향을 미치는 경우가 많으며, 특히 진술의 신빙성을 다투는 성범죄 사건에서는 사실상 재판의 승패를 가를 수 있는 핵심 절차가 됩니다. 따라서 법적 쟁점을 깊이 이해하고 전략적으로 접근해야 하므로 변호인 없이 진행하기가 어렵습니다.

성범죄 사건의 특성상 피해자 보호를 위해 증인신문 절차는 원칙적으로 비공개로 진행되며, 피해자가 법정에서 피고인을 마주함으로써 추가적인 정신적 고통을 받지 않도록 법원은 피고인을 일시적으로 법정 밖으로 내보내는 등의 조치를 취합니다. 이 과정에서 변호인은 피고인이 부재한 상태에서도 방어권이 침해되지 않도록 피해자 진술의 모순점이나 신빙성 문제를 지적하며 적극적으로 반대신문을 진행해야 하므로 변호인 없이 진행하는 것은 불가능합니다.

또한 피고인신문의 경우, 피고인이 미리 준비한 답변을 기계적으로 외우는 것이 아니라, 실제 사건의 정황을 떠올리며 일관되고 구체적으로 진술하도록 지도하는 것이 중요합니다. 이는 진술의 신뢰성을 높이고 재판부의 설득을 이끌어내는 데 핵심적인 요소입니다.

결국 증인신문과 피고인신문 절차에서 변호인의 역할은 단순히 질문을 대신하는 것에 그치지 않고, 사건의 진실을 드러내고 피고인의 방어권을 최대한 보장하며, 동시에 재판부가 합리적 의심을 가질 수 있도록 설득하는 데 있습니다.

16) 변호인 최후진술

재판 마지막에는 변호인의 최후진술과 피고인의 최후진술 각 1회씩 이루어집니다. 변호사는 변호인 최후진술을 통해 피고인의 입장을 다시 한번 명확히 전달하거나 미리 서면을 제출하여 변호인 최후진술을 재판부에 전달하여 마지막 변론을 이어가며, 피고인의 최후진술을 준비를 보조하여 효과적인 피고인 최후진술을 돕습니다.

17) 형사판결문 열람

형사사건에서 피고인이나 변호인은 판결 선고 후 판결등본을 수령하기 위해 판결문 열람신청을 해야 합니다. 특히, 형사재판의 경우 항소기간이 7일로 매우 짧기 때문에 조속한 판결문 확보는 항소를 검토함에 있어 매우 중요합니다. 일반적으로 판결 선고일로부터 3일 이내에 판결문을 수령할 수 있습니다. 다만, 이는 법원의 업무 처리 상황에 따라 다소 변동될 수 있습니다.

18) 항소 절차 진행

변호사는 1심 판결에 대해 다투기 위해 항소장을 제출하고, 항소이유서를 작성하여 항소심 절차가 진행될 수 있도록 돕습니다. 특히, 항소장은 선고 후 7일 이내에 접수가 되어야 하며, 항소이유서는 항소심 법원으로부터 소송기록접수통지서를 받은 날로부터 20일 이내에 제출해야 하므로 촉박하게 움직여야 합니다.

4. 모든 피의자 등의 필수적 대응지침(필독★)
가. 성범죄로 고소를 받은 피의자의 대응지침 총정리 도표

★고소를 받은 피의자의 공통된 대응지침★	
① 변호사 초기 상담 및 필요성	
② 본인의 입장 정하기	
③ 시간순서별로 사실관계 구체적으로 글로 정리(★)	
④ 대화 기록 및 증거 자료 확보	
⑤ 유리한 증거나 양형자료 수집	
⑥ 사건 이후에도 새로이 발생하는 증거를 적극 수집	
⑦ 진술 일관성 유지	
⑧ 감정적 대응 자제	
⑨ 거짓말 지양	
⑩ 고소인 주장과 행동을 예측	
죄를 인정하는 피의자 등 대응지침	무죄를 주장하는 피의자 등 대응지침
⑪ 사죄편지 작성 및 전달	⑪ 무고의 동기 탐구 및 증거 확보
⑫ 반성문 작성 및 제출	⑫ 피해자 진술 신빙성 공격자료 수집
⑬ 피해자와의 합의 노력 및 금전적 준비(★)	⑬ 범죄성립요건 및 주요쟁점의 기본적인 학습
⑭ 형사공탁 준비	⑭ 본인의 진술과 증거를 일치시키기 (★)
⑮ 재발 방지 노력 증빙	⑮ 경찰 및 검찰조사 준비
⑯ 선처탄원서 준비	⑯ 법원재판 준비 : 증인신문(임의), 피고인신문(임의), 최후진술(필수)
⑰ 기타 양형자료 준비	
⑱ 경찰 및 검찰조사 준비	
⑲ 법원재판 준비 : 최후진술(필수)	

나. 공통된 대응지침의 내용

① 변호사 초기 상담 및 필요성
② 본인의 입장 정하기
③ 시간순서별로 사실관계 구체적으로 글로 정리(★)
④ 대화 기록 및 증거 자료 확보
⑤ 유리한 증거나 양형자료 수집
⑥ 사건 이후에도 새로이 발생하는 증거를 적극 수집
⑦ 진술 일관성 유지
⑧ 감정적 대응 자제
⑨ 거짓말 지양
⑩ 고소인 주장과 행동을 예측

1) 변호사 초기 상담 및 필요성

변호사 초기 상담은 사건 초기에 적절한 법적 대응 방향을 설정하고, 피의자 등의 권리를 효과적으로 보호하기 위해 반드시 필요합니다. 초기 상담을 통해 피의자 등은 경찰 조사나 법적 절차에서 실수를 방지하고, 올바른 대응 전략을 준비할 수 있습니다. 예를 들어, 변호사가 초기에 사건의 핵심 증거를 파악하거나 알리바이를 입증할 CCTV 확보를 안내하지 않아 시간이 지나 증거 확보가 불가능해진다면, 무죄를 주장하기 어려워질 수 있습니다. 또한, 핵심 쟁점을 간과하거나 관련 증거를 미리 준비하지 못한 경우, 죄를 인정하더라도 본인이 지은 죄보다 큰 죄가 성립되거나 과도한 처벌을 막기 어려운 상황에 처할 수 있습니다.

성범죄로 고소당한 경우, 경찰이 조사일정을 잡으면서 전화가 오거나 조사 과정에서 수사관은 "별일 아니다.", "벌금형으로 끝난다.", "뭐 이런 걸로 변호사를 선임하시냐.", "지금 상황에서는 변호사 없어도 문제없습니다.", "변호사 비용도 아깝습니다. 그냥 조사만 잘 받고 가세요."와 같은 말을 하는 경우가 주기적으로 발생합니다. 이러한 발언은 피의자에게 경계심을 낮추고 안도감을 주는 수사의 전략 중 하나인 경우가 많고, 이를 그대로 믿고 사건을 진행하는 것은 매우 위험할 수 있습니다. 현실적으로, 담당 수사관이 사건의 최종 결론을 결정하는 권한을 가진 것이 아니며, 수사관들도 본인이나 본인의 가족이 고소를 받으면 변호사를 선임해서 조사를 받습니다. 실제로, "별일 아니다."라는 말을 믿고 변호사를 선임하지 않은 채 조사에 임한 피의자분이, 이후 같은 수사관이 구속영장을 청구하는 사례를 여러 번 보았습니다. 또한, 조사 과정에서 제대로 준비하지 못해 제출된 진술 내용이 엉망이 되어, 사건이 이미 불리하게 진행된 뒤에 변호사를 선임하는 경우도 빈번합니다.

성범죄 사건은 초기 대응이 사건의 방향을 결정짓는 중요한 단계(★)입니다. 수사관의 말을 믿고 가볍게 여기는 태도는 사건을 더욱 악화시킬 수 있습니다. 따라서, 수사관의 발언이 안도감을 주더라도, 전문 변호사의 도움을 받아 사건 초기부터 체계적으로 대응하는 것이 필수적입니다.

또한, 범죄 성립과 관련된 필수적인 쟁점이나 실무를 이해하지 못하면 사건이 엉뚱한 방향으로 흘러갈 위험성이 있습니다. 초기 상담 없이 혼자 경찰 조사에 임하면 불리한 진술을 하여 사건이 악화될 가능성이 큽니다. 변호사가 없다면 사건 초기 단계에서 법적 전략을 수립하지 못해 부인하다가 나중에 죄를 인정하는 등 입장 번복으로 신뢰를 잃을 수도 있습니다. 또한, 상대방의 허위 주장이나 모순된 진술을 반박할 증거를 적시에 수집하지 못하면 법정에서 방어가 어려워질 수 있습니다. 변호사 없이 진행된 조사에서는 경찰이나 검찰의 유도 질문에 적절히 대응하지 못해 의도치 않게 유죄를 시사하는 발언을 할 위험이 있습니다. 경찰과 검찰은 매일 수많은 사건을 처리하는 '수사의 전문가'이기 때문에, 평생 한 번 성범죄 사건에 연루되어 조사를 받는 피의자를 상대적으로 쉽게 압박하고 주도권을 쥘 수 있습니다.

죄를 인정하는 경우에도 적절히 대처하지 않으면 형량이 과도하게 높아질 위험이 있습니다. 최근 성범죄에 대한 사회적 인식이 엄격해지고, 입법·판례 모두 처벌 수위를 점점 강화하는 추세에 있기 때문에, 사안에 따라서는 초범이라 하더라도 실형이 선고되는 경우가 적지 않습니다. 성범죄 사건은 피해자의 진술, 합의 여부, 반성 태도, 재범 가능성 평가 등 다양한 요소가 양형에 직접적으로 반영되므로, 아무런 준비 없이 조사나 재판에 임한다면 예상보다 훨씬 무거운 처벌을 받을 수 있습니다.

형사사건에 풍부한 경험을 가진 형사전문 변호사와의 초기 상담은 사건의 방향을 바로잡기 위한 필수적인 첫걸음이자 첫 단추입니다.

2) 본인의 입장 정하기

본인의 혐의에 대해 죄를 인정할지 부정할지 입장을 정하는 것은 성범죄 사건의 초기 대응에서 가장 중요한 단계 중 하나입니다. **초반에 입장을 명확히 정하지 않으면 이후 조사와 재판 과정에서 큰 불이익을 받을 수 있습니다**. 변호사와의 상담을 통해 혐의의 성립 가능성과 증거 상황을 분석하여 입장을 정하는 것이 필수적입니다. 한 번 정한 입장은 번복하기가 어려우며, 특히 죄를 인정하다가 부인으로 변경하는 것은 사실상 불가능에 가깝습니다. 입장을 번복하면 진술의 신뢰성을 잃고, 재판부가 피고인을 불리하게 판단할 가능성이 높아집니다. 예를 들어, 초기 조사에서 죄를 인정하고 피해자와의 합의 노력을 하지 않은 경우, 나중에 입장을 바꿔 무죄를 주장해도 재판부는 진정성을 의심하여 받아들이지 않을 가능성이 크고, 오히려 형량만 높이는 결과가 될 수 있습니다.

죄를 인정하기로 결정한 경우, 가능한 한 빠르게 피해자에게 사죄부터 한 후 합의를 시도해야 선처를 받을 가능성이 높아집니다. 반대로, 무죄를 주장하기로 했다면 모든 증거를 철저히 검토하고, 추가적인 증거를 스스로 확보하는 동시에 진술의 일관성을 유지하며 대응해야 합니다. 초기 입장을 제대로 정하지 않으면, 경찰 조사나 재판 과정에서 불필요한 실수로 인해 유죄의 심증을 제공할 수 있습니다. 예를 들어, "죄를 부인하지만 어쩔 수 없는 상황이었다."고 모호하게 진술하면, 법적 방어에 치명적인 약점이 됩니다. 따라서 초기 입장을 명확히 정하고, 전략적으로 행동하는 것이 사건의 결과를 크게 좌우할 수 있습니다. 내가 아무리 억울해도 전략적으로 증명하지 못하면 아무런 의미가 없습니다. 수사기관과 법원은 본인의 억울함을 적극적으로 도와주지 않습니다.

3) 시간순서별로 사실관계 구체적으로 글로 정리(★)

성범죄 사건은 진술의 신빙성을 바탕으로 결론이 나는 경우가 많습니다. 따라서 사실관계를 철저히 정리하는 것은 사건의 흐름을 유리하게 이끄는 데 필수적입니다. 본인이 겪었던 사실관계를 **시간순으로 세부적이고 구체적인 글(PC)로 정리**해 놓아야 하는 이유는, 사건이 발생한 시점과 재판이 종료될 때까지 장기간 소요되는 경우도 있으며, 시간이 지나면서 기억은 흐려질 수밖에 없고, 이를 방치하면 본인의 진술의 신빙성이 약화될 위험이 있습니다. 성범죄 사건은 진술의 신빙성이 가장 큰 요소이므로 **특히 무죄를 다투는 성범죄 사건은 기억력의 싸움**이라 볼 수 있습니다.

반면, 사실관계를 철저히 정리하지 않으면 경찰 조사나 법정에서 모호하거나 애매한 진술을 하게 되어 불리한 상황에 처할 수 있습니다. 예를 들어, "제가 손으로 상대방을 만진 것 같아요."라는 애매한 표현은 고의성을 인정받아 유죄로 연결될 가능성이 있습니다. 그러나 "제가 오른손으로 상대방 왼쪽 어깨를 터치한 것은 맞지만, 성적인 의도는 없었습니다."라고 구체적으로 진술하면 신빙성을 높일 수 있습니다.

미리 사실관계를 철저히 정리해 두면 경찰 조사와 재판 직전에 내용을 복습해 사건 당시의 기억을 명확히 환기할 수 있습니다(★). 또한, 사건의 흐름을 제3자가 읽었을 때도 쉽게 이해할 수 있도록 정리하면 자신의 진술 신뢰도를 강화할 수 있습니다. 예컨대, 상대방과의 대화 내용을 구체적인 대사 형태로 기록한다면 진술의 구체성이 더욱 강화되어 진술의 신빙성이 높아질 수 있습니다.

따라서 애매하고 모호한 표현은 절대적으로 피해야 합니다. "상대방과 이야기를 나눴다."는 표현 대신, "상대방이 먼저 '오늘 힘들었어?'"라고 물었고, "'제가 괜찮아요, 별일 없었어요.'"라고 답했습니다. 처럼 대화 내용을 정확히 기록해야 합니다. 이런 준비는 사건의 진실을 명확히 하고, 법적 방어를 강력히 뒷받침하는 데 큰 장점이 됩니다.

사실관계는 반드시 **날짜별, 시간순서대로 정리되어야 하며, 이러한 정리는 객관적 증거와 일치해야 신빙성을 인정받을 수 있습니다**. 예를 들어 "첫 번째 모텔에 6시 30분에 갔으나 만실이라서 두 번째 모텔에는 7시에 갔다."고 진술했는데, 지도 앱 기준으로는 해당 거리를 30분 만에 이동할 수 없는 경우라면 그 진술의 신빙성은 무너집니다. 또 특정 날짜와 시간에 통화를 했다고 주장한다면, 반드시 통화내역을 대조하여 실제 기록과 일치하는지 확인해야 합니다.

특히 성범죄 사건은 다른 사건과 달리 성행위가 이루어지기 직전, 도중, 그리고 직후의 사실관계가 가장 큰 쟁점이 됩니다. 따라서 이 구간에 대해서는 더욱 세밀한 정리가 필요합니다. 예컨대 성행위 직전 대화의 맥락, 동의 여부를 둘러싼 정황, 행위 도중의 구체적 상황, 행위 직후 피해자의 행동과 태도 등이 모두 중요하게 다뤄집니다. 이 부분이 모호하거나 불명확하면 수사기관이나 법원은 불리한 추정을 할 수 있으므로, 가능한 한 객관적 자료와 함께 정리하는 것이 바람직합니다. 결국 사실관계 정리는 단순한 시간표 작성이 아니라, 사건의 핵심 쟁점과 직접 연결되는 정밀한 작업으로, 성범죄 사건일수록 세심하고 치밀한 준비가 필요합니다.

4) 대화 기록 및 증거 자료 확보

대화 기록 및 증거 자료를 확보해야 하는 이유는 성범죄 사건이 증거재판주의를 따르기 때문입니다. 백 마디의 말보다 단 하나의 객관적 증거가 사건의 결과를 결정할 가능성이 큽니다. 특히, **대화 기록은 날짜와 시간이 명시되어 있어야 하며, 시간순서대로 정리해야 신뢰성을 확보할 수 있습니다**. 증거는 시간이 지날수록 삭제되거나 소멸될 가능성이 높으므로, 사건 초기 단계에서 신속히 확보해야 합니다. 성범죄 사건은 진술의 신빙성이 핵심인데, 고소인의 진술과 대화 기록이 상충될 경우 고소인의 신빙성을 낮추는 중요한 근거가 될 수 있습니다.

만약 대화 기록 및 증거 자료를 제대로 확보하지 않으면, 피의자 등은 경찰 조사와 재판 과정에서 고소인의 주장에 반박할 근거가 없어 불리한 상황에 처할 수 있습니다. 예를 들어, 고소인이 "피의자가 지속적으로 위협하며 성관계를 강요했다."고 주장했을 때, 이를 반박할 구체적인 대화나 문자 기록이 없으면 사실로 받아들여질 가능성이 높습니다. 반대로, 이를 철저히 확보하면 사건을 유리하게 이끌 수 있습니다. 예컨대, 사건 발생 직후 고소인이 "오늘 함께해서 즐거웠다."는 내용을 보낸 카카오톡 메시지 등이 있다면, 이는 성폭력 주장을 반박할 강력한 근거가 됩니다.

또한, **죄를 인정하는 피의자 등의 경우에도 고소인이 사실을 과장하여 진술하는 사례가 많으므로, 이를 해명할 대화기록과 증거자료가 필요할 수 있습니다**. 대화 기록에서 고소인이 스스로 성관계 직전 상황 자체에는 동의한 정황이 드러난다면, 형량 경감 또는 선처를 받을 가능성이 커집니다. 이처럼 대화 및 증거 기록을 확보하면 피의자 등의 진술 신빙성을 높이고, 반대로 이를 소홀히 하면 고소인의 주장에만 의존한 결과로 이어질 위험이 있습니다. 사건 초기부터 빠르게 증거를 수집하고 체계적으로 정리하는 것이 대응의 필수 조건입니다.

5) 유리한 증거나 양형자료 수집

성범죄 사건에서 유리한 증거는 피의자 등이 무죄를 입증하거나 형량을 줄이는 데 결정적인 역할을 합니다. **유리한 증거나 유리한 양형자료는 인생의 목숨이 달렸다고 생각하고 확보해야 합니다**. 특히 성범죄는 사건 당시의 상황을 직접적으로 증명할 객관적 증거가 부족한 경우가 많기 때문에, 피의자 등에게 유리한 증거를 빠르고 신속히 확보해 두는 것이 필수적입니다. 예컨대, 무죄를 입증하기 위한 증거로는 사건 당시의 CCTV 영상, 통화 녹취록, 대화 기록, 목격자 진술서, 위치 기록 등이 있으며, 선처를 받기 위한 양형자료로는 피해자와의 합의서, 반성문, 재범 방지를 위한 상담 또는 치료 기록, 선처탄원서, 피해 복구를 위한 노력 자료, 기타 양형자료 등이 포함될 수 있습니다.
만약 유리한 증거를 제때 수집하지 못하면, 경찰 조사와 재판 과정에서 피의자 등은 고소인의 주장에 반박할 근거를 잃게 되어 불리한 결과로 이어질 수 있습니다. 예를 들어, 사건 당시 주변 CCTV 영상이 삭제되거나, 문자 메시지가 자동으로 삭제된 경우, 피의자 등은 자신에게 유리한 자료를 사용할 기회를 영원히 상실할 수 있습니다. 반면, 이를 제대로 준비하면 경찰 조사 및 재판에서 고소인의 진술 신빙성을 약화시키고, 사건을 유리한 방향으로 이끌 수 있습니다.
예를 들어, 사건 당시 고소인과의 대화 내용에서 "오늘 즐거웠어, 다음에 또 보자."라는 메시지가 있다면, 이는 성폭력 주장을 반박할 강력한 증거가 됩니다. 죄를 인정하는 경우에도 마찬가지로, 피해자와 원만히 합의한 기록을 제출하면 재판부가 이를 참작하여 형량을 대폭 낮출 수 있습니다. 증거 확보는 사건 초기 단계에서 즉각적으로 이루어져야 하며, 시간이 지날수록 자료가 삭제되거나 왜곡될 위험이 있으므로 신속한 행동이 필요합니다. 증거의 우선순위를 정하고, 사건과 직접적으로 관련된 증거를 우선 확보해야 합니다.

6) 사건 이후에도 새로이 발생하는 증거를 적극 수집

사건 이후에도 발생하는 새로운 증거는 고소인의 진술 신빙성을 반박하거나 피의자 등이 무죄를 입증하는 데 중요한 역할을 합니다. 성범죄 사건에서는 사건 당시뿐만 아니라 이후의 고소인 행동과 진술이 법정에서 중요한 판단 기준이 될 수 있기 때문입니다. 예를 들어, 사건 이후 고소인의 SNS에 "어제 너무 즐거웠다." 또는 사건 다음 날에도 피해를 주장하는 장소인 클럽에 방문하여 파티를 하는 게시물이 있다면, 이는 고소인이 주장하는 피해 상황과 모순되므로 신빙성을 약화시킬 수 있습니다. 다만, 상대방의 SNS나 인터넷 활동을 확인할 때는 불법적인 접근이나 사생활 침해를 피해야 하며, 법적 절차를 준수해야 합니다.
또한, 고소인이 주변 사람들에게 억지로 진술을 회유하거나 허위 진술을 유도하고 있다는 증거가 있다면, 이는 고소인의 신빙성을 근본적으로 약화시키고, 법정에서 고소인의 주장에 대한 신뢰도를 크게 떨어뜨릴 수 있습니다. 하지만 이러한 증거를 확보하지 못하면 고소인의 일방적인 진술에 의존한 결과로 이어질 가능성이 큽니다.
새롭게 발생하는 증거를 제대로 수집하지 않으면 고소인의 주장에 반박할 기회를 상실할 수 있습니다. 예를 들어, 상대방이 사건 이후 SNS에 올린 게시물이 삭제되거나 접근이 불가능해지면, 이를 활용할 기회도 사라집니다. 반면, 증거를 철저히 수집하면 피의자 등의 진술 신빙성을 높이고, 고소인의 허위 진술을 반박할 강력한 근거를 확보할 수 있습니다.

또한, 현재 증거가 부족하더라도 사건 이후에 고소인 또는 제3자에게 과거의 사실관계를 질문하고, 질문에 대한 대답을 캡처하여 새로운 증거로 확보할 수도 있습니다.

7) 진술 일관성 유지

성범죄 사건에서 진술의 일관성은 고소인과 피고소인 모두에게 매우 중요한 요소입니다. 특히 **성범죄는 객관적 증거가 부족한 경우가 많아, 진술의 신빙성이 사건의 결론을 좌우할 가능성이 큽니다**. 피고소인의 진술은 사건 초반부터 끝까지 일관성을 유지해야 하며, 이는 경찰 조사와 재판에서 신뢰성을 확보하는 데 필수적입니다. '시간순서별로 사실관계 구체적으로 글로 정리'는 장시간 소요되는 법적 절차에 있어 진술의 일관성을 유지하기 위한 중요한 수단이며, 이를 통해 사실관계와 증거의 취지 등 모든 측면에서 일관된 진술을 준비할 수 있습니다.

만약 진술의 일관성을 유지하지 못하면 피고소인의 신빙성이 크게 떨어지고, 재판부는 피고소인의 진술을 변명이나 거짓으로 간주할 가능성이 높아집니다. 예컨대 경찰 조사에서 "고소인과 합의된 성관계였다"고 진술했으나, 재판에서는 "상대방의 거부 의사를 몰랐다"고 말을 바꾸는 경우, 이는 신뢰를 심각하게 훼손하고 더 나아가 불리한 결과를 초래할 수 있습니다.

성범죄 사건은 결국 '누가 거짓말을 하고 있느냐'의 싸움이라고 할 수 있습니다. 고소인과 피고소인의 진술이 정면으로 대립하는 상황에서, 재판부는 두 사람 중 누구의 진술이 더 일관되고 객관적 증거와 부합하는지를 판단합니다. 따라서 피고소인이 초반부터 사건 종료까지 일관된 진술을 유지한다면, 재판부는 피고소인의 주장을 신뢰할 가능성이 높아지고, 반대로 고소인의 진술 신빙성을 낮게 평가할 여지가 커집니다.

예를 들어, 첫 경찰 조사에서 "고소인이 먼저 스킨십을 요청했다."고 진술하고, 이후에도 이를 유지하며 관련 증거(카카오톡 메시지 등)를 제출했다면, 이는 고소인의 주장을 반박하는 데 강력한 근거가 됩니다. 따라서 진술의 일관성을 유지하려면 사건 초기부터 모든 진술을 체계적으로 준비하고, 첫 조사부터 재판까지 신중히 대응해야 합니다. **첫 단추를 잘못 꿰면 끝 단추도 맺어지지 않는다**는 말처럼, 초기의 실수가 사건 전체에 악영향을 미칠 수 있으므로, 철저한 준비가 필요합니다.

8) 감정적 대응 자제

성범죄로 고소를 당한 피의자 등이 감정적으로 대응하는 것은 사건을 더욱 악화시킬 수 있습니다. **감정적 대응은 2차 가해의 법적 리스크를 초래**하고, 신중한 대응을 방해하며, 잘못된 선택으로 이어질 가능성이 높기 때문입니다. 예를 들어, 고소인에게 협박성 발언을 한다면 이는 특정범죄가중처벌법에 따라 최소 징역 1년 이상의 가중처벌을 받을 수 있습니다. 또한, **무죄임에도 순간의 두려움으로 사과하거나 사건을 무마하려는 행동은 법적으로 죄를 인정하는 것으로 간주될 수 있어, 추후 이를 번복하기가 사실상 불가능해질 수 있습니다**.

만약 감정적으로 대응한다면, 경찰 조사와 재판에서 불리한 정황 증거로 사용될 위험이 큽니다. 예를 들어, 고소인에게 "허위 신고를 취소하지 않으면 가만두지 않겠다."는 협박성 문자를 보낸 경우, 이는 고소인의 주장에 신빙성을 더해줄 뿐 아니라 새로운 형사 사건으로 연결될 가능성이 있습니다. 반면, 감정적 대응을 철저히 금지하고 냉정하게 법적 절차를 따를 경우, 피의자 등은 신중한 태도로 재판부의 신뢰를 얻을 수 있습니다. 예를 들어, **고소인의 허위 주장을 조목조목 반박하는 증거를 준비하며 대응한 경우, 이는 사건 해결에 유리하게 작용합니다**.

따라서 고소인의 주장에 대해 침착하게 대응하고, 모든 행동을 2차 가해가 되지 않고 상황을 더 악화시키지 않는 방향으로 실행하는 것이 필수적입니다.

9) 거짓말 지양

성범죄 사건에서는 진술의 신빙성이 판결을 좌우하는 중요한 요소입니다. 거짓말을 하면 이후에 사실이 밝혀질 경우, 이전에 사실대로 말한 내용까지 신뢰를 잃게 되어, 진술 전체가 신빙성을 상실할 위험이 있습니다. 또한, 일부라도 거짓말을 한 것이 '드러나면' 수사관이나 재판부는 피고인의 모든 진술을 거짓으로 간주하고 불리한 판단을 내릴 가능성이 커집니다. 반면, 진정성 있는 태도로 조사와 재판에 임하면, 피의자 등의 진술 신빙성이 높아지고, 심지어 불리한 진술조차도 사건 해결에 긍정적으로 작용할 수 있습니다.

예를 들어, 피해자의 가슴을 만진 사실이 있다면 이를 숨기기보다 "동의하에 만졌다."는 취지로 진정성 있게 진술하면, 피의자 등이 불리할 수 있는 진술까지 가감 없이 진술했다는 이유로 재판부는 이에 대해 더욱 신뢰하고 무죄 판결의 근거로 삼을 가능성이 있습니다(이러한 내용은 실제 판결문에도 적시되는 경우가 있습니다). 반대로, 처벌이 두려워 사실을 숨겼다가 나중에 밝혀지면, 피의자 등이 억울한 상황에 처해도 진술 신빙성을 회복하기 어려워질 수 있습니다.
거짓말을 지양하고 사실을 인정할 부분은 인정하며, 하지 않은 행동에 대해서는 당당히 부인하는 태도는 사건의 흐름을 유리하게 바꿀 수 있습니다. 수사관이나 재판부 판사님들도 사람이기 때문에 진정성 있는 태도를 보이는 피의자 등에 대해 긍정적으로 판단하는 경향이 있습니다. 따라서 거짓말을 하지 않고 사실에 기반한 진술을 유지하면, 사건의 결론에서 유리한 결과를 얻을 가능성이 높아집니다.

10) 고소인 주장과 행동을 예측

성범죄 사건에서 고소인의 주장과 행동을 예측하는 것은 피의자 등의 방어 전략 수립과 사건 해결에 매우 중요합니다. 사건에 대한 사실관계를 가장 잘 아는 사람은 피의자 본인과 고소인이므로, 피의자는 고소인이 어떤 주장과 입장을 취할지를 미리 생각하고 준비해야 합니다.

특히 피의자가 알고 있는 고소인의 성격, 평소 행동 양식, 과거의 갈등 상황 등의 고소인의 정보에 대해서 변호인에게 반드시 전달해야 합니다. 그래야만 변호인이 고소인의 주장 패턴을 예측하고, 구체적인 반박 논리와 증거(CCTV, 문자 메시지, 통화내역 등)를 준비할 수 있습니다. 만약 이러한 정보를 변호인과 공유하지 않고 방치한다면, 경찰 조사나 재판 과정에서 고소인의 주장에 즉각 대응하지 못해 불리한 상황에 처할 위험이 큽니다.

예컨대 고소인이 "피고소인이 협박하며 성관계를 강요했다"고 주장할 가능성이 예상된다면, 이를 미리 변호인에게 알리고 당시 정황을 뒷받침할 자료나 증인을 제시해야만 효과적인 반박이 가능합니다. 반대로 준비가 없다면 재판부는 고소인의 진술에 더 높은 신빙성을 부여할 수 있습니다.

또한 상대방의 성격과 행동 패턴을 토대로 합의 가능성을 판단하고, 피해자와 가족의 성향에 맞는 협상 전략을 세우는 것도 중요합니다. 예를 들어, 상대방이 경제적 보상을 중시하는 성격이라면 피해 회복 조치를 먼저 제시하는 것이 효과적일 수 있습니다.

결국 고소인의 주장과 행동에 대한 예측은 변호인 혼자 할 수 있는 것이 아니라, 피의자가 알고 있는 정보를 변호인에게 충분히 제공할 때 비로소 가능해집니다. 이러한 예측과 준비가 있어야 사건의 흐름을 통제하고 결과를 유리하게 이끌어갈 수 있습니다.

다. 죄를 인정하는 피의자 등 대응지침의 내용

① 사죄편지 작성 및 전달
② 반성문 작성 및 제출
③ 피해자와의 합의 노력 및 금전적 준비(★)
④ 형사공탁 준비
⑤ 재발 방지 노력 증빙
⑥ 선처탄원서 준비
⑦ 기타 양형자료 준비
⑧ 경찰 및 검찰조사 준비
⑨ 법원재판 준비 : 최후진술(필수)

1) 사죄편지 작성 및 전달

성범죄로 죄를 인정한 피의자 등이 형량을 낮추기 위해 **가장 효과적인 방법은 피해자와의 합의서 제출입니다. 합의가 되기 위해서는 우선 사죄의 말부터 전달하는 것이 첫 단추**입니다.

그러나 합의는 피해자의 마음에 달려 있는 매우 어려운 과정이므로, 피해자의 마음을 조금이라도 녹이고 용서를 얻기 위한 사죄편지 작성의 전달 또는 카카오톡이나 문자메시지 등을 통한 진심 어린 사과의 전달이 중요합니다. 사과는 편지의 형식이 아니더라도, 피해자와의 대화에서 진정성을 전달하는 방식으로 이루어질 수 있습니다. **중요한 것은 사죄 또는 사과의 시점이 빠를수록 좋다는 점입니다.** 시간이 지나 사과가 이루어지면 피해자는 사과의 진정성을 의심하거나, 피의자 등이 단순히 형량 감경을 목적으로 행동한다고 받아들일 가능성이 높습니다. 만약 사죄를 전혀 시도하지 않는다면, 피해자는 피의자 등이 반성하지 않는다고 느껴 처벌을 강하게 요구할 가능성이 생기고, 최악의 경우 엄벌탄원서를 제출할 수 있습니다. 재판부 역시 반성의 태도가 부족하다고 판단하여 형량 감경의 여지가 줄어들 수 있습니다. 반면, 사죄편지나 메시지 형태로 진심 어린 사과를 전달하면 피해자의 마음을 누그러뜨릴 기회를 만들 수 있으며, 피해자가 이를 거절하더라도 재판부에 사죄편지의 내용을 전달하여 진정성을 입증할 양형자료로 활용할 수 있습니다.

예를 들어, 카카오톡 메시지를 통해 "제가 한 행동으로 인해 큰 상처를 드린 점 깊이 사과드립니다. 피해자님께 진심으로 용서를 구하며, 다시는 이런 일이 없도록 반성하겠습니다."라고 전달했다면, 이는 **피해자가 용서를 고민하여 합의가 성사되도록 도움이 되고, 적어도 피해자가 엄벌탄원서 제출을 하지 않을 수 있습니다**. 반대로 사과 자체를 하지 않거나 단순히 합의를 목적으로 하거나 형량 감축만을 위한 가식적인 표현을 사용하면, 피해자와 재판부 모두에게 부정적인 인상을 줄 가능성이 큽니다.

※ 구체적인 '사죄편지 작성방법'은 본 책의 뒷부분 '죄를 인정하는 피의자 등 보세요(구체적 대처방법 ★)'을 참조하세요.

2) 반성문 작성 및 제출

성범죄 사건에서 죄를 인정한 피의자 등은 진지한 반성의 태도를 보여주는 것이 형량 감경에 중요한 역할을 합니다. 반성문은 피의자 등이 자신의 잘못을 인정하고, 진정으로 반성하며 재발 방지를 약속하는 내용을 담아야 하며, 이는 재판부의 양형 결정에서 긍정적으로 작용할 수 있습니다. 반대로, 반성문 작성 및 제출을 소홀히 하면, 피의자 등이 반성하지 않는다고 간주되어 본인이 저지른 죄보다 더 무거운 형량이 선고될 위험이 있습니다.

또한, **간혹 피해자가 피고인의 반성문을 열람하는 경우가 있습니다**. 반성문에 담긴 진정성이 피해자의 마음을 간접적으로 누그러뜨릴 수 있습니다. 반대로, 실제로 수행한 사건 중에는 반성문에 피해자를 비난하는 경우가 있었는데, 피해자는 피고인을 엄벌해 달라는 탄원서를 적극적으로 제출하기 시작해 형량이 높아질 수밖에 없었던 경우도 있었습니다.

반성문을 제대로 작성하고 제출한다면, 재판부는 피의자 등의 진정성을 인정하고, 형량을 줄이는 데 이를 반영할 가능성이 높습니다. 예를 들어, 반성문에 "저의 잘못으로 인해 피해자께 큰 상처를 드려 깊이 반성하고 있습니다. 피해 회복을 위해 최선을 다하겠습니다."라는 식의 진정 어린 표현이 포함되었다면, 이는 재판부가 피의자 등의 태도를 긍정적으로 평가하도록 돕습니다. 반대로, 형식적으로 작성된 반성문이나 제출하지 않은 경우, 반성의 태도를 의심받고 불리한 판결을 받을 가능성이 커집니다. 따라서 **죄를 인정하는 경우에는 반성문 작성 및 제출은 필수**입니다

※ 구체적인 '반성문 작성방법'은 본 책의 뒷부분 '죄를 인정하는 피의자 등 보세요(구체적 대처방법★)'을 참조하세요.

3) 피해자와의 합의 노력 및 금전적 준비(★)

합의는 피해자에 대한 피해배상의 일종입니다. 예를 들어, 상대방의 TV를 파손시킨 경우에는 TV의 수리비를 지불하는 것은 당연하듯이 성범죄로 심리적·정신적·신체적 피해자가 발생한 경우 피해배상의 책임이 생깁니다.

성범죄 사건에서 죄를 인정한 피의자 등이 **형량을 줄이는 데 가장 중요한 요소 1위는 피해자와의 합의서 제출**입니다(합의가 되었다는 이유로 사건이 종결되는 것은 아닙니다. 재판준비는 별도로 진행해야 하며 합의서는 반드시 참작사유와 양형사유가 포함된 의견서 또는 변론요지서를 함께 제출해야 합니다). 합의서는 피해자의 처벌불원 의사를 공식적으로 나타내는 자료로, **재판부는 특별한 사정이 없는 한 합의서의 효력을 반드시 판결문에 반영**하며, 형량을 감경하는 데 결정적인 역할을 합니다. 그러나 합의에 실패하더라도, 합의를 시도하거나 피해자에 대한 피해배상의 노력을 한 흔적이 있다면, 이는 피의자 등의 반성 태도를 나타내는 간접적인 양형자료로 활용될 수 있습니다.

만약 피해자와의 합의 노력을 전혀 하지 않는다면, 피해자는 피의자 등이 반성하지 않고 피해회복을 위해 노력하지 않는다고 느낄 수 있고, 재판부 역시 피해자에 대한 피해회복의 노력이 없다는 이유로 비난가능성을 높게 봅니다.

반면, 합의 노력을 진정성 있게 수행했다면, 피해자가 이를 받아들여 합의서가 작성될 가능성이 높아지고, 합의가 결렬되더라도 재판부가 피의자 등의 반성 태도와 피해 회복 의지를 긍정적으로 평가하여 형량 감경에 반영할 가능성이 큽니다.

또한, 합의를 진행할 때는 2차 가해의 문제로 변호사를 통해서 진행하는 것이 안전하며 피해자가 먼저 합의금을 제시하기보다는, 피의자 등이 대리인을 통하여 먼저 금전적 배상 의사를 밝히고 합의금을 제안하는 경우가 일반적입니다. 피의자 등은 자신의 재정 상태를 고려하여 합리적인 합의금을 제시해야 하지만, 합의금이 많을수록 합의가 성사될 가능성이 높다는 점을 유념해야 합니다. 따라서 넉넉한 금전을 미리 준비하고, 피해자의 피해를 회복하기 위한 최선의 노력을 보여야 합니다. 이러한 준비와 진정성은 피해자의 처벌불원 의사를 이끌어내고, 재판부가 이를 긍정적으로 평가하는 데 큰 도움이 될 것입니다.

※ 구체적인 '합의 하는 방법'은 본 책의 뒷부분 '죄를 인정하는 피의자 등 보세요(구체적 대처방법★)'을 참조하세요.

4) 형사공탁 준비

성범죄 사건에서 죄를 인정한 피의자 등이 형사공탁을 준비하는 것은, 피해자와의 합의가 결렬되었을 경우에도 피해 회복을 위한 의지를 보여줄 수 있는 중요한 수단입니다. **형사공탁은 피해자와 직접 합의를 보는 것보다 형량 감경 효과는 떨어지지만, 형사공탁조차 없는 경우보다는 훨씬 긍정적으로 작용할 수 있습니다**. 이를 통해 재판부에 피해 회복을 위한 피의자 등의 진정성을 전달할 수 있습니다.

만약 형사공탁 준비를 하지 않는다면, 재판부는 피의자 등이 반성하지 않으며 피해 회복을 위한 노력을 기울이지 않는다고 판단할 가능성이 높습니다. 반면, 형사공탁을 통해 금전적 배상을 준비하고 이를 성의 있는 금액으로 실행하면, 피해자가 이를 수령하거나 거부하더라도 재판부는 이를 피의자 등의 반성 태도와 피해 회복 의지로 인정하여 형량 감경에 반영할 가능성이 생깁니다.

형사공탁의 경우 주의할 점은 공탁 금액이 너무 적으면 재판부에 오히려 부정적인 인상을 줄 수 있다는 것입니다. 공탁 금액이 피해자의 피해 규모에 비해 성의 없다고 여겨질 경우, 재판부는 오히려 형량을 가중시킬 가능성도 있습니다. 따라서 금전적 금액은 피해자의 피해 규모와 피의자 등의 재정 상태를 고려하여 적절한 수준으로 설정해야 하며, 진정성을 보여줄 수 있는 금액을 공탁하는 것이 중요합니다. 마지막으로, 공탁금 제출 후에는 이를 입증할 수 있는 자료를 확보하여 재판부에 제출하여 재판부에서 공탁을 한 사실을 알 수 있도록 조치를 하고, 피고인의 반성 및 피해 회복 의지를 구체적으로 곁들여 설명하는 것이 중요합니다.

5) 재발 방지 노력 증빙

성범죄 사건에서 죄를 인정한 피의자 등이 재판부로부터 선처를 받기 위해서는 재발 방지를 위한 실질적인 노력과 이를 뒷받침할 증빙 자료를 제출하는 것이 매우 중요합니다. 재판부는 선처를 해주는 경우에도 피고인이 다시 범죄를 저질러 선량한 피해자가 발생할 가능성을 우려하기 때문에, 단순히 말로만 재발 방지를 약속하는 것은 충분하지 않습니다. 구체적이고 실천적인 계획을 보여주는 것이 필요하며, 미성년자인 경우 부모가 함께 재발 방지 계획을 제출하는 것이 특히 중요합니다. **재판부가 이번에 선처를 하면 두 번 다시 같은 잘못으로 법정에 서지 않을 것이라는 확신을 갖게 된다면, 형량 감경 가능성이 높아집니다**. 만약 재발 방지 노력을 증빙하지 않으면, 재판부는 피의자 등이 같은 범죄를 반복할 가능성이 높다고 판단해 선처를 꺼릴 수 있습니다. 이는 형량 가중으로 이어질 가능성이 큽니다.

반대로, 재발 방지 노력과 증빙을 철저히 준비한다면, 재판부는 피의자 등의 태도에 신뢰를 느끼고, 선처를 통해 피의자 등이 사회에서 재기할 수 있는 기회를 줄 가능성이 커집니다.

예를 들어, 피의자 등이 성교육 프로그램 이수 계획서를 제출하거나, 심리 상담기록 또는 정신과 상담기록, 재발 방지 계획서 등의 증빙 자료로 제출한다면, 이는 재판부에 긍정적인 영향을 줄 수 있습니다. 반대로, 재발 방지 노력을 구체적으로 보이지 않거나 증빙 자료가 없는 경우, 재판부는 피의자 등의 반성과 태도를 의심하며 엄격한 판결을 내릴 가능성이 커집니다.

6) 선처탄원서 준비

성범죄 사건에서 죄를 인정한 피의자 등은 선처탄원서를 통해 재판부에 자신의 인간적 측면과 재발 방지를 위한 노력, 사회적 유대 관계를 보여줄 수 있습니다. 선처탄원서는 피의자 등의 가족, 직장 동료, 지인 등이 작성하여, 피의자 등이 평소 어떤 사람인지, 사건 이후 얼마나 반성하고 재발 방지를 위해 노력하고 있는지를 설명하는 문서입니다. 이는 재판부가 형량을 감경할지 여부를 판단할 때 중요한 영향을 미칠 수 있습니다. 만약 선처탄원서를 전혀 제출하지 않거나 부실하게 준비한다면, 재판부는 피고인이 사회적으로 고립된 사람으로 판단할 수 있습니다. 이는 피의자 등의 재범 가능성을 높게 평가하게 되어 불리한 형량이 선고될 가능성을 높입니다.

반대로, 탄원서를 통해 피의자 등의 진정성과 반성 태도를 잘 전달했다면, 재판부는 피의자 등이 사건 이후 교화 가능성이 높고, 사회적 지지를 받고 있음을 긍정적으로 평가하여 형량을 감경할 가능성이 큽니다.

예를 들어, 피의자 등의 가족이 "피고인은 사건 이후 깊이 반성하고 있으며, 우리 가족은 그가 다시는 이런 실수를 하지 않도록 모든 노력을 기울이겠습니다."라는 내용을 탄원서에 작성했다면, 이는 재판부가 피의자 등의 재발 가능성을 낮게 보고 선처를 고려하게 만드는 중요한 자료가 될 수 있습니다. 반대로, 탄원서를 제출하지 않았다면, 피의자 등의 반성 의지와 교화 가능성을 전달할 기회를 놓치게 되어 엄중한 판결을 받을 가능성이 생깁니다.

※ 구체적인 '선처탄원서 작성방법'은 본 책의 뒷부분 '죄를 인정하는 피의자 등 보세요(구체적 대처방

법★)'을 참조하세요.

7) 기타 양형자료 준비

성범죄 사건에서 죄를 인정한 피의자 등은 재판부에 자신의 개인적 상황과 가족, 경제적 환경, 건강상태, 부양관계 등을 구체적으로 보여줄 수 있는 양형자료를 준비해야 합니다. 이는 형량 감경에 중요한 역할을 하며, 피의자 등이 처한 상황과 구속 시 발생할 피해를 재판부에 설득력 있게 전달하는 수단입니다. **양형자료는 피의자 등의 사정과 환경을 뒷받침하는 증빙 서류와 함께 제출되어야 신뢰성을 얻을 수 있기 때문에 양형을 위한 증빙자료 준비는 필수입니다**. 만약 기타 양형자료를 준비하지 않으면, 재판부는 피의자 등의 개인적 사정이나 구속으로 인한 피해를 충분히 고려하지 않을 가능성이 큽니다. 이는 형량 가중이나 불리한 판결로 이어질 위험을 증가시킵니다.

반면, 양형자료를 철저히 준비하면, 피의자 등의 어려운 상황과 구속으로 인해 발생할 피해를 재판부에 효과적으로 전달하여 형량 감경이나 불구속 판결의 가능성을 높일 수 있습니다.

예를 들어, 피고인이 가정의 생계를 책임지고 있다는 점을 강조하기 위해 가족관계증명서와 수입증빙자료를 제출하고, 구속 시 가족이 겪게 될 경제적 어려움을 진술했다면, 이는 재판부가 피의자 등을 불구속 상태에서 재판받도록 고려하게 만드는 강력한 근거가 될 수 있습니다. 반대로, 이러한 자료를 준비하지 않으면, 재판부는 피의자 등의 상황을 고려하지 않고 판결할 가능성이 높아집니다. **말하지 않으면 재판부는 본인의 딱한 사정을 전혀 모르고, 말로만 하면 믿지도 않습니다. 본인의 상황을 적극적으로 진술해야 하고, 양형자료도 증거재판주의라는 생각으로 객관적인 자료를 준비해야 합니다**.

양형자료는 피의자 등이 최대한 어렵고 딱한 상황을 보여줄 수 있는 자료와, 반대로 사회적 공헌과 업적을 강조하는 자료를 모두 포함할 수 있습니다. 예를 들어, 가정의 생계를 책임지고 있는 상황을 보여주는 가족관계증명서나 소득증빙자료는 피의자 등의 어려움을 나타내는 자료입니다. 반면, 지역사회 봉사활동 증명서나 직장에서의 모범적인 업적을 보여주는 상장 및 추천서는 피의자 등이 사회에 기여한 점을 강조하는 자료입니다.

양형자료는 법적으로 정해진 기준이 없으며, 피의자 등이 자신의 상황을 신뢰성 있는 증빙자료로 자유롭게 소명하면 되는 자료입니다. 재판부가 어느 정도 납득할 수 있는 정도의 자료로서 이를 통해 피의자 등의 진정성과 상황을 판단하도록 준비하는 것이 중요합니다.

※ 구체적인 '기타 양형자료 준비방법'은 본 책의 뒷부분 '죄를 인정하는 피의자 등 보세요(구체적 대처방법★)'을 참조하세요.

8) 경찰 및 검찰조사 준비

성범죄 사건에서 피의자 등이 죄를 인정하는 경우라도, 경찰 및 검찰 조사는 사건의 방향과 결과를 크게 좌우하는 중요한 단계입니다. 특히, 첫 번째 경찰 조사는 피의자 등의 반성 여부와 진술 신빙성을 평가하는 출발점이 되므로 철저히 준비해야 합니다. **첫 조사부터 죄를 반성하는 모습이 드러난다면, 재판부는 피고인의 진정성을 높이 평가할 가능성이 큽니다**. 반면, 재판 단계에 이르러서야 반성하는 모습을 보이면 진정성에 의심을 받을 수 있습니다.

조사를 제대로 준비하지 않으면, **하지도 않은 행동에 대해 잘못된 진술을 하여 죄를 키우거나 불리한 결과를 초래할 수도 있습니다**. 예를 들어, "손으로 고소인의 성기를 만진 것"에 불과한 상황에서 수사관의 "손으로 고소인의 성기에 손가락도 일부 넣었죠?" 유도질문에 무심코 "그랬던 것 같습니다."고 답하면, 이는 강제추행(징역 10년 이하↓)에서 유사강간(징역 2년 이상↑)으로 처벌 수준이 대폭 상승하는 결과를 초래할 수 있습니다. 말 한마디가 법 적용을 바꿉니다.

반면, 경찰 및 검찰 조사를 철저히 준비하면, 피의자 등은 자신의 진술을 명확히 하고, 불필요하게 죄를 키우는 진술을 방지하며, 진정성 있는 태도를 통해 형량 감경의 가능성을 높일 수 있습니다. 예를 들어, 첫 조사에서 "제가 한 행동이 피해자께 큰 상처를 드렸음을 인정하며, 깊이 반성하고 있습니다. 그러나 제가 하지 않은 부분은 사실과 다릅니다."라고 진술했다면, 이는 반성과 방어를 동시에 전달하며 재판부의 긍정적인 평가를 받을 가능성을 높입니다.

※ 구체적인 '경찰조사 또는 검찰조사 준비방법'은 본 책의 뒷부분 '죄를 인정하는 피의자 등 보세요(구체적 대처방법★)'을 참조하세요.

9) 법원재판 준비 : 최후진술(필수)

성범죄 사건에서 피의자 등이 죄를 인정한 경우, 최후진술은 재판부에 자신의 진정성을 직접 전달할 수 있는 중요한 기회입니다. 법적으로 판사는 재판 마지막에 피고인에게 최후진술의 기회를 주어야 하며, 이는 피고인이 자신의 입장과 반성, 재발 방지를 위한 노력을 직접 전달할 수 있는 유일한 시간입니다. 특히, 죄를 인정하는 재판에서는 변호인이 의견서나 양형자료를 미리 제출한 경우가 많기 때문에, 최후진술은 피고인의 진심을 판사에게 직접 전달할 수 있는 가장 중요한 순간이 될 수 있습니다.

만약 최후진술을 제대로 준비하지 않으면, 피고인이 반성하지 않는다고 판단되어 재판부가 불리한 형량을 선고할 가능성이 높아집니다. 특히, 반성의 태도가 없거나 재판부를 가볍게 여기는 인상을 준다면, 이는 판사에게 부정적으로 작용하여 형량 가중의 결과를 초래할 수 있습니다. 반대로, 최후진술에서 진정성 있는 태도로 반성과 재발 방지를 약속한다면, 재판부가 이를 긍정적으로 평가하여 형량 감경에 반영할 가능성이 큽니다.

예를 들어, 피고인이 "제가 한 잘못으로 인해 피해자와 사회에 큰 상처를 드린 점 깊이 반성하고 있습니다. 다시는 이런 잘못을 반복하지 않겠다는 약속을 드리며, 피해 회복을 위해 최선을 다하겠습니다."라고 진술했다면, 이는 재판부에 긍정적인 인상을 줄 수 있습니다. 반대로, 형식적으로 "피해자의 잘못도 만만치 않다."는 취지의 반성 없는 태도를 보였다면, 재판부는 피고인의 반성 태도를 의심하며 불리한 판결을 내릴 가능성이 높습니다.

※ 구체적인 '법원 유죄인정 최후진술 준비방법'은 본 책의 뒷부분 '죄를 인정하는 피의자 등 보세요(구체적 대처방법★)'을 참조하세요.

라. 무죄를 주장하는 피의자 등 대응지침의 내용

> ① 무고의 동기 탐구 및 증거 확보
> ② 피해자 진술 신빙성 공격자료 수집
> ③ 범죄성립요건 및 주요쟁점의 기본적인 학습
> ④ 본인의 진술과 증거를 일치시키기(★)
> ⑤ 경찰 및 검찰조사 준비
> ⑥ 법원재판 준비 : 증인신문(임의), 피고인신문(임의), 최후진술(필수)

1) 무고의 동기 탐구 및 증거 확보

성범죄 무죄를 주장한다는 것은 일반적으로 억울하게 무고를 당한 경우임을 의미합니다. <u>고소인의 무고의 동기로는 대표적으로 5가지 유형이 있습니다</u>. ① 경제적 궁핍으로 인한 **금전적 목적**, ② 배신감 또는 고소인을 가볍게 여겼다는 생각 등으로 **보복 목적**, ③ 남편 또는 직장동료의 따가운 시선으로 인한 **체면 유지 또는 책임 회피 목적**, ④ 피해사실은 존재하지만 가해자를 응징하기 위해서 지나치게 **과장하여 죗값을 올리기 위한 목적** 등이 있을 수 있습니다. 무고는 반드시 악의적인 동기에만 기초하는 것이 아니라, ⑤ **착오로 인해 발생**하기도 합니다. 예컨대 술에 취해 당시 상황을 왜곡되게 기억하거나, 본인의 불쾌감과 두려움을 '성범죄 피해'로 오인하여 고소하는 경우가 이에 해당합니다. 나아가 착오로 인한 무고 중에는 실제 피해 사실은 있으나 가해자를 잘못 특정하는 경우도 있습니다. 어두운 장소, 혼잡한 상황, 음주 상태 등으로 인해 진짜 가해자가 아닌 다른 사람을 피고소인으로 지목하는 경우가 대표적입니다.

성범죄 사건에서 무죄를 주장하는 피의자 등은 고소인의 허위고소 동기를 탐구하고 이를 입증할 증거를 확보하는 것이 방어 전략의 핵심입니다. 일반적으로 허위고소는 동기가 없는 경우가 없으며, 성범죄 사건에서는 진술의 신빙성 싸움으로 귀결되므로 고소인 또는 피고소인 중 한 사람이 사실과 다른 주장을 하고 있다는 것으로 결론이 맺어지는 것이므로 허위고소의 동기를 밝히는 것은 사건의 진실을 규명하는 데 매우 중요합니다.

만약 무고의 동기를 탐구하거나 증거를 확보하지 않는다면, 피의자 등은 고소인의 주장을 반박할 근거를 충분히 마련하지 못해, 경찰 조사와 재판에서 불리한 결과를 초래할 수 있습니다. 예를 들어, 고소인이 경제적 이익을 얻기 위해 허위고소를 했다면 당시 술자리에 금전적인 이야기가 많이 오고 갔다는 진술과 함께 술자리를 한 참고인의 진술서 등의 증거를 확보해야 합니다. 그렇지 않으면, 고소인의 진술이 신빙성을 인정받아 피의자 등이 불리한 판결을 받을 가능성이 높아집니다.

반대로, **무고의 동기를 탐구하고, 이를 입증할 간접적인 증빙자료라도 확보한다면, 고소인의 허위 진술을 밝혀낼 수 있는 강력한 근거**가 됩니다. 예를 들어, 고소인이 피고인을 협박하여 금전적 이익을 요구한 문자 메시지나, 고소인이 주변인과 대화에서 허위고소를 암시한 정황을 확보했다면, 이는 사건을 무죄로 이끌 중요한 자료로 작용할 수 있습니다.

2) 피해자 진술 신빙성 탄핵자료 수집(★)

성범죄 사건에서 무죄를 주장하는 피의자 등은, 고소인의 진술 신빙성을 공격할 자료를 철저히 수집해야 억울한 처벌을 피할 수 있습니다. 성범죄 사건은 대개 무죄를 주장하는 피의자 등과 고소인 중 한 명이 거짓말을 하고 있는 상황으로 간주되며, **수사기관(경찰, 검찰)과 재판부는 일반적으로 피의자 등이 거짓말을 하고 있다고 생각하는 경향이 강합니다**. 이는 "피해도 입지 않았는데 고소를 할 리 없다." 또는 "아니 땐 굴뚝에 연기 나랴."라는 인식에서 비롯되며, 이로 인해 피의자 등은 결백을 입증하는 데 있어 더욱 적극적인 노력이 필요합니다.

사건 발생 직전부터 112 신고 당시 고소인의 진술, 고소장에 기재된 내용, 경찰 단계에서의 고소인 진술조서, 검찰 조사, 법정에서의 증언까지 각 단계에서 고소인의 진술이 일관성을 유지하고 있는지 철저히 검토해야 합니다. 특히, 고소인의 진술 중 모순되거나 번복된 부분을 찾아 이를 뒷받침할 객관적 자료(증거 및 증언)를 수집하는 것이 핵심 중의 핵심입니다. 만약 고소인의 진술 신빙성을 공격할 자료를 제대로 수집하지 않으면, 수사기관(경찰, 검찰)과 재판부는 고소인의 진술을 신뢰하고, 피의자 등의 주장을 회피 논리로 간주하여 불리한 판결을 내릴 가능성이 높습니다.

반면, 고소인의 진술의 모순점이나 불합리성을 입증할 수 있는 자료를 확보했다면, 이는 고소인의 신빙성을 약화시키고 피고소인의 무죄 주장을 뒷받침하는 강력한 근거가 됩니다. 예를 들어, 고소인이 "피고소인이 강제로 집 안으로 나를 끌고 갔다."고 주장했으나, 사건 당시의 CCTV 영상이나 목격자 진술에서 고소인이 자발적으로 집으로 들어간 모습이 확인되었다면, 이는 고소인의 진술 신빙성을 크게 떨어뜨릴 수 있습니다. 반대로, 고소인의 진술에 대한 공격 자료를 준비하지 않으면,

고소인의 주장이 재판부에 신빙성 있는 증거로 받아들여질 가능성이 높아집니다. 사실관계와 증거를 정리할 때는 세 가지의 가정법적 관점을 모두 고려해야 합니다. **첫째, '실제로 고소인이 성범죄 피해를 입었다면 이렇게 행동하지 않았을 것이다.', 둘째, '실제로 고소인이 당시 성범죄 피해를 입었다면 이렇게 행동했을 것이다.', 셋째, '내가 실제로 강제로 성범죄를 했다면 나의 이러한 행동은 없었을 것이다.'** 라는 가정 아래 고소인의 행동이나 진술이 일반적인 피해자의 반응과 부합하는지 여부를 분석해야 합니다.

이 세 관점에서 각각 모순점이나 비합리적인 점을 찾아내고, 이를 입증할 수 있는 구체적인 증거를 확보하는 것이 중요합니다. 이러한 접근은 고소인의 진술 신빙성을 검증하고 사건의 진실을 밝히는 데 중요한 역할을 합니다.

3) 범죄성립요건 및 주요쟁점의 기본적인 학습

성범죄로 고소된 피의자 등이 무죄를 주장하려면, 자신이 받고 있는 혐의에 대한 범죄성립요건과 주요 쟁점을 기본적으로 학습하는 것이 필수적입니다. 변호사가 심화된 법률적 업무를 주도하지만, **피의자가 최소한의 법적 이해를 가지고 있어야 변호인과 효율적으로 협력할 수 있고, 그래야만 최선의 결과를 기대할 수 있습니다.**

무죄를 주장하는 방식에는 크게 세 가지가 있습니다. 첫째, 사실관계 전체를 부인하는 경우입니다. 예를 들어 "애초에 접촉 자체가 없었다."고 주장하는 경우로, 이 경우 수사기관이나 재판부가 확인해야 할 쟁점이 명확하기 때문에 무혐의나 무죄 가능성이 상대적으로 높습니다. 둘째, 사실관계 일부를 부인하는 경우입니다. 예컨대 "만남은 있었지만 고소인이 말하는 특정 상황은 없었다."는 주장입니다. 셋째, 사실관계 자체는 인정하되 법리적으로 무죄를 주장하는 경우입니다. 예를 들어 "접촉은 있었으나 상대방의 동의가 있었다고 판단하여 성범죄 고의가 없었다."는 주장이 해당됩니다. 이 경우 법리적 다툼이 주가 되므로, 실제로 무혐의나 무죄를 인정받을 가능성은 앞선 두 경우보다 낮은 경향이 있습니다. 즉, "접촉 자체가 없었다"는 주장은 더 설득력 있는 무죄 사유가 될 수 있지만, "접촉은 있었지만 동의가 있었다."는 주장은 무죄 인정 가능성이 상대적으로 떨어집니다.

따라서 피의자는 기본적으로 범죄성립요건을 정확히 이해하고 있어야 합니다. 그래야만 어떤 사실관계가 없었다고 주장해야 하는지, 또는 어떤 쟁점에 집중해야 하는지를 명확히 알 수 있습니다. 이를 바탕으로 증거를 수집하고, 수사기관 조사에서 논리적으로 대응하며, 재판 준비도 체계적으로 진행할 수 있습니다. 반대로 법리 요건을 이해하지 못한 채 엉뚱한 부분에 집착하면, 방어 논리의 신뢰성이 무너지고 사건이 불리하게 전개될 위험이 큽니다.

결국 성범죄 사건에서 무죄를 주장하는 피의자는 스스로 법적 쟁점을 이해한 상태에서 변호사와 협력해야 하며, 그래야만 방어 전략을 설득력 있고 체계적으로 구성할 수 있습니다.

※ 구체적인 '각 죄명별 성립요건 및 반드시 확인해야 하는 주요쟁점'은 본 책의 뒷부분을 참조하세요.

4) 본인의 진술과 증거를 일치시키기

성범죄로 고소된 피의자가 무죄를 주장하는 경우, 만약 합의하에 성관계가 있었다면 그에 대한 구체적인 정황이나 본인만이 알 수 있는 사실을 진술하고, 이를 뒷받침할 수 있는 증거를 제시해야 합니다. 예컨대 합의된 성관계 후 고소인을 엎드리게 하여 마사지를 해주었다고 주장하면서 고소인의 특정 신체 특징(예: 왼쪽 엉덩이에 커다란 점이 있었다)을 구체적으로 진술할 수 있다면, 이는 피의자가 실제 상황을 경험했음을 보여주는 신빙성 있는 진술로 작용할 수 있습니다. 이때 수사기관이 고소인의 신체적 특징을 확인한 결과 피의자의 진술과 일치한다면 피의자의 주장은 더욱 설득력을 얻습니다.

특히 성범죄 사건은 단둘이 있을 때 발생한 경우보다, 여러 명이 함께 술자리를 했거나 성행위가 있었던 장소에 제3자가 있었던 경우 무혐의나 무죄 가능성이 상대적으로 높아집니다. 이는 주변인들의 목격이나 상황 진술을 통해 피의자의 주장을 객관적으로 뒷받침할 수 있기 때문입니다. 따라서 사건 당시 함께 술자리에 있었던 동료, 호텔 데스크 직원, 주변인 등 참고인의 진술서나 사실확인서를 반드시 확보해야 합니다.

결국 진술은 사실에 기반하여 구체적이고 명확해야 하며, 동시에 객관적 참고인의 진술이나 주변 정황 증거와 일치할 때 사건 해결에 큰 도움이 됩니다. 이는 피의자의 신빙성을 강화하고 고소인의 주장을 약화시키는 핵심 요소가 됩니다.

5) 경찰 및 검찰조사 준비

성범죄 사건에서 무죄를 주장하는 피의자 등은 경찰 및 검찰 조사 준비를 철저히 해야 억울한 처벌을 피할 수 있습니다. **수사기관은 수사의 전문가로, 유도신문과**

같은 다양한 수사기법을 사용하여 사건을 자신들이 원하는 방향으로 끌고 갈 가능성이 있습니다. 특히, 수사기관은 일반적으로 죄를 입증하고 피의자를 구속시키는 방향으로 사건을 진행하며, 담당 수사관에게는 사건의 중대성과 피의자의 형량이 업무 실적으로 평가되는 경향이 있습니다. 또한, 수사기관은 기본적으로 고소인의 주장을 바탕으로 업무를 진행하기 때문에, 피의자의 방어권이 약화될 위험이 있습니다.

만약 조사 준비를 제대로 하지 않으면, 수사기관의 유도신문에 의해 피의자 등이 하지 않은 행동까지 인정하거나, 진술의 일관성을 잃게 되어 불리한 증거로 활용될 가능성이 높습니다. 반면, 철저히 준비하면, 피의자 등은 수사기관의 편향된 접근을 방어하고 자신의 주장을 효과적으로 전달하여 사건의 방향을 유리하게 이끌 수 있습니다.

예를 들어, 수사기관이 "당시 강제로 성추행을 하지 않았습니까?"라고 유도신문을 했을 때, 피의자 등이 준비 없이 "그럴 의도는 없었습니다"라고 대답하면, 이는 사실상 범행을 인정한 것으로 받아들여질 수 있습니다. 반대로, 조사 전 변호사와 논의하여 "그런 행동은 전혀 없었으며, 당시의 상황은 CCTV와 목격자를 통해 확인할 수 있습니다."라고 답변한다면, 피의자 등의 무죄를 입증할 수 있는 효과적인 진술이 됩니다. 항상 기억해야 합니다. **수사기관은 늘 유죄를 성립시키려는 경향이 있으며, 유도신문을 통하여 '듣고 싶은 원하는 대답'이 있다는 것을 기억해야 합니다**.

※ 구체적인 '경찰 또는 검찰조사 받는 방법'은 본 책의 뒷부분 '무죄를 주장하는 피의자 등 보세요(구체적 대처방법★)'을 참조하세요.

6) 법원재판 준비 : 증인신문(임의), 피고인신문(임의), 최후진술(필수)

증인신문은 무죄를 주장하는 형사재판의 핵심 절차로, 재판 결과에 중대한 영향을 미칩니다. 변호인이 증인을 통해 사건 당시의 정황, 고소인의 주장에 대한 반박 근거 등을 이끌어낼 수 있는 가장 중요한 기회입니다. 피의자 등이 사건의 사실관계를 가장 잘 알고 있으므로, 변호인이 증인신문을 준비하는 과정에서는 피의자의 적극적인 협조와 사실관계에 대한 풍부한 정보 제공이 필요합니다.

피고인신문은 변호인과 피고인이 사전에 준비한 논리를 재판부에 직접 전달할 수 있는 절차이지만, 실제로는 대부분의 사건에서 실시되지 않는 경우가 많습니다. 이는 피고인신문이 변호인과 미리 입을 맞춘 것처럼 보일 위험이 있고, 기존에 제출한 의견서와 중복되는 내용이라면 굳이 진행할 필요가 없기 때문입니다. 따라서 피고인신문은 반드시 변호인과 의논하여 실익이 있는 경우에만 실시하는 것이 바람직합니다.

특히 피고인신문은 기존 의견서로는 전달하기 어려운 부분이나, 피고인 본인의 진술을 통해서만 새롭게 얻을 수 있는 실익이 있을 때에 한해 진행하는 것이 좋습니다. 이 경우 피고인의 논리적이고 일관된 진술은 재판부가 사건을 다각도로 이해하는 데 도움이 될 수 있습니다.

최후진술은 재판부에 자신의 억울함과 사건에 대한 입장을 직접 전달할 수 있는 마지막 기회입니다. 법적으로 판사는 재판 마지막에 피고인에게 최후진술의 기회를 보장해야 하므로, 피고인은 이 시간을 통해 재판부와 직접 소통하며 자신의 진심을 담아 말해야 합니다.

※ 구체적인 '변호인의 증인신문 보조', '무죄주장 피고인신문 준비방법'. '법원 무죄주장 최후진술 준비방법'은 본 책의 뒷부분 '무죄를 주장하는 피의자 등 보세요(구체적 대처방법★)'을 참조하세요.

5. 각 죄명별 성립요건 및 반드시 확인해야 하는 주요쟁점

가. 서설

성범죄 혐의로 조사나 재판을 받는 상황에서 피의자 등이 각 죄명별 기초적인 성립요건을 정확히 아는 것은 자신의 권리를 보호하기 위한 필수적인 첫걸음입니다. 무죄를 주장하는 경우, 성립요건을 이해하고 있어야 그 요건을 부정하기 위한 구체적인 증거를 수집할 수 있으며, 조사 과정에서의 진술도 해당 요건에 부합하지 않도록 전략적으로 대응할 수 있습니다. 특히, 고소인의 진술이나 증거에 대한 비판적 검토가 가능해져 사건 해결에 유리한 위치를 점할 수 있습니다. 한편, 유죄를 인정하는 경우라도 본인의 행위가 단순히 도덕적 비난을 받을 수는 있으나 법적으로는 죄에 해당하지 않을 수 있습니다. 이는 죄의 성립요건에 대한 점검을 통해 확인이 가능합니다. 이러한 준비는 본인이 억울하게 처벌받지 않도록 하고, 처벌이 불가피한 경우라도 최선의 결과를 얻을 수 있게 합니다. 성범죄 사건은 복잡한 법적 쟁점이 많으므로, 법적 요건을 명확히 이해하고 준비하는 것이야말로 자신의 결백을 입증하거나 형량을 줄이는 가장 중요한 방법입니다.

아래는 성범죄 중 대표적인 유형의 성범죄들의 '가) 법 규정', '나) 성립요건', '다) 피의자 등이 사실관계를 정리하면서 생각해야 하는 실무상 쟁점'을 정리한 내용입니다. 본인이 받고 있는 혐의에 대해 정확히 이해하고, 효과적으로 대응하기 위해 반드시 숙지하시기 바랍니다.

나. 형법
1) 강간죄

■형법

제297조(강간) **폭행 또는 협박**으로 사람을 **강간**한 자는 **3년 이상의 유기징역**에 처한다.

가) 법 규정
폭행 또는 협박으로 사람을 강간한 자는 3년 이상의 유기징역에 처합니다(형법 제297조). 피해대상에 따라 아동·청소년을 강간한 자는 무기징역 또는 5년 이상의 유기징역에 처합니다(아청법 제7조 제1항). 13세 미만의 자를 강간한 자는 무기징역 또는 10년 이상의 징역에 처합니다(성폭법 제6조 제1항). 장애인을 강간한 자는 무기징역 또는 7년 이상의 징역에 처합니다(성폭법 제6조 제1항), 친족관계에 있는 사람을 강간한 자는 7년 이상의 유기징역에 처합니다(성폭법 제5조 제1항). 성폭법상 친족의 범위는 ① 4촌 이내의 혈족·인척, ② 동거하는 친족, ③ 사실상의 관계에 의한 친족(사실혼 등)을 말합니다. 예를 들어, 계부가 의붓딸을 강간한 경우에 '친족관계에 의한 강간'으로 가중처벌 받고, 계부의 의미는 사실혼을 포함합니다.

강간죄는 기본적으로 벌금형이 없고 기본적으로 최저형량이 최소 3년 이상의 유기징역에 처해지는 특성이 있습니다.

나) 성립요건

강간죄가 성립되기 위한 객관적 요건으로 폭행·협박으로 성기를 삽입하는 행위를 해야 합니다. 여기서의 폭행·협박이라 함은 반드시 상대방의 반항을 불가능하게 할 정도를 요하지 않고, 현저히 곤란하게 할 정도면 충분합니다(기습폭행도 포함). 수면제 등을 사용하는 경우에도 폭행에 해당합니다. 이렇듯 강간죄에 있어서는 상대방의 반항을 현저히 곤란하게 하였는지 여부가 강간죄의 성립요건에 매우 중요한 쟁점이 되고, 실무에서도 해당 쟁점으로 첨예하게 대립하는 경우가 많습니다. 판례의 동향을 보면 폭행·협박의 수준이나 정도가 점점 낮아져 강간죄 성립이 완화되는 경향을 보이고 있습니다. 일반적으로 상대방이 성관계 거절의사를 밝혔음에도 계속해서 강압적이거나 협박으로 성관계를 시도하고 성관계를 한 경우에는 강간죄가 성립합니다. 고소인이 스스로 성적 자기결정권을 행사했는지의 관점이 중요한 관점이 됩니다.

강간죄가 성립하기 위한 주관적 요건으로는 강간을 하려는 고의가 있어야 합니다. 강간을 하려는 미필적 고의만 있어도 강간죄의 고의는 성립합니다. 미필적 고의란 형법상 고의의 한 유형으로, 범죄행위의 결과 발생 가능성을 인지하면서도 용인(容忍)하는 심리 상태를 말합니다. 모든 성범죄는 고의가 있어야 하고 모든 성범죄의 고의는 미필적 고의로 충분히 성립합니다.

다만 ① 피해자의 언행으로 인해 성관계에 동의한 것으로 피고인이 오인했다고 볼 만한 합리적인 정황이 있는 경우, ② 성관계가 상호 동의 또는 합의하에 이루어진 경우, ③ 단순히 성관계를 시도한 행위만으로는 강간의 고의를 인정하기 어려운 경우, ④ 피해자가 성관계 거절의사를 밝히자 즉시 멈춘 경우, ⑤ 강제추행의 고의는 있었으나 강간의 고의까지는 인정되지 않은 경우 등에는 강간의 고의가 없어 강간죄가 성립하지 않습니다.

다) 피의자 등이 사실관계를 정리하면서 생각해야 하는 실무상 주요쟁점(★)

1. 폭행 및 협박 관련
- 고소인은 폭행 또는 협박이 있었다고 주장합니다. 구체적으로 어떤 행동이 폭행이나 협박으로 해석되었습니까?
- 폭행이나 협박이 있었다면, 고소인이 반항하기 현저히 곤란했을 만큼 강도가 높았습니까?
- 본인의 나이, 키, 몸무게에 비추어 폭행이 피해자의 반항을 현저히 곤란할 정도의 체격을 가지고 있습니까?
- 폭행이나 협박이 아닌 단순 신체 접촉이나 오해가 있었던 정황이 있습니까?
- 폭행이 있었다면 폭행이 성관계 이전, 도중, 이후 어느 시점에 이루어졌나요?
- 폭행이 실제로 성관계를 강제하기 위한 목적이었나요?
- 협박이 있었다면, 단순한 감정적 발언(예: 배신감, 흥분)인지, 실제로 해악을 고지한 것인가요?
- 협박이 있었다면, 성관계가 이루어질 당시 협박이 실제로 존재했나요?
- 협박이 있었다면, 협박이 실제로 성관계를 강제한 원인인가요?
- 협박이 있었다면, 피의자 등이 협박의 의도를 가지고 있었는지, 혹은 고소인이 주관적으로 협박으로 느꼈을 가능성은 없나요?
- 협박이 있었다면, 협박을 받은 고소인의 반응은 어떠했나요?

2. 고소인의 상태와 반응
- 고소인의 나이 및 직업은 무엇입니까?
- 고소인이 사건 당시 술에 취하거나 약물 영향을 받은 상태였습니까? 그렇다

면 피의자 등은 이를 인지했습니까?
- 고소인이 항거불능 상태였다면, 해당 상태에 본인이 영향을 미쳤습니까?
- 고소인이 분명히 거부 의사를 표현했습니까? 표현했다면 어떤 방식(언어, 행동)으로 했습니까?
- 고소인이 사건 도중이나 이후에 피의자 등에게 어떤 반응을 보였습니까? (저항, 침묵, 동의, 협조 등)
- 고소인이 성관계 당시 생리중이거나 임신한 상태였나요?
- 고소인이 폭행으로 인한 멍, 상처, 찰과상 등의 물리적 증거가 있나요?
- 고소인이 정신과 상담을 받고 있나요?
- 고소인이 과거 병원치료를 받았던 사실이 있나요?

3. 동의 여부
- 성관계가 이루어지기 전, 고소인이 동의를 표현하거나 암시한 행동이 있었습니까?
- 피의자 등과 고소인이 과거에 성관계를 가진 적이 있었나요?
- 고소인이 사건 전후로 피의자 등과 성적 대화를 나누거나 성적 분위기를 조성한 적이 있습니까?
- 고소인이 성관계 중에 명백한 거부 의사를 보였음에도 이를 무시하고 행위를 지속한 정황이 있습니까?

4. 성관계 또는 성행위 장소
- 성관계 장소로 이동했다면, 이동한 경위나 이동하면서의 대화는 어땠나요?
- 고소인이 본인의 집주소 또는 모텔 등의 위치를 인식하고 있었나요?
- 성관계를 한 장소에 이른 과정은 어땠나요?
- 최종 음주 후 성관계를 한 장소에 이동시간은 어땠나요?
- 자취집 또는 호텔 등에서 사건이 발생한 경우 해당 자취집이나 호텔 등에 와서 고소인이 샤워를 한 사실이 있습니까?
- 고소인이 옷을 갈아입은 사실이 있습니까?

5. 성관계 당시의 상황

- 성관계 상황이 구체적으로 어땠습니까?
- 성관계 자세는 어떠한 자세였습니까?
- 성관계 중 대화를 나눈 것이 있다면 어떤 대화였습니까?
- 성관계시 피임기구를 사용했습니까?
- 성관계시 성인도구를 사용했습니까?
- 성관계 직전 또는 직후 샤워를 했나요? 샤워는 누가 어떻게 언제 했나요?

6. 사건 전후의 정황
- 성관계가 이루어지기 전, 고소인과의 대화 및 행동은 어땠습니까? (메시지, 통화, 직접 대화 등)
- 성관계 후 고소인은 어떤 반응을 보였습니까? 평소처럼 행동했습니까, 아니면 이례적인 행동을 보였습니까?
- 고소인이 사건 이후 피의자 등과 연락을 지속하거나 만남을 제안했습니까?
- 고소인이 사건 이후 피의자 등과 함께 시간을 보냈거나 친근한 태도를 유지했습니까?

7. 고소인의 진술 신빙성
- 고소인의 진술이 조사 과정에서 일관성이 있었습니까?
- 고소인이 사건의 시간, 장소, 상황을 구체적으로 기억하고 있습니까?
- 고소인이 강간의 핵심 요건인 폭행·협박의 구체적 상황을 명확히 설명하고 있습니까?
- 고소인이 사건 이전이나 이후에 허위 진술을 했다는 증거나 정황이 있습니까?

8. 목격자 및 CCTV 등 증거
- 사건 당시 현장에 목격자가 있었습니까? 목격자는 어떤 진술을 하고 있습니까?
- 사건 장소에 CCTV가 설치되어 있습니까? 해당 자료는 확보되었습니까?
- 성관계가 이루어진 장소에서 강제성이 확인될 수 있는 물리적 증거가 있습니까? (옷의 손상, 상처 등)

9. 고소인의 고소 경위
- 고소인이 사건 이후 즉시 신고했습니까? 고소 시점과 사건 발생 시점 사이에 시간이 얼마나 지났습니까?
- 고소인이 사건 이전 또는 이후에 피의자 등에게 금전적, 감정적 요구를 한 적이 있습니까?
- 고소인이 고소 이전에 제3자(지인, 가족)에게 사건에 대해 이야기했습니까?

10. 피의자 등과 고소인과의 관계
- 사건 이전에 고소인과 어떤 관계였습니까? (친구, 연인, 동료, 상사/부하 등)
- 알고 지낸 기간이 얼마나 되었습니까?
- 노골적인 성적인 대화를 나눈 사실이 있습니까?
- 고소인과의 관계에서 이전에 성적 접촉이나 분위기가 형성된 적이 있습니까?
- 고소인이 성관계에 동의할 만한 정황(행동, 말)이 있습니까?
- 고소인과 연인으로 발전될 수 있는 관계였습니까?

11. 피의자 등의 의도 및 상황
- 성관계 당시 강제성이나 협박의 의도가 있었습니까? 혹은 우발적 상황이었습니까?
- 사건 당시 피의자 등이 술을 마시거나 약물에 취한 상태였습니까?
- 피의자 등이 성적 의도 없이 피해자와 물리적 접촉을 했던 정황은 있었습니까?

12. 고소인의 상식적이지 않은 행동
- 고소인이 사건 직후에도 피의자 등에게 친밀감을 보이거나 일상적인 대화를 나눈 적이 있습니까?
- 고소인이 사건 이후에도 피의자 등과 만남을 가지거나 연락을 주고받았습니까?
- 고소인이 사건 장소를 다시 방문했거나 피의자 등과 함께 행동한 적이 있습니까?

13. 객관적 증거 관련
- 사건 당시 고소인의 신체나 의복에서 강제성이나 폭행의 흔적이 발견되었습니까?
- 고소인의 주장과 본인의 진술 중 객관적 증거와 불일치하는 부분은 무엇입니까?
- 고소인이 주장하는 폭행·협박이 실제로 이루어졌다는 물리적 증거가 있습니까?

14. 고소인의 배경 및 동기
- 고소인이 과거에 유사한 사건으로 고소하거나 허위 진술을 한 사례가 있습니까?
- 고소인이 피의자 등에게 감정적, 금전적, 사회적 불만이나 갈등이 있었던 정황이 있습니까?
- 고소인이 고소 이전에 사건을 이용해 피의자 등에게 협박하거나 요구한 사실이 있습니까?

2) 유사강간죄
가) 법 규정

■형법

제297조의2(유사강간) **폭행 또는 협박**으로 사람에 대하여 **구강, 항문 등** 신체(성기는 제외한다)의 **내부**에 **성기를 넣거나 성기, 항문에 손가락 등** 신체(성기는 제외한다)의 **일부 또는 도구를 넣는 행위**를 한 사람은 **2년 이상의 유기징역**에 처한다.

폭행 또는 협박으로 사람에 대하여 구강, 항문 등 신체(성기는 제외)의 내부에 성기를 넣거나 성기, 항문에 손가락 등 신체(성기는 제외)의 일부 또는 도구를 넣는 행위를 한 사람은 2년 이상의 유기징역에 처합니다(형법 제297조의2), 아동·청소년에 대해 유사강간죄를 범한 경우에는 5년 이상의 유기징역에 처합니다(아청법 제7

조 제2항). 나아가 13세 미만의 사람에게 유사강간죄를 범한 경우에는 7년 이상의 유기징역으로 더욱 가중 처벌됩니다(성폭법 제7조 제2항). 장애인에게 유사강간죄를 범한 경우에는 5년 이상의 유기징역에 처합니다(성폭법 제6조 제2항).

유사강간죄는 기본적으로 벌금형이 없고 기본적으로 최저형량이 최소 2년 이상의 유기징역에 처해지는 특성이 있습니다.

나) 성립요건

유사강간죄는 형법 제297조의2에 따라 폭행 또는 협박으로 사람의 신체 일부(성기를 제외한 신체의 내부) 또는 도구를 성기나 항문에 삽입한 경우 성립합니다. 객관적 성립요건으로는 ① 폭행 또는 협박이 존재해야 하며, 이는 피해자의 반항을 현저히 곤란하게 할 정도여야 합니다(기습폭행도 포함). ② 행위 자체는 성기의 삽입이 아닌 신체 일부 또는 도구의 삽입으로 이루어져야 합니다. 이러한 행위는 강제성과 성적 침해를 포함해야 합니다. 주관적 성립요건으로는 행위자가 고의로 해당 행위를 하려는 의사가 있어야 하며, 미필적 고의도 성립요건에 포함됩니다.

유사강간죄가 성립하지 않는 경우는 ① 피해자가 명확히 동의한 상황에서 행위가 이루어진 경우, ② 피해자의 항거가 가능했음에도 불구하고 폭행·협박의 강도가 성립요건에 미달한 경우, ③ 행위자가 성적 의도가 아닌 의료적 목적 등 정당한 사유로 해당 행위를 한 경우입니다. 또한, ④ 피해자의 주장과 객관적 증거가 불일치하거나 피해자의 진술에 일관성이 없는 경우, ⑤ 단순 신체 접촉이나 성적 의도가 없는 신체 행위로는 유사강간죄가 성립하지 않습니다. 법원은 피해자의 진술, 폭행·협박의 정도, 그리고 행위자의 의도를 종합적으로 판단하여 유사강간죄의 성립 여부를 결정합니다.

다) 피의자 등이 사실관계를 정리하면서 생각해야 하는 실무상 주요쟁점(★)

1. 폭행·협박 관련
- 고소인은 폭행 또는 협박이 있었다고 주장합니다. 구체적으로 어떤 행동이 폭행이나 협박으로 해석되었습니까?
- 폭행이나 협박이 있었다면, 고소인이 반항하기 현저히 곤란했을 만큼 강도가

높았습니까?
- 본인의 나이, 키, 몸무게에 비추어 폭행이 피해자의 반항을 현저히 곤란할 정도의 체격을 가지고 있습니까?
- 폭행이나 협박이 아닌 단순 신체 접촉이나 오해가 있었던 정황이 있습니까?
- 폭행이 있었다면 폭행이 성관계 이전, 도중, 이후 어느 시점에 이루어졌나요?
- 폭행이 실제로 성행위를 강제하기 위한 목적이었나요?
- 고소인이 방심한 사이 기습적으로 성행위의 행위를 했나요?
- 협박이 있었다면, 단순한 감정적 발언(예: 배신감, 흥분)인지, 실제로 해악을 고지한 것인가요?
- 협박이 있었다면, 성행위가 이루어질 당시 협박이 실제로 존재했나요?
- 협박이 있었다면, 협박이 실제로 성행위를 강제한 원인인가요?
- 협박이 있었다면, 피의자 등이 협박의 의도를 가지고 있었는지, 혹은 고소인이 주관적으로 협박으로 느꼈을 가능성은 없나요?

2. 고소인의 상태와 반응
- 고소인의 나이 및 직업은 무엇입니까?
- 고소인이 사건 당시 술에 취하거나 약물 영향을 받은 상태였습니까? 그렇다면 피의자 등은 이를 인지했습니까?
- 고소인이 항거불능 상태였다면, 해당 상태에 본인이 영향을 미쳤습니까?
- 고소인이 분명히 거부 의사를 표현했습니까? 표현했다면 어떤 방식(언어, 행동)으로 했습니까?
- 고소인이 사건 도중이나 이후에 피의자 등에게 어떤 반응을 보였습니까? (저항, 침묵, 동의, 협조 등)
- 고소인이 성행위 당시 생리중이거나 임신한 상태였나요?
- 고소인이 폭행으로 인한 멍, 상처, 찰과상 등의 물리적 증거가 있나요?
- 고소인이 정신과 상담을 받고 있나요?
- 고소인이 과거 병원치료를 받았던 사실이 있나요?

3. 성관계 또는 성행위 장소

- 성행위 장소로 이동했다면, 이동한 경위나 이동하면서의 대화는 어땠나요?
- 고소인이 본인의 집주소 또는 모텔 등의 위치를 인식하고 있었나요?
- 성관계를 한 장소에 이른 과정은 어땠나요?
- 최종 음주 후 성행위를 한 장소에 이동시간은 어땠나요?
- 자취집 또는 호텔 등에서 사건이 발생한 경우 해당 자취집이나 호텔 등에 와서 고소인이 샤워를 한 사실이 있습니까?
- 고소인이 옷을 갈아입은 사실이 있습니까?

4. 행위의 구체성
- 실제로 신체 일부나 도구를 삽입했습니까? 삽입의 의도가 있었습니까?
- 삽입된 신체 부위(구강, 항문 등)가 명확히 어디입니까?
- 삽입이 아니라 단순 접촉이나 다른 의도로 한 행동은 아니었습니까?

5. 동의 여부
- 성관계가 이루어지기 전, 고소인이 동의를 표현하거나 암시한 행동이 있었습니까?
- 피의자 등과 고소인이 과거에 성관계를 가진 적이 있었나요?
- 고소인이 사건 전후로 피의자 등과 성적 대화를 나누거나 성적 분위기를 조성한 적이 있습니까?
- 고소인이 성행위 중에 명백한 거부 의사를 보였음에도 이를 무시하고 행위를 지속한 정황이 있습니까?

6. 성행위 당시의 상황
- 성행위 당시의 상황이 구체적으로 어땠습니까?
- 성행위 자세는 어떠한 자세였습니까?
- 성행위 중 대화를 나눈 것이 있다면 어떤 대화였습니까?
- 성행위시 성인도구를 사용했습니까?
- 성행위 직전 또는 직후 샤워를 했나요? 샤워는 누가 어떻게 언제 했나요?

7. 사건 전후의 정황

- 성행위가 이루어지기 전, 고소인과의 대화 및 행동은 어땠습니까? (메시지, 통화, 직접 대화 등)
- 성행위 후 고소인은 어떤 반응을 보였습니까? 평소처럼 행동했습니까, 아니면 이례적인 행동을 보였습니까?
- 고소인이 사건 이후 피의자 등과 연락을 지속하거나 만남을 제안했습니까?
- 고소인이 사건 이후 피의자 등과 함께 시간을 보냈거나 친근한 태도를 유지했습니까?

8. 고소인의 진술 신빙성
- 고소인의 진술이 조사 과정에서 일관성이 있었습니까?
- 고소인이 사건의 시간, 장소, 상황을 구체적으로 기억하고 있습니까?
- 고소인이 유사강간의 핵심 요건인 폭행·협박의 구체적 상황을 명확히 설명하고 있습니까?
- 고소인이 사건 이전이나 이후에 허위 진술을 했다는 증거나 정황이 있습니까?

9. 목격자 및 CCTV
- 사건 현장에 목격자가 있었습니까? 목격자는 어떤 진술을 하고 있습니까?
- 사건 현장이나 이동 경로에 CCTV가 설치되어 있습니까? 해당 자료는 확보되었습니까?
- 성관계가 이루어진 장소에서 강제성이 확인될 수 있는 물리적 증거가 있습니까? (옷의 손상, 상처 등)

10. 고소인의 고소 경위
- 고소인이 사건 이후 즉시 신고했습니까? 고소 시점과 사건 발생 시점 사이에 시간이 얼마나 지났습니까?
- 고소인이 사건 이전 또는 이후에 피의자 등에게 금전적, 감정적 요구를 한 적이 있습니까?
- 고소인이 고소 이전에 제3자(지인, 가족)에게 사건에 대해 이야기했습니까?

11. 피의자 등과 고소인과의 관계
- 사건 이전에 고소인과 어떤 관계였습니까? (친구, 연인, 동료, 상사/부하 등)
- 알고 지낸 기간이 얼마나 되었습니까?
- 노골적인 성적인 대화를 나눈 사실이 있습니까?
- 고소인과의 관계에서 이전에 성적 접촉이나 분위기가 형성된 적이 있습니까?
- 고소인이 성관계에 동의할 만한 정황(행동, 말)이 있습니까?

12. 의도 및 상황
- 행위 당시 본인의 의도는 무엇이었습니까? 성적인 의도가 분명히 있었습니까?
- 의료적, 우발적 또는 비성적인 이유로 행위를 했을 가능성은 없습니까?
- 사건 당시의 행동을 제3자가 봤을 때 강제성이나 성적 의도가 있다고 볼 수 있는 상황이었습니까?

13. 피해자의 상식적이지 않은 행동
- 고소인이 사건 직후에도 피의자 등에게 친밀감을 보이거나 일상적인 대화를 나눈 적이 있습니까?
- 고소인이 사건 이후에도 피의자 등과 만남을 가지거나 연락을 주고받았습니까?
- 고소인이 사건 장소를 다시 방문했거나 피의자 등과 함께 행동한 적이 있습니까?

14. 증거 관련
- 사건 당시 고소인의 신체나 의복에서 강제성이나 폭행의 흔적이 발견되었습니까?
- 고소인의 주장과 본인의 진술 중 객관적 증거와 불일치하는 부분은 무엇입니까?
- 고소인이 주장하는 폭행·협박이 실제로 이루어졌다는 물리적 증거가 있습니까?

15. 고소인의 배경 및 동기
- 고소인이 과거에 유사한 사건으로 고소하거나 허위 진술을 한 사례가 있습니까?
- 고소인이 피의자 등에게 감정적, 금전적, 사회적 불만이나 갈등이 있었던 정황이 있습니까?
- 고소인이 고소 이전에 사건을 이용해 피의자 등에게 협박하거나 요구한 사실이 있습니까?

3) 준강간·준강제추행죄
가) 법 규정

■형법

제299조(준강간, 준강제추행) 사람의 **심신상실 또는 항거불능의 상태**를 **이용하여 간음 또는 추행**을 한 자는 **제297조(강간), 제297조의2(유사강간) 및 제298조(강제추행)의 예**에 의한다.

사람의 심신상실 또는 항거불능의 상태를 이용하여 간음 또는 추행을 한 자는 강간죄 또는 강제추행죄와 동일하게 처벌을 합니다. '심신상실'이란 정신적 또는 신체적 원인으로 인해 자신의 행동에 대한 판단 능력과 통제 능력을 완전히 상실한 상태를 말합니다. 예를 들어, 잠을 자고 있는 사람이거나 술에 만취하여 의식을 잃은 사람 등을 말합니다. '항거불능'이란 저항하거나 반항할 수 없는 상태를 의미합니다. 준강간은 강간죄와 동일하게 처벌되고, 준강제추행은 강제추행과 동일하게 처벌됩니다.

다만 강간·강제추행죄가 폭행 또는 협박으로 상대방의 항거를 불능 내지 곤란하게 해 놓고 성행위를 하는 것인데 반해, 준강간·준강제추행죄는 사람의 심신상실 또는 항거불능의 상태를 이용한다는 점에서 차이점이 있습니다.

나) 성립요건
준강간죄는 형법 제299조에 따라 객관적 성립요건으로는 고소인이 심신상실 또는 항거불능 상태(술에 취함, 약물, 수면 등)에 있음을 이용해 성관계를 맺는 행위가 있어야 합니다. 대법원은 피해자가 깊은 잠에 빠져 있거나 술·약물 등에 의해 일시적으로 의식을 잃은 상태 또는 완전히 의식을 잃지는 않았더라도 그와 같은 사유로 정상적인 판단능력과 대응·조절능력을 행사할 수 없는 상태에 있는 경우, 준강간죄 및 준강제추행죄에서의 심신상실 또는 항거불능 상태에 해당한다고 보고 있습니다(대법원 2021. 2. 4. 선고 2018도9781 판결). 주관적 성립요건으로는 행위자가 고소인의 상태를 알고도 이를 이용할 의도가 있어야 하며, 성관계를 하려는 고의가 포함됩니다. 미필적 고의도 성립요건에 해당합니다.

준강간죄가 성립하지 않는 경우는 ① 고소인이 항거불능 상태가 아니었음을 입증할 수 있는 경우입니다. 예를 들어, 고소인이 성관계 당시 정상적으로 의사소통을 하거나 스스로 동의했음을 보여주는 정황이 있을 경우입니다. ② 행위자가 고소인의 상태를 오인하거나 알지 못한 경우에도 준강간죄가 성립하지 않을 수 있습니다. 예를 들어, 고소인이 술에 취했지만 의식이 명료하여 동의한 것으로 판단되었을 경우입니다. ③ 고소인과 합의하에 성관계가 이루어졌음을 보여주는 증거(메시지, 대화, 행동)가 있을 때도 준강간죄로 인정되지 않습니다. ④ 고소인이 사건 이후에도 피의자 등과 친밀하게 행동하거나 일상적인 관계를 유지한 경우, ⑤ 피해자가 성관계 당시 의식이 있었지만 블랙아웃(blackout)으로 기억을 하지 못하는 경우 등이 있습니다.

다) 피의자 등이 사실관계를 정리하면서 생각해야 하는 실무상 주요쟁점(★)

1. 고소인의 심신상실 또는 항거불능 상태
- 고소인이 사건 당시 술에 취하거나 약물의 영향을 받았습니까? 피의자 등은 이를 알고 있었습니까?
- 고소인이 의식을 잃었거나 정상적인 판단 능력을 상실한 상태였습니까? 그렇다면 구체적으로 어떤 정황(예: 심한 만취, 기절, 약물 복용 등) 때문이었습니까?
- 고소인이 기억을 잃었다고 주장하는 시점은 정확히 어디서부터입니까?
- 고소인이 중간중간 기억을 하고 있는 부분이 있다면 어느 부분입니까?
- 고소인이 스스로 걷거나 대화할 수 없는 상태였습니까? 그렇지 않다면 행동과 언어에서 의사소통이 가능했는지 확인할 수 있습니까?

- 고소인의 상태를 피의자 등이 명확히 인지할 수 있었다고 볼만한 정황이 있었습니까? 아니면 피의자 등도 고소인의 상태를 정확히 알기 어려운 상황이었습니까?
- 고소인이 피의자 등에게 술을 먹고 업혔다면 고소인이 본인의 신발 등이 벗겨지지 않도록 발끝을 세우는 등의 행동이 있었나요?
- 고소인이 술을 먹고 구토를 했나요?

2. 성관계 또는 성행위 장소
- 성관계 장소로 이동했다면, 이동한 경위나 이동하면서의 대화는 어땠나요?
- 고소인이 본인의 집주소 또는 모텔 등의 위치를 인식하고 있었나요?
- 성관계를 한 장소에 이른 과정은 어땠나요?
- 최종 음주 후 성관계를 한 장소에 이동시간은 어땠나요?
- 자취집 또는 호텔 등에서 사건이 발생한 경우 해당 자취집이나 호텔 등에 와서 고소인이 샤워를 한 사실이 있습니까?
- 고소인이 옷을 갈아입은 사실이 있습니까?

3. 성관계 또는 성행위 상황
- 고소인이 잠에 들었다면 잠이 든 시간은 어느정도입니까?
- 고소인이 성관계로 인해서 잠에서 깼다면 잠에서 깼을 때 방안의 불이 꺼져 있었나요?
- 고소인이 잠에 들었다면 의뢰인은 당시에 무엇을 하고 있었습니까?
- 합의하에 이루어진 성행위가 있다면 어느정도의 시간입니까?
- 고소인이 성관계 이전에 어떤 언행을 보였습니까? (예: 성적 대화, 친밀한 행동, 동의 여부)
- 고소인이 항거불능 상태에서 성관계가 이루어졌다는 주장이 있으나, 고소인이 사건 전후 피의자 등과 정상적인 대화를 나누거나 행동한 적이 있습니까?
- 성관계 전후나 성관계 당시에 고소인의 대사가 있다면 구체적으로 무엇인가요?
- 성관계 자세는 어떠한 자세였습니까?

- 성관계시 피임기구를 사용했습니까?
- 성관계시 성인도구를 사용했습니까?
- 성관계 직전 또는 직후 샤워를 했나요? 샤워는 누가 어떻게 언제 했나요?
- 고소인이 사건 도중 의사를 표현할 수 있었거나, 의사가 반영된 행동을 보인 정황이 있습니까?
- 고소인이 성관계 이후에도 피의자 등과 평소처럼 대화하거나 행동한 사례가 있습니까?
- 마지막 음주후 성관계를 가진 시점이 몇 시간이 경과했나요?
- 만약 고소인이 맨 정신이었다면 피의자 등과의 성관계에 즉각 대응했을 것 같나요?

4. 고소인의 음주 또는 약물 상태
- 고소인의 평소 주량은 어떠합니까?
- 고소인의 사건 당시 음주량은 어땠습니까?
- 피의자 등의 평소 주량은 어떠합니까?
- 피의자 등의 사건 당시 음주량은 어땠습니까?
- 사건 당시 음주속도는 어땠습니까?
- 사건 당시의 첫 음주부터 끝 음주까지의 시간은 어느정도였나요?
- 고소인이 사건 당시 섭취한 음료나 약물의 종류, 양은 어떻게 되며, 피의자 등은 이를 알았습니까?
- 고소인 스스로 술을 주문하거나 약물을 복용한 정황이 있습니까?
- 고소인의 음주량에 비추어 항거불능 상태에 빠졌을 가능성이 높은가요, 아니면 보통의 상태에서 취할 수 있는 행동을 보였습니까?

5. 고소인의 행동 및 반응
- 고소인이 사건 당시 의사 표현(거부, 동의 등)을 했습니까? 어떤 방식(언어적/비언어적)으로 했습니까?
- 고소인이 의식을 잃었다고 주장하는 시점에 스스로 걸어가거나 대화한 적이 있습니까?
- 고소인이 사건 직후 피의자 등에게 친근하거나 일상적인 태도를 보인 사례가

있습니까?
- 고소인이 성관계 당시에는 의식이 있었지만 이후 블랙아웃을 호소하는 것입니까?

6. 동의 여부
- 성관계가 이루어지기 전, 고소인이 동의를 표현하거나 동의를 암시하는 행동 (예: 스킨십, 언어적 합의)을 했습니까?
- 고소인과 피의자 등은 과거에 성적 접촉 또는 성관계를 가진 적이 있었습니까? 과거의 관계에서 동의가 명확히 있었던 정황이 있었나요?
- 고소인이 성관계 중이나 직전에 거부 의사를 표현했음에도 불구하고 성관계를 강행한 정황이 있습니까?

7. 사건 전후의 정황
- 성관계 이전, 피해자와 나눈 대화 내용이나 행동은 어땠습니까? (문자, 통화, 직접 대화 등)
- 사건 이후 고소인과 피의자 등과 연락을 지속하거나 만남을 제안한 사례가 있습니까?
- 고소인이 사건 직후 제3자(지인, 경찰)에게 피해를 호소한 정황이 있었습니까?

8. 고소인의 진술 신빙성
- 고소인의 나이 및 직업은 무엇입니까?
- 고소인의 진술이 일관성을 유지하고 있습니까?
- 고소인이 사건의 구체적인 시간, 장소, 상황에 대해 명확히 기억하고 있습니까?
- 고소인이 의식을 잃었다고 주장하지만, 해당 주장을 반박할 수 있는 정황 증거가 있습니까?

9. 객관적 증거
- 사건 현장에 CCTV가 있습니까? 고소인의 상태가 기록된 자료가 존재합니

까?
- 고소인이 항거불능 상태로 보일 만한 객관적인 정황(예: CCTV에서 비틀거리는 모습)이 있습니까?
- 고소인이 항거불능 상태였음을 입증할 만한 의료 기록(알코올 농도, 약물 검사 결과 등)이 있습니까?
- 고소인의 신체나 의복에서 성관계의 강제성을 뒷받침할 만한 증거가 발견되었습니까?

10. 고소인의 고소 경위
- 고소인이 사건 이후 바로 고소했습니까? 고소까지 시간이 걸렸다면 그 이유는 무엇입니까?
- 고소인이 고소 이전에 피의자 등에게 금전적, 감정적 요구를 한 사실이 있습니까?
- 고소인이 사건 이전에 피의자 등과의 갈등이나 불만을 표현한 적이 있었습니까?
- 고소인이 성관계에 동의할 만한 언행을 보였음에도 고소한 이유는 무엇이라고 생각합니까?

11. 고소인과의 관계
- 고소인과 피의자 등은 어떤 관계였습니까? (친구, 연인, 직장 동료 등)
- 알고 지낸 기간이 얼마나 되었습니까?
- 노골적인 성적인 대화를 나눈 사실이 있습니까?
- 고소인의 관계에서 이전에 성적 접촉이나 분위기가 형성된 적이 있습니까?
- 고소인과 사건 이전 친밀하게 지냈던 기록(문자, 사진, 증인 진술 등)이 있습니까?

12. 피의자 등의 의도 및 상황
- 사건 당시 고소인의 상태에 대해 피의자 등이 어떻게 판단했습니까? (예: 취했지만 의식은 또렷했다는 판단 등)
- 피의자 등은 성관계의 동의를 얻었다고 확신한 근거가 무엇입니까?

- 피의자 등은 피해자와 평소 성적 관계에 대해 자유롭게 논의하거나 암묵적 동의를 받은 적이 있습니까?

4) 미성년자 의제강간·강제추행죄
가) 법 규정

■형법

제305조(미성년자에 대한 간음, 추행) ① **13세 미만의 사람**에 대하여 **간음 또는 추행**을 한 자는 **제297조(강간), 제297조의2(유사강간), 제298조(강제추행), 제301조(강간 등 상해·치상) 또는 제301조의2(강간등 살인·치사)의 예**에 의한다.
② **13세 이상 16세 미만의 사람**에 대하여 **간음 또는 추행을 한 19세 이상**의 자는 **제297조(강간), 제297조의2(유사강간), 제298조(강제추행), 제301조(강간 등 상해·치상) 또는 제301조의2(강간등 살인·치사)의 예**에 의한다.

만 13세 미만의 사람(만 12세 364일까지의 사람)에 대하여 간음 또는 추행을 한 자는 강간, 유사강간, 강제추행 등과 동일하게 처벌됩니다(형법 제305조). 13세 미만의 사람에 대해 간음, 추행을 한 경우에는 폭행·협박을 하지 않더라도 강간죄, 유사강간죄, 강제추행죄로 처벌됩니다. 이 범죄에 관하여는 공소시효도 배제됩니다(성폭법 제21조 제3항 제1호). 만약 13세 미만의 사람에 대해 폭행·협박을 하여 간음하거나 추행한 경우에는 이 죄가 아니라 성폭법 제7조 제1항 혹은 제3항이 각 적용되어 가중처벌됩니다.
한편 만 13세 이상 16세 미만의 사람에 대하여 간음 또는 추행을 한 19세 이상의 자는 보통의 강간죄 내지 강제추행죄와 동일하게 처벌됩니다(형법 제305조 제2항).

나) 성립요건
13세 미만 미성년자의제간음, 추행죄는 형법 제305조 제1항에 따라 13세 미만의 아동에 대해 동의 여부와 상관없이 성행위를 하는 경우 성립합니다. 객관적 성립요건으로는 피해자가 13세 미만임이 확인되어야 하며, 성관계 또는 강제추행 등이 이루어진 경우에 성립합니다. 피해자의 동의 여부는 고려되지 않습니다. 주관적 성립요건으로는 행위자가 피해자가 13세 미만임을 알거나 충분히 예상할 수 있는 상황에서 성행위를 했다는 고의가 있어야 하며, 미필적 고의도 성립 가능합니다.

13세 이상 16세 미만 미성년자의제간음, 추행죄는 성행위를 한 쌍방이 모두 13세 이상 미성년자이고 서로가 합의 하에 성관계를 하면 처벌되지 않습니다. 하지만 만 19세 이상의 사람(성인)이 16세 미만의 상대방과 성관계를 한 경우 동의 여부와 관계 없이 처벌됩니다. 주관적 성립요건으로는 행위자가 피해자의 연령이 16세 미만임을 알거나 충분히 예상할 수 있는 상황에서 성행위를 가졌다는 고의가 있어야 하며, 미필적 고의도 성립 가능합니다.

미성년자의제간음, 추행죄가 성립하지 않는 경우는 ① 피해자가 해당 연령대에 해당하지 않는 경우입니다. 피해자가 실제로 13세 이상이거나 16세 이상임을 입증할 수 있으면 성립하지 않습니다. ② 행위자가 피해자의 연령을 모르거나 합리적으로 오인한 경우(예: 피해자가 허위로 연령을 속인 경우)에는 고의가 인정되지 않을 수 있습니다. ③ 행위자가 피해자의 연령을 알기 어려운 정황이 있었거나 피해자가 성인의 외모와 행동을 보여주었을 경우, ④ 고소인의 진술에 일관성이 없거나 신빙성이 없는 경우 등입니다.

다) 피의자 등이 사실관계를 정리하면서 생각해야 하는 실무상 주요쟁점(★)

1. 고소인의 연령
- 고소인이 자신의 나이를 속인 적이 있습니까? 속였다면 어떤 방식으로(언어, 문서, 행동, 허위신분증 등) 속였습니까?
- 고소인의 외모, 행동, 언행 등이 성인으로 오인할 만한 정황이 있었습니까?
- 고소인이 담배를 피었습니까?
- 고소인의 얼굴이 화장되어 있었습니까?
- 고소인의 복장은 어땠나요?
- 피의자 등이 고소인의 나이를 알 수 없었다는 정황(온라인 만남, 고소인의 허위 진술 등)이 있습니까?
- 고소인을 어떻게 알게 되었고, 왜 만나게 되었나요?
- 고소인과 만나서 어느정도 시간을 함께 보냈나요?

- 고소인과의 만난 시간과 장소는 어디인가요? 얼굴식별이 힘든 상황이었나요?
- 고소인의 나이를 묻지 않았나요? 묻지 않았다면 그 이유가 있나요?

2. 동의 및 관계의 특성
- 고소인이 성관계에 대해 동의를 표현하거나 암시한 행동이 있었습니까? 구체적으로 어떤 방식(언어, 행동)으로 표현했습니까?
- 고소인과 사건 이전에 친밀한 관계(연인, 친구 등)가 있었습니까? 과거에 성적 접촉이나 성관계가 이루어진 적이 있습니까?
- 고소인이 성관계 중이나 직후 거부 의사를 밝힌 정황이 있었습니까?

3. 고소인의 상태
- 고소인이 성관계 당시 정상적으로 의사소통을 하고 판단할 수 있는 상태였습니까?
- 고소인이 술이나 약물을 복용한 상태였습니까? 피의자 등은 고소인의 상태를 어떻게 인지했습니까?
- 고소인이 성관계 전후로 이상 행동(혼미함, 판단력 저하 등)을 보인 적이 있습니까?

4. 고소인의 주장 및 진술 신빙성
- 고소인이 사건의 구체적인 시간, 장소, 상황을 일관되게 설명하고 있습니까?
- 고소인이 자신의 나이에 대한 진술에서 앞뒤가 맞지 않는 부분이 있습니까?
- 고소인이 성관계 이후에도 피의자 등과 평소처럼 연락하거나 만남을 제안한 적이 있습니까?

5. 사건 전후의 정황
- 성관계가 이루어진 장소에서 고소인과의 대화나 행동은 어땠습니까? (메시지, 통화, 직접 대화 등)
- 성관계 후 고소인이 평소와 다름없는 행동을 보였습니까, 아니면 특별히 달라진 점이 있었습니까?
- 고소인이 사건 이후 피의자 등과 다시 만남을 요청하거나 연락을 지속한 적

이 있습니까?

6. 고소인의 고소 경위
- 고소인이 사건 직후 즉시 신고했습니까? 아니면 시간이 지나고 신고했습니까? 고소 시점이 늦어진 이유는 무엇입니까?
- 고소인이 사건 이전 또는 이후 피의자 등에게 금전적, 감정적 요구를 한 적이 있습니까?
- 고소인이 사건 발생 이후 제3자(가족, 친구 등)에게 사건을 언급한 적이 있습니까?

7. 객관적 증거
- 고소인과 피의자 등의 관계 및 대화 내용이 담긴 메시지, 사진, 영상 등 객관적인 자료가 있습니까?
- 성관계 전후 고소인의 행동이 녹화된 CCTV 자료가 있습니까?

8. 고소인의 진술과 외부 정황
- 고소인의 주장과 객관적 증거(대화 내용, 증인 진술 등)가 상충하는 부분이 있습니까?
- 고소인이 사건 이전이나 이후에 피의자 등을 협박하거나 금전적, 감정적 요구를 한 정황이 있습니까?
- 고소인이 사건 이전에도 성인이라고 속인 후 사실은 미성년자라고 밝히면서 고소하거나 허위 진술을 한 사실이 있습니까?

5) 강제추행죄
가) 법 규정

■형법

제298조(강제추행) **폭행 또는 협박**으로 사람에 대하여 **추행**을 한 자는 **10년 이하의 징역 또는 1천500만원 이하의 벌금**에 처한다.

폭행 또는 협박으로 사람에 대하여 추행을 한 자는 10년 이하의 징역 또는 1천 500만원 이하의 벌금에 처합니다(형법 제298조), 피해자가 아동·청소년의 경우 2년 이상의 유기징역 또는 1천만원 이상 3천만 원 이하의 벌금에 처해집니다(아청법 제7조 제3항). 피해자가 만 13세 미만의 사람일 경우에는 5년 이상의 유기징역에 처해집니다(성폭법 제7조 제3항). 피해가 장애인일 경우에는 3년 이상의 유기징역 또는 3천만원 이상 5천 만원 이하의 벌금에 처해집니다(성폭법 제6조 제3항). 피해자가 친족관계에 있는 사람의 경우 5년 이상의 유기징역에 처해집니다(성폭법 제5조 제2항).

나) 성립요건

강제추행죄의 객관적 성립요건은 ① 폭행 또는 협박이 존재해야 하며, 이는 상대방의 의사를 억압하거나 저항을 곤란하게 할 정도여야 합니다(기습 강제추행 포함). ② 추행은 성적 수치심을 유발하거나 성적 자유를 침해하는 행위로, 사회적 통념상 성적 목적이 있다고 평가될 수 있어야 합니다. 주관적 성립요건으로는 행위자가 성적인 목적을 가지고 추행을 하려는 고의가 있어야 합니다. 미필적 고의도 성립 요건에 포함됩니다.

강제추행죄가 성립하지 않는 경우는 ① 폭행·협박의 부재로 가벼운 신체 접촉(예: 우발적인 충돌, 인사 과정의 접촉 등)으로 성적 의도나 강제성이 없었던 경우, ② 추행으로 볼 수 없는 행위로서 신체 접촉이 사회적 통념상 성적 목적과 무관하거나, 상대방의 성적 자유를 침해하지 않은 경우, ③ 상호 동의 또는 피해자 암묵적 동의로서 신체 접촉이 상대방의 동의 하에 이루어진 정황이 있는 경우, ④ 행위가 성적 목적 없이 이루어졌고, 사회적 맥락에서도 성적 의미가 없는 경우, ⑤ 상대방이 상황을 오인하거나 과장하여 고소한 경우, ⑥ 고소인의 진술의 신빙성 부족으로 진술이 일관되지 않거나, 구체적인 정황을 설명하지 못하는 경우, ⑦ CCTV, 목격자 진술, 대화 내용 등 객관적 증거가 고소인의 주장과 배치되는 경우 등이 있습니다.

다) 피의자 등이 사실관계를 정리하면서 생각해야 하는 실무상 주요쟁점(★)

1. 폭행 및 협박 관련

- 고소인은 폭행 또는 협박이 있었다고 주장합니다. 구체적으로 어떤 행동이 폭행이나 협박으로 해석되었습니까?
- 사건 발생 장소가 어디입니까? 회식장소 등 오픈된 공간이었습니까?
- 폭행이나 협박이 있었다면, 고소인이 반항하기 곤란할 만큼의 강도였습니까?
- 본인의 나이, 키, 몸무게에 비추어 폭행이 고소인의 반항을 억압할 수 있는 체격 조건에 해당합니까?
- 폭행이나 협박이 아닌 단순 신체 접촉이나 오해로 인한 접촉이 있었던 정황이 있습니까?
- 피해자의 적극적인 요청 후 발생한 신체 접촉이었습니까?
- 폭행이 있었다면, 그 시점은 언제였습니까? (추행 이전, 중간, 이후)
- 협박이 있었다면, 구체적으로 어떤 내용을 고소인이 협박으로 느꼈습니까? 단순한 감정적 발언이나 오해였을 가능성은 없습니까?
- 고소인이 폭행으로 인한 멍, 상처, 찰과상 등의 물리적 증거가 있나요?
- 고소인이 정신과 상담을 받고 있나요?
- 고소인이 과거 병원치료를 받았던 사실이 있나요?

2. 고소인의 상태와 반응
- 고소인의 나이 및 직업은 무엇입니까?
- 고소인이 사건 당시 술에 취하거나 약물의 영향을 받았습니까? 그렇다면 피의자 등은 이를 어떻게 인지했습니까?
- 고소인이 사건 당시 분명히 거부 의사를 표현했습니까? 표현했다면 어떤 방식(언어적/비언어적)이었습니까?
- 고소인은 사건 도중 저항했습니까, 아니면 묵인하거나 수동적으로 반응했습니까?
- 고소인이 사건 이후 피의자 등에게 어떤 반응(친근함, 비난, 침묵 등)을 보였습니까?

3. 성관계 또는 성행위 장소
- 성행위 장소로 이동했다면, 이동한 경위나 이동하면서의 대화는 어땠나요?
- 고소인이 본인의 집주소 또는 모텔 등의 위치를 인식하고 있었나요?

- 성행위를 한 장소에 이른 과정은 어땠나요?
- 최종 음주 후 성행위를 한 장소에 이동시간은 어땠나요?
- 자취집 또는 호텔 등에서 사건이 발생한 경우 해당 자취집이나 호텔 등에 와서 고소인이 샤워를 한 사실이 있습니까?
- 고소인이 옷을 갈아입은 사실이 있습니까?

4. 추행으로 볼 수 있는 행위의 존재 여부
- 신체 접촉이 있었나요?
- 신체접촉을 한 부위가 어디인가요?
- 신체접촉의 시간은 어느정도인가요?
- 신체접촉의 이유는 무엇인가요?
- 신체 접촉이 있었다면, 그것이 사회적 통념상 성적 의미를 가진 행위로 해석될 수 있습니까?
- 접촉이 우발적이거나 비의도적 상황에서 발생한 것입니까?
- 고소인이 다른 접촉을 오인했을 가능성은 없는지
- 고소인이 해당 행위를 추행으로 느꼈다고 주장한 구체적인 이유는 무엇입니까?

5. 고소인의 진술 신빙성
- 고소인의 진술이 일관성이 있습니까?
- 고소인이 사건의 구체적인 상황(시간, 장소, 행위)을 명확히 기억하고 진술하고 있습니까?
- 고소인의 주장과 사건 당시의 객관적 증거(목격자 진술, CCTV, 통화 기록 등)가 일치합니까?

6. 사건 전후의 정황
- 피의자 등과 고소인의 사건 이전 대화와 관계는 어땠습니까? (메시지, 통화, 대면 대화 등)
- 사건 이후 고소인이 평소와 다른 행동(이례적인 행동, 신고 지연 등)을 보였습니까?

- 고소인이 사건 이후에도 피의자 등과 만남을 요청하거나 연락을 지속한 사례가 있습니까?

7. 목격자 및 CCTV 등 증거
- 사건 현장에 목격자가 있었습니까? 목격자의 진술 내용은 무엇입니까?
- 사건 장소에 CCTV가 설치되어 있었습니까? 해당 영상은 사건의 진위를 증명하는 데 어떻게 활용될 수 있습니까?
- 신체 접촉이 있었던 장소에서 고소인의 주장(예: 강제성, 폭행)이 확인되는 물리적 증거가 있습니까?

8. 고소인의 고소 경위
- 고소인이 사건 이후 즉시 신고했습니까? 아니면 시간이 지나고 신고했습니까?
- 고소인이 신고 이전에 피의자 등에게 금전적, 감정적 요구를 했거나 갈등이 있었습니까?
- 고소인이 신고하기 전 주변인(지인, 가족 등)에게 사건 내용을 언급한 적이 있습니까?

9. 피의자 등과 고소인의 관계
- 사건 이전에 고소인과 어떤 관계(동료, 친구, 연인 등)를 맺고 있었습니까?
- 알고 지낸 기간이 얼마나 되었습니까?
- 노골적인 성적인 대화를 나눈 사실이 있습니까?
- 피의자 등과 고소인 사이에 과거에 성적 접촉이나 친밀한 분위기가 형성된 적이 있었습니까?
- 사건 당시 고소인과의 신체 접촉이 동의 또는 합의된 정황이 있었습니까?

10. 피의자 등의 의도 및 상황
- 피의자 등이 신체 접촉을 하게 된 이유는 무엇입니까? (실수, 우발적 접촉 등)
- 접촉이 성적 의도 없이 이루어진 상황(예: 공간 협소, 신체 접촉 불가피한 상

황)이었습니까?
- 피의자 등이 사건 당시 술이나 약물로 인해 의도하지 않은 행동을 했을 가능성이 있습니까?

11. 고소인의 상식적이지 않은 행동
- 고소인이 사건 직후에도 피의자 등에게 친밀감을 보이거나 평소처럼 행동한 적이 있습니까?
- 고소인이 사건 장소를 다시 방문했거나, 피의자 등과 같은 장소에 자발적으로 참석한 정황이 있습니까?
- 고소인이 사건 이후에도 피의자 등과 지속적으로 연락하거나 만난 사례가 있습니까?

12. 객관적 증거 관련
- 고소인의 신체나 의복에서 폭행이나 강제성을 입증할 수 있는 증거(멍, 찰과상 등)가 발견되었습니까?
- 고소인의 주장과 피의자 등의 진술이 사건의 객관적 증거와 어떻게 다릅니까?
- 고소인의 주장에 대한 반박 증거(목격자, 문자 메시지, CCTV 등)가 있습니까?

13. 고소인의 배경 및 동기
- 고소인이 과거에 유사한 사건으로 고소하거나 허위 진술을 한 전력이 있습니까?
- 고소인이 피의자 등과의 관계에서 갈등이나 불만이 있었던 정황이 있습니까?
- 고소인이 고소 이전에 피의자 등에게 협박하거나 요구한 사례가 있습니까?

다. 성폭력범죄의 처벌 등에 관한 특례법(성폭력처벌법)
  1) 불법촬영죄
    가) 법 규정

■성폭력범죄의 처벌 등에 관한 특례법

성폭력처벌법 제14조(카메라 등을 이용한 촬영) ① **카메라나 그 밖에 이와 유사한 기능을 갖춘 기계장치를 이용**하여 **성적 욕망 또는 수치심을 유발할 수 있는** 사람의 **신체를 촬영대상자의 의사에 반**하여 **촬영**한 자는 **7년 이하의 징역 또는 5천만원 이하의 벌금**에 처한다.
② 제1항에 따른 **촬영물 또는 복제물**(복제물의 복제물을 포함한다. 이하 이 조에서 같다)을 **반포·판매·임대·제공 또는 공공연하게 전시·상영**(이하 "반포등"이라 한다)한 자 또는 제1항의 **촬영이 촬영 당시에는 촬영대상자의 의사에 반하지 아니한 경우(자신의 신체를 직접 촬영한 경우를 포함한다)**에도 사후에 그 촬영물 또는 복제물을 촬영대상자의 **의사에 반하여 반포등을 한 자**는 **7년 이하의 징역 또는 5천만원 이하의 벌금**에 처한다.
③ **영리를 목적**으로 촬영대상자의 의사에 반하여 「정보통신망 이용촉진 및 정보보호 등에 관한 법률」 제2조제1항제1호의 정보통신망(이하 **"정보통신망"이라 한다)을 이용**하여 제2항의 죄를 범한 자는 **3년 이상의 유기징역**에 처한다.
④ 제1항 또는 제2항의 촬영물 또는 복제물을 **소지·구입·저장 또는 시청한 자**는 **3년 이하의 징역 또는 3천만원 이하의 벌금**에 처한다.
⑤ **상습**으로 제1항부터 제3항까지의 죄를 범한 때에는 그 죄에 정한 형의 **2분의 1까지 가중**한다.

제14조의3(촬영물과 편집물 등을 이용한 협박·강요) ① **성적 욕망 또는 수치심을 유발할 수 있는 촬영물 또는 복제물**(복제물의 복제물을 포함한다), 제14조의2제2항에 따른 편집물등 또는 복제물(복제물의 복제물을 포함한다)을 **이용하여 사람을 협박한 자**는 **1년 이상의 유기징역**에 처한다.
② 제1항에 따른 **협박으로** 사람의 **권리행사를 방해하거나 의무 없는 일을 하게** 한 자는 **3년 이상의 유기징역**에 처한다.
③ **상습**으로 제1항 및 제2항의 죄를 범한 경우에는 그 죄에 정한 형의 **2분의 1까지 가중**한다.

제15조(미수범) 제3조부터 제9조까지, **제14조(카메라 등을 이용한 촬영)**, 제14

조의2(허위영상물 등의 반포등) 및 **제14조의3(촬영물과 편집물 등을 이용한 협박·강요)**의 **미수범은 처벌**한다.

나) 성립요건

① 카메라등이용촬영

카메라나 그 밖에 이와 유사한 기능을 기계장치를 이용하여 성적 욕망 또는 수치심을 유발할 수 있는 사람의 신체를 촬영대상자의 의사에 반하여 촬영한 자는 7년 이하의 징역 또는 5천만원 이하의 벌금에 처해집니다(성폭법 제14조 제1항). 예를 들어 촬영대상자와 성관계 중에 몰래 나체 사진을 찍었다면 이 죄에 해당합니다. 설사 평소 여자친구가 나체사진을 찍는 것에 동의한 적이 있다고 해도 '촬영 당시'에 동의한 바가 없다면 이 죄에 해당합니다(대법원 2020. 7. 23. 선고 2020도6285 판결). 또한 촬영물의 얼굴부분을 가려서 누구인지 식별이 되지 않아도 이 죄의 성립에 영향이 없습니다.

카메라등이용촬영죄가 성립하지 않는 경우로는 ① 촬영 대상이 공공장소에서 일반적으로 노출된 신체로 성적 수치심을 유발하지 않는 경우, ② 촬영 대상이 성적 목적과 무관하며 사건 맥락에서 합리적으로 정당한 이유가 있는 경우(예: 예술적 사진 촬영), ③ 촬영 행위가 동의하에 이루어진 경우, ④ 고의가 없는 경우, 즉 우발적이거나 실수로 촬영된 경우, ⑤ 촬영물이 성적 목적과 무관하거나 타인의 신체와 관련되지 않은 경우, ⑥ 성적인 목적으로 몰래 촬영을 했으나 촬영물 자체가 객관적으로 성적 수치심을 유발할 정도에 미치지 못하는 경우, ⑦ 수사기관의 위법한 압수 등으로 위법수집증거가 되어 증거능력이 사라진 경우 등이 있습니다.

② 반포 등 행위

촬영물 또는 복제물을 반포·판매·임대·제공 또는 공공연하게 전시·상연한 자는 7년 이하의 징역 또는 5천만원 이하의 벌금에 처합니다(동조 제2항 전단). 촬영 당시에는 촬영대상자의 의사에 반하지 아니한 경우(자신의 신체를 직접 촬영한 경우를 포함)에도 사후에 그 촬영물 또는 복제물을 촬영대상자의 의사에 반하여 반포 등을 한 자도 위와 같이 처벌됩니다(동조 제2항 후단). 다만 피해자 본인에게 촬영물을 교부하는 행위가 위 조항의 '제공'에 해당하지 않습니다(대법원 2018. 8. 1. 선고 2018도1481 판결). '반포'할 의사 없이 특정한 1인 또는 소수의 사람에게 무상으로 교부하는 것은 '제공'에 해당합니다(대법원 2016. 12. 27. 선고 2016도16676 판결).
나아가 영리를 목적으로 촬영대상자의 의사에 반하여 정보통신망(인터넷 등)을 이용하여 반포 등을 한 자는 3년 이상의 유기징역에 처합니다(동조 제3항). 영리목적의 경우에는 벌금형이 없고 최저형량이 징역 3년 이상의 중범죄에 해당합니다. 그리고 위와 같은 불법촬영물 또는 복제물을 소지·구입·저장 또는 시청한 자는 3년 이하의 징역 또는 3천만원 이하의 벌금에 처합니다(동조 제4항).

카메라등이용촬영을 한 후 촬영물 유포까지 한 경우 원칙적으로 실체적 경합 관계에 있습니다. 이는 촬영행위와 유포행위가 별개의 독립된 법익을 침해하는 별개의 범죄로 보기 때문입니다. 영리목적으로 정보통신망을 이용하여 유포한 경우(제3항)에는 일반 유포죄(제2항)와 법조경합 관계에 있으며, 더 중한 제3항이 적용됩니다. 이때 촬영죄(제1항)와는 실체적 경합관계가 됩니다.

③ 촬영물 등을 이용한 협박·강요
성적 욕망 또는 수치심을 유발할 수 있는 촬영물 또는 복제물(복제물의 복제물을 포함한다)을 이용하여 사람을 협박한 자는 1년 이상의 유기징역에 처합니다(성폭법 제14조의3 제1항). 이런 협박으로 사람의 권리행사를 방해하거나 의무 없는 일을 하게 한 자는 3년 이상의 유기징역에 처합니다(제2항). 상습으로 이러한 죄들을 범한 경우에는 그 죄에 정한 형의 2분의 1까지 가중합니다(제3항). '촬영물 등을 이용하여'는 '촬영물 등'을 인식하고 이를 방편 또는 수단으로 삼아 협박행위에 나아가는 것을 의미하고, 반드시 행위자가 촬영물 등을 피해자에게 직접 제시하는 방법으로 협박해야 한다거나 협박 당시 해당 촬영물 등을 소지하고 있거나 유포할 수 있는 상태여야 하는 것은 아닙니다(대법원 2024. 5. 30. 선고 2023도17896 판결). 다만 촬영물이 처음부터 존재하지 않음에도 존재한다고 피해자를 '기망'하여 협박하는 경우까지 촬영물을 '이용'하여 협박하는 경우에 포함시킬 수 없습니다(서울고등법원 2023노2371). 촬영물이용협박죄가 성립하지 않는다고 하더라도 일반 협박죄는 성립가능하고, 형량에서 큰 차이가 있습니다.

다) 피의자 등이 사실관계를 정리하면서 생각해야 하는 실무상 주요쟁점(★)

1. 촬영 목적과 의도
- 촬영 당시 피의자 등의 목적은 무엇이었습니까? (예: 예술적, 정보 기록, 우발적 촬영, 성적 목적 등)
- 해당 촬영물이 성적 욕망 또는 수치심을 유발할 목적으로 촬영되었습니까?
- 촬영 과정에서 성적 목적이 있었다고 의심받을 만한 정황이 있었습니까?

2. 촬영물에 대해
- 촬영물은 실제로 존재합니까? 존재한다면 구체적으로 어떤 형태입니까? (사진, 동영상 등)
- 촬영된 영상이나 사진의 내용은 구체적으로 무엇입니까? 일반적인 일상 기록인지, 특정인의 신체를 부각한 것인지
- 해당 촬영물이 성인사이트나 불법 사이트에서 다운로드한 영상은 아닌지 확인해야 합니다. 만약 인터넷에서 내려받은 파일이라면, 촬영자가 피의자가 아님을 입증할 수 있는 중요한 정황이 됩니다. 따라서 다운로드 경위(파일 출처, 다운로드 경로, 저장 위치 등)에 대한 설명이 필요합니다.
- 촬영물이 피의자가 직접 촬영한 것인지, 제3자로부터 전달받은 것인지 구분해야 합니다.
- 촬영물이 실제 저장·보관되었는지, 아니면 일시적으로 생성되었다가 삭제된 것인지 확인해야 합니다
- 촬영물의 파일명, 메타데이터(촬영 시간, 기기 정보, 저장 위치 등)에서 피의자가 직접 촬영했음을 입증할 요소가 있는지, 아니면 외부에서 유입된 파일임을 보여주는 요소가 있는지 살펴야 합니다.
- 촬영물이 실제 유포되었는지, 아니면 피의자 개인의 기기에만 존재했는지 여부도 중요합니다.

3. 촬영 대상과 동의 여부
- 촬영대상자의 특정가능성이 있습니까? 특정가능성이 없다면 촬영대상자와 촬영자의 관계 및 촬영 경위가 어떠합니까?
- 촬영 대상이 고소인의 신체였습니까? 신체의 어느 부위를 촬영했습니까?
- 특정 신체부위를 부각하여 촬영했나요?

- 신체 그 자체를 촬영한 것인가요? 다른 사람의 신체 이미지가 담긴 영상이나 사진을 촬영한 것인가요?
- 촬영 장소와 촬영 각도 및 촬영 거리는 어떠한가요?
- 촬영이 이루어진 장소는 공공장소였습니까, 아니면 사적인 공간이었습니까?
- 촬영 당시 고소인이 동의했습니까? (명시적 또는 암묵적 동의 여부)
- 촬영 대상이 고소인이라는 점이 명확히 입증될 수 있습니까?

4. 촬영 장소의 특성과 피의자 등의 행위
- 촬영 장소는 화장실, 탈의실, 목욕탕 등 프라이버시 보호가 필요한 장소였습니까?
- 휴대전화를 피해자의 치마 밑으로 들이밀거나, 피해자가 용변을 보고 있는 화장실 칸 밑 공간 사이로 집어넣는 등 촬영을 위한 밀접한 행위를 한 사실이 있습니까?
- 피의자 등이 해당 장소에서 촬영을 위해 특별한 준비를 했다는 정황이 있습니까?
- 촬영 당시 고소인이 촬영 사실을 인지하고 있었습니까?

5. 촬영 장비와 기술적 문제
- 사용된 촬영 장비는 무엇이었습니까? (휴대폰, 카메라, 드론 등)
- 촬영이 실수로 이루어진 가능성(예: 포켓 다이얼링, 카메라 자동 촬영 기능 등)이 있습니까?
- 동영상촬영 시작 버튼이나 사진 촬영 버튼을 눌렀습니까?
- 이미지촬영물라면 실제로 저장되었거나 전송되었습니까?
- 동영상 촬영물이라면 저장버튼을 눌렀나요? 강제종료 되었나요? (동영상촬영의 경우 강제종료가 되어도 죄는 기수로 성립하나, 참작사유로 작용 가능합니다)
- 동영상 촬영물이라면 촬영시간은 어느정도인가요?

6. 촬영물이 성적 수치심을 유발하는지 여부
- 촬영물이 고소인의 신체를 특정하고 성적 수치심을 유발할 내용입니까?

- 촬영물이 일반적인 일상 장면이나 비성적인 장면으로 평가될 여지가 있습니까?
- 촬영물의 내용이 공익적 목적이나 정당한 이유(예: 공연, 기록)를 가진 경우입니까?

7. 고소인의 주장과 신빙성
- 고소인이 촬영에 대한 사실관계를 명확히 진술하고 있습니까?
- 고소인의 진술이 구체적이고 일관됩니까, 아니면 모호하거나 모순됩니까?
- 고소인의 주장에 객관적인 증거(촬영물, 목격자 진술 등)가 뒷받침되고 있습니까?

8. 목격자와 CCTV 등 객관적 증거
- 사건 당시 현장에 목격자가 있었습니까? 목격자의 진술 내용은 무엇입니까?
- 사건 장소에 CCTV가 설치되어 있었습니까? 해당 영상이 피의자 등의 촬영 행위를 입증합니까?
- 촬영 장면이 외부 기기에 저장되었거나, 유포된 정황이 있습니까?

9. 촬영물의 보관 및 유포 여부
- 촬영물이 실제로 저장되었습니까? 아니면 삭제되었거나 저장되지 않은 상태입니까?
- 촬영물이 제3자에게 유포되거나 전송된 정황이 있습니까?
- 촬영물을 개인적 목적으로만 사용하거나 즉시 삭제했다는 증거가 있습니까?

10. 고소인의 고소 동기
- 고소인이 피의자 등을 특정하여 고소한 이유는 무엇입니까?
- 고소인이 피의자 등과 갈등이나 감정적 동기가 있었던 정황이 있습니까?
- 고소인의 주장이 과장되었거나 허위 가능성이 있는 부분은 무엇입니까?

11. 이전 행위 및 성향
- 피의자 등이 과거에 유사한 장소에서 촬영 행위로 의심받은 사례가 있습니

까?
- 피의자 등의 촬영 습관(예: 여행 사진, 일상 기록 등)이 평소에도 일관되었습니까?
- 피의자 등이 성적 목적과 무관하게 촬영을 한 사례를 증명할 수 있습니까?

위법수사 관련

1. 영장 관련 위법행위
- 수사관이 압수수색 영장을 제시했습니까? 영장을 직접 확인했습니까?
- 영장에 기재된 주소와 실제 압수수색이 이루어진 장소가 일치했습니까?
- 영장의 유효기간이 지났음에도 압수수색이 진행되지 않았습니까?
- 압수수색 대상이 아닌 물품이나 디지털 기기 등을 수사관이 임의로 가져갔습니까?
- 압수영장 내 '압수할 물건'에 원격지 서버 저장 전자정보가 기재되어 있지 않은 상황에서 인터넷 클라우드에 접속하는 방식으로 촬영물을 다운받아 압수하였습니까?
- 본인이 본인의 소유물을 자발적으로 임의제출 했습니까?
- 스마트폰, 노트북 등을 임의제출을 하였나요? 임의제출을 했다면 수사기관으로부터 임의제출의 의미, 절차와 임의제출할 경우 피압수물을 임의로 돌려받지는 못한다는 사정 등을 고지받았나요?
- 제3자가 본인의 소유물을 자발적으로 임의제출 했습니까?

2. 절차 관련 위법행위
- 수사관이 압수수색 영장 원본을 제시했습니까? 영장 원본 내용에 대한 설명을 받았습니까?
- 압수수색이 진행될 때, 피의자 등이나 가족이 현장에 있었습니까? 참여를 거부당하지 않았습니까?
- 압수한 물품의 목록을 확인하고, 이에 서명하거나 확인하는 절차를 진행했습니까?
- 압수수색이 종료된 후, 압수목록을 제공받았습니까?

- 수사기관이 압수수색현장에서 압수한 스마트폰을 즉시 봉인을 했나요?
- 압수물에 대한 봉인시 피의자 등의 서명이나 지장을 받았나요?

3. 디지털 증거 관련 위법행위
- 휴대폰, 컴퓨터 등 전자기기를 수사관에게 임의로 제출하도록 강요받았습니까?
- 디지털 기기의 포렌식 절차에서 피의자 등의 참여권이 보장되었습니까?
- 영장에 기재된 범위를 넘어 디지털 기기 내의 자료를 복사하거나 조사한 정황이 있습니까?
- 고소인이 고소한 촬영물이 아닌 다른 날에 촬영한 것까지 압수가 되었나요?
- 압수된 전자정보의 파일 명세가 특정된 압수목록을 작성·교부를 받았나요?

4. 주거지 관련 위법행위
- 주거지에 압수수색이 진행될 당시, 성인이 아닌 사람이 현장에 있었습니까?
- 수사관이 주거지에 들어가기 전에 압수수색 이유와 절차를 충분히 설명했습니까?
- 압수수색 과정에서 문을 부수거나 강제로 들어오는 등 물리력을 사용한 정황이 있었습니까?

5. 강압적인 태도나 협박
- 수사관이 압수수색 과정에서 협조하지 않을 경우 불이익을 경고하거나 협박했습니까?
- 압수 대상 물품을 임의로 제출하지 않으면 더 강제적인 조치를 취하겠다고 말한 적이 있습니까?
- 수사관이 폭언이나 고압적인 태도로 압수수색을 진행했습니까?

6. 기타 위법행위
- 압수된 물품이 압수 후 제대로 봉인되었는지 확인했습니까?
- 압수된 물품이 돌려받아야 할 상황임에도 반환되지 않았습니까?

2) 허위영상물 등의 반포죄
가) 법 규정

■성폭력범죄의 처벌 등에 관한 특례법

성폭력처벌법 제14조의2(허위영상물 등의 반포등) ① **사람의 얼굴·신체 또는 음성을 대상**으로 한 **촬영물·영상물 또는 음성물**(이하 이 조에서 "영상물등"이라 한다)을 영상물등의 대상자의 의사에 반하여 **성적 욕망 또는 수치심을 유발할 수 있는 형태**로 **편집·합성 또는 가공**(이하 이 조에서 "편집등"이라 한다)한 자는 **7년 이하의 징역 또는 5천만원 이하의 벌금**에 처한다.
② 제1항에 따른 **편집물·합성물·가공물**(이하 이 조에서 "편집물등"이라 한다) 또는 복제물(복제물의 복제물을 포함한다. 이하 이 조에서 같다)을 **반포등을 한 자** 또는 제1항의 편집등을 할 당시에는 영상물등의 대상자의 의사에 반하지 아니한 경우에도 사후에 그 편집물등 또는 복제물을 영상물등의 대상자의 의사에 반하여 반포등을 한 자는 **7년 이하의 징역 또는 5천만원 이하의 벌금**에 처한다.
③ **영리를 목적**으로 영상물등의 대상자의 의사에 반하여 정보통신망을 이용하여 제2항의 죄를 범한 자는 **3년 이상의 유기징역**에 처한다.
④ 제1항 또는 제2항의 편집물등 또는 복제물을 **소지·구입·저장 또는 시청**한 자는 **3년 이하의 징역 또는 3천만원 이하의 벌금**에 처한다.
⑤ **상습**으로 제1항부터 제3항까지의 죄를 범한 때에는 그 죄에 정한 형의 **2분의 1까지 가중**한다.

제15조(미수범) 제3조부터 제9조까지, 제14조(카메라 등을 이용한 촬영), **제14조의2(허위영상물 등의 반포등)** 및 제14조의3(촬영물과 편집물 등을 이용한 협박·강요)의 **미수범은 처벌**한다.

나) 성립요건
반포 등을 할 목적으로 사람의 얼굴·신체 또는 음성을 대상으로 한 촬영물·영상물 또는 음성물을 영상물 등의 대상자의 의사에 반하여 성적 욕망 또는 수치심을 유발할 수 있는 형태로 편집·합성 또는 가공한 자는 5년 이하의 징역 또는 5천만원 이하의 벌금에 처합니다(제1항).

그리고 이 편집물·합성물·가공물 또는 복제물(복제물의 복제물을 포함)을 반포등을 한 자 또는 위 편집 등을 할 당시에는 영상물 등의 대상자의 의사에 반하지 아니한 경우에도 사후에 그 편집물은 또는 복제물을 영상물 등의 대상자의 의사에 반하여 반포등을 한 자는 5년 이하의 징역 또는 5천만원 이하의 벌금에 처합니다(제2항). 나아가 영리를 목적으로 영상물 등의 대상자의 의사에 반하여 정보통신망을 이용하여 제2항의 죄를 범한 자는 7년 이하의 징역에 처합니다(제3항).

다만 신체 노출이나 성적 행위가 없는 평범한 일상 사진을 단순 편집한 경우 성폭력처벌법상 허위영상물 반포죄가 성립하지 않습니다.

다) 피의자 등이 사실관계를 정리하면서 생각해야 하는 실무상 쟁점(★)

1. 영상물의 내용과 성격
- 피의자 등이 유포했다고 주장되는 영상물의 내용은 무엇입니까?
- 영상물이 허위인지, 실제 존재하는 인물이나 사건과 관련이 있습니까?
- 영상물이 타인의 신체를 표현한 것으로 오인될 소지가 있었습니까?
- 해당 영상물이 일반적으로 성적 수치심을 유발할 내용으로 평가될 수 있습니까?

2. 영상물 제작 및 소지 여부
- 해당 영상물을 피의자 등이 직접 제작했습니까? 아니면 타인으로부터 전달받았습니까?
- 피의자 등은 해당 영상물을 소지하거나 보관하고 있었습니까? 그렇다면 보관의 목적은 무엇이었습니까?
- 영상물이 허위임을 인지했음에도 유포했습니까, 아니면 허위 여부를 알지 못했습니까?

3. 반포 및 유포 경위
- 피의자 등이 해당 영상물을 유포한 경위는 무엇입니까? (의도적, 실수, 강요 등)
- 영상물이 특정 대상(지인, 불특정 다수 등)에게 어떻게 전달되었습니까?
- 영상물을 공유한 방식은 무엇이었습니까? (SNS, 메신저, 이메일 등)

- 영상물 반포 행위가 실수나 기술적 오류(예: 잘못된 첨부파일)로 인해 발생했습니까?

4. 고의성과 성적 목적
- 피의자 등이 해당 영상물을 유포한 목적은 무엇이었습니까? (성적 목적, 보복, 유희 등)
- 영상물을 유포한 행위가 타인의 명예를 훼손하거나 성적 수치심을 유발하려는 의도가 있었습니까?
- 영상물 반포가 단순히 피의자 등의 행위가 아닌 타인의 강요나 협박에 의해 이루어진 것은 아닙니까?

5. 고소인의 진술과 신빙성
- 고소인이 해당 영상물이 자신의 신체와 관련이 있다고 주장하는 근거는 무엇입니까?
- 고소인의 진술이 구체적이고 일관됩니까, 아니면 모호하거나 과장된 부분이 있습니까?
- 고소인의 주장을 입증할 수 있는 객관적인 증거(영상물, 대화 내용 등)가 있습니까?

6. 목격자 및 기술적 증거
- 영상물이 유포된 정황을 목격한 사람이 있습니까? 해당 목격자의 진술은 무엇입니까?
- 영상물의 유포 경로나 발신자의 정보를 추적할 수 있는 기술적 증거(SNS 로그, IP 주소 등)가 확보되었습니까?
- 피의자 등의 기기(휴대폰, 컴퓨터)에서 해당 영상물이 발견되었습니까?

7. 고소인의 고소 동기
- 고소인이 피의자 등을 특정하여 고소한 이유는 무엇입니까?
- 고소인이 피의자 등과의 갈등, 보복, 금전적 요구 등 감정적 동기가 있었습니까?

- 고소인이 실제 피해를 입었다고 주장하는 상황이 과장되었거나 허위일 가능성이 있습니까?

8. 영상물의 삭제 및 사후 조치
- 해당 영상물을 유포한 이후, 피의자 등은 즉시 삭제했습니까?
- 영상물 유포를 방지하기 위해 피의자 등이 취한 조치가 있습니까?
- 유포 후 영상물이 실제로 피해를 일으켰다는 증거(피해자의 명예 훼손, 심리적 피해 등)가 있습니까?

9. 영상물의 진위 확인
- 유포된 영상물이 고소인의 신체나 행동과 연관이 있다는 증거가 명확합니까?
- 영상물이 합성되거나 왜곡된 것으로, 피의자 등이 그 진위를 확인하지 못했을 가능성이 있습니까?
- 영상물이 공익적 목적(예: 풍자, 교육)으로 제작된 경우입니까?

10. 피의자 등의 과거 행위 및 성향
- 피의자 등이 과거에 유사한 영상물을 유포하거나 제작한 전력이 있습니까?

위법수사 관련

1. 영장 관련 위법행위
- 수사관이 압수수색 영장을 제시했습니까? 영장을 직접 확인했습니까?
- 영장에 기재된 주소와 실제 압수수색이 이루어진 장소가 일치했습니까?
- 영장의 유효기간이 지났음에도 압수수색이 진행되지 않았습니까?
- 압수수색 대상이 아닌 물품이나 디지털 기기 등을 수사관이 임의로 가져갔습니까?
- 압수영장 내 '압수할 물건'에 원격지 서버 저장 전자정보가 기재되어 있지 않은 상황에서 인터넷 클라우드에 접속하는 방식으로 촬영물을 다운받아 압수하였습니까?
- 본인이 본인의 소유물을 자발적으로 임의제출 했습니까?

- 스마트폰, 노트북 등을 임의제출을 하였나요? 임의제출을 했다면 수사기관으로부터 임의제출의 의미, 절차와 임의제출할 경우 피압수물을 임의로 돌려받지는 못한다는 사정 등을 고지받았나요?
- 제3자가 본인의 소유물을 자발적으로 임의제출 했습니까?

2. 절차 관련 위법행위
- 수사관이 압수수색 영장 원본을 제시했습니까? 영장 원본 내용에 대한 설명을 받았습니까?
- 압수수색이 진행될 때, 피의자 등이나 가족이 현장에 있었습니까? 참여를 거부당하지 않았습니까?
- 압수한 물품의 목록을 확인하고, 이에 서명하거나 확인하는 절차를 진행했습니까?
- 압수수색이 종료된 후, 압수목록을 제공받았습니까?
- 수사기관이 압수수색현장에서 압수한 스마트폰을 즉시 봉인을 했나요?
- 압수물에 대한 봉인시 피의자 등의 서명이나 지장을 받았나요?

3. 디지털 증거 관련 위법행위
- 휴대폰, 컴퓨터 등 전자기기를 수사관에게 임의로 제출하도록 강요받았습니까?
- 디지털 기기의 포렌식 절차에서 피의자 등의 참여권이 보장되었습니까?
- 영장에 기재된 범위를 넘어 디지털 기기 내의 자료를 복사하거나 조사한 정황이 있습니까?
- 고소인이 고소한 촬영물이 아닌 다른 날에 촬영한 것까지 압수가 되었나요?
- 압수된 전자정보의 파일 명세가 특정된 압수목록을 작성·교부를 받았나요?

4. 주거지 관련 위법행위
- 주거지에 압수수색이 진행될 당시, 성인이 아닌 사람이 현장에 있었습니까?
- 수사관이 주거지에 들어가기 전에 압수수색 이유와 절차를 충분히 설명했습니까?
- 압수수색 과정에서 문을 부수거나 강제로 들어오는 등 물리력을 사용한 정황

이 있었습니까?

5. 강압적인 태도나 협박
- 수사관이 압수수색 과정에서 협조하지 않을 경우 불이익을 경고하거나 협박했습니까?
- 압수 대상 물품을 임의로 제출하지 않으면 더 강제적인 조치를 취하겠다고 말한 적이 있습니까?
- 수사관이 폭언이나 고압적인 태도로 압수수색을 진행했습니까?

6. 기타 위법행위
- 압수된 물품이 압수 후 제대로 봉인되었는지 확인했습니까?
- 압수된 물품이 돌려받아야 할 상황임에도 반환되지 않았습니까?
- 압수된 물품의 반환 절차에 대한 안내를 받았습니까?

3) 통신매체를 이용한 음란행위
가) 법 규정

■성폭력범죄의 처벌 등에 관한 특례법

성폭력처벌법 제13조(통신매체를 이용한 음란행위) 자기 또는 다른 사람의 **성적 욕망을 유발하거나 만족시킬 목적**으로 전화, 우편, 컴퓨터, 그 밖의 **통신매체를 통하여 성적 수치심이나 혐오감을 일으키는 말, 음향, 글, 그림, 영상 또는 물건**을 **상대방에게 도달하게** 한 사람은 **2년 이하의 징역 또는 2천만원 이하의 벌금**에 처한다.

나) 성립요건

통신매체이용음란죄의 객관적 성립요건은 ① 정보통신망, 전화, 문자메시지 등 통신매체를 통해 ② 성적 수치심이나 혐오감을 유발할 수 있는 음란한 사진, 영상, 음성, 문자 등을 ③ 상대방의 동의 없이 보내는 행위가 있어야 합니다. 상대방에게 성적 수치심이나 혐오감을 일으키는 말, 음향, 글, 그림, 영상 또는 물건이 담겨 있는 웹페이지 등에 대한 인터넷 링크(internet link)를 보내는 행위도 상대방에게 도달하게한 것으로 봅니다(대법원 2017. 6. 8. 선고 2016도21389 판결). 주관적 성립요건은 행위자가 성적 욕망을 충족하거나 상대방에게 수치심을 유발하려는 의도를 가지고 있어야 합니다. 검사가 '성적 욕망을 유발하거나 만족시킬 목적'이 있었다는 점을 증명해야 합니다. 참고로 통신매체이용음란죄로 '벌금형'이 선고되는 사람은 신상정보등록대상에서 제외됩니다.

통신매체이용음란죄가 성립하지 않는 경우로는 ① 전송된 내용이 음란물에 해당하지 않거나 사회 통념상 성적 수치심을 유발하지 않는 경우, ② 상대방이 해당 내용을 동의하거나 요청 또는 사전에 용인했다고 볼 수 있는 경우, ③ 실수로 전송된 경우(잘못된 번호, 의도하지 않은 전송), ⑤ 행위에 성적 욕망 충족이나 수치심 유발의 고의가 없었던 경우, ⑥ 단순히 상대방에 대한 분노나 불만의 표현으로 메시지를 보낸 경우, ⑦ 상대방을 괴롭히거나 모욕할 목적으로 성적 표현을 사용한 경우 ⑧ 성적 수치심이나 혐오감을 일으키는 수준이 아닌 단순한 성적 표현이나 은유적 표현만 있는 경우, ⑨ 성적 표현이 포함되었더라도 일상적인 대화 수준인 경우 등이 있습니다.

다) 피의자 등이 사실관계를 정리하면서 생각해야 하는 실무상 주요쟁점(★)

1. 통신매체와 전송 행위
- 피의자 등은 어떤 통신매체를 사용했습니까? (예: 문자, 카카오톡, 이메일, SNS, 전화 등)
- 통신매체를 이용한 것이 아니라 스마트폰 등을 직접 보여주었습니까?
- 전송된 내용은 문자, 음성, 사진, 영상 중 어떤 형태였습니까?
- 해당 내용이 고소인에게 전송된 사실을 확인할 수 있는 증거(메시지 기록, 통화 내역 등)가 있습니까?
- 전송이 피의자 등의 실수로 이루어진 가능성(잘못된 번호, 자동 전송 등)이 있습니까?

2. 전송된 내용의 음란성 여부
- 전송된 내용이 일반적으로 성적 수치심이나 혐오감을 유발할 수 있는 내용으로 평가될 수 있습니까?

- 해당 내용이 음란물로 간주될 만큼 명백히 성적 표현을 포함하고 있습니까?
- 전송된 내용이 일반적인 대화나 합법적인 정보 전달로 볼 여지가 있습니까?

3. 상대방의 동의 여부
- 고소인이 해당 내용을 받는 데 동의했거나 요청한 사실이 있습니까?
- 피의자 등과 고소인 사이에 이전에 유사한 대화를 나눈 적이 있었습니까?
- 고소인이 전송된 내용을 보고 거부 의사를 명확히 표현했습니까?
- 실제로 상대방이 전송된 자료를 열람했나요? 다운까지 받았나요?
- 전송행위 이후에도 아무런 항의를 받지 않았나요?
- 카톡으로 전송을 한 경우 이후에도 카톡방이 계속 운영되었나요?

4. 전송 행위의 고의성
- 피의자 등이 해당 내용을 보내게된 경위가 어떻습니까?
- 피의자 등이 해당 내용을 고의로 전송했습니까, 아니면 우발적으로 전송된 가능성이 있습니까?
- 전송 당시 피의자 등이 성적 욕망 충족이나 고소인에게 수치심을 주려는 의도를 가지고 있었습니까?
- 일시적인 분노, 불만 등으로 상대방을 도발하려고 한 의도가 있었습니까?
- 전송 과정에서 오해나 실수가 있었던 정황(잘못된 저장 번호, 자동 전송 등)은 없었습니까?

5. 고소인의 진술과 신빙성
- 고소인이 전송된 내용에 대해 일관된 진술을 하고 있습니까?
- 고소인이 해당 내용을 성적 수치심이나 혐오감을 유발한다고 주장한 구체적인 이유는 무엇입니까?
- 고소인의 주장에 객관적인 증거(메시지 스크린샷, 저장된 기록 등)가 뒷받침되고 있습니까?

6. 피의자 등과 고소인의 관계
- 피의자 등과 고소인은 어떤 관계(친구, 연인, 직장 동료 등)를 가지고 있었습

니까?
- 피의자 등과 고소인 사이에 사적인 대화를 나누거나 친밀한 관계였던 정황이 있었습니까?
- 고소인과 피의자 등 간에 갈등이나 오해가 있었던 상황입니까?

7. 반복성 및 피해 상황
- 피의자 등이 해당 내용을 단 한 번 전송했습니까, 아니면 반복적으로 전송했습니까?
- 고소인이 전송된 내용으로 인해 실질적인 피해를 입었다고 주장한 내용은 무엇입니까?
- 전송 이후 고소인이 피의자 등에게 이의를 제기하거나 거부 의사를 명확히 표현했습니까?
- 피해자가 성적 수치심을 느꼈다는 객관적인 자료가 있나요?

8. 기술적 문제나 자동 전송 여부
- 해당 내용이 자동으로 전송되었을 가능성이 있습니까? (예: 메시지 앱 오류, 자동 설정 등)
- 피의자 등이 사용하는 통신매체에서 기술적 문제가 발생했거나, 제3자가 전송에 관여했을 가능성은 없습니까?

9. 고소인의 고소 동기
- 고소인이 피의자 등을 특정하여 고소한 이유는 무엇입니까?
- 고소인이 피의자 등과의 관계에서 갈등이나 감정적 동기로 허위 고소를 할 가능성이 있습니까?
- 고소인의 주장과 피의자 등의 실제 행위 사이에 오해가 있었을 가능성은 무엇입니까?

10. 객관적 증거와 피의자 등의 주장
- 피의자 등의 주장을 뒷받침할 수 있는 증거(문자 내역, 통화 기록 등)가 있습니까?

- 피의자 등이 해당 내용이 성적 수치심을 유발하지 않음을 입증할 만한 근거가 있습니까?
- 고소인의 주장과 피의자 등의 주장이 객관적 증거와 얼마나 일치하거나 불일치합니까?

4) 성적 목적을 위한 다중이용장소 침입
가) 법 규정

■성폭력범죄의 처벌 등에 관한 특례법

성폭력처벌법 제12조(성적 목적을 위한 다중이용장소 침입행위) 자기의 **성적 욕망을 만족시킬 목적**으로 화장실, 목욕장·목욕실 또는 발한실(發汗室), 모유수유시설, 탈의실 등 **불특정 다수가 이용하는 다중이용장소**에 **침입**하거나 같은 장소에서 퇴거의 요구를 받고 응하지 아니하는 사람은 **1년 이하의 징역 또는 1천만원 이하의 벌금**에 처한다.

자기의 성적 욕망을 만족시킬 목적으로 화장실, 목욕장·목욕실 또는 발한실(찜질방 등), 모유수유시설, 탈의실 등 불특정 다수가 이용하는 다중이용장소에 침입하거나 같은 장소에서 퇴거의 요구를 받고도 응하지 아니하는 사람은 1년 이하의 징역 또는 1천만원 이하의 벌금에 처해집니다. 참고로 성적 목적을 위한 다중이용장소 침입으로 '벌금형'이 선고되는 사람은 신상정보등록대상에서 제외됩니다.

나) 성립요건
성적 목적을 위한 다중이용장소 침입행위의 객관적 성립요건은 ① 다중이용장소(화장실, 탈의실, 목욕탕 등)와 같이 불특정 다수가 이용하는 장소에 ② 성적 목적을 가지고 침입하거나 침입을 시도한 행위가 있어야 합니다. 주관적 성립요건은 행위자가 성적 목적, 즉 타인의 신체를 엿보거나 촬영하거나 관음하려는 의도를 가지고 있어야 합니다. 이 의도가 없거나 다른 정당한 목적이 있었다면 성립하지 않습니다.

성적 목적을 위한 다중이용장소 침입행위죄가 성립하지 않는 경우로는 ① 단순한 실수나 장소를 잘못 찾은 경우, ② 다중이용장소에 침입하지 않고 외부에서 정당한 이유로 머물렀던 경우, ③ 해당 장소를 이용할 합리적인 이유(청소, 관리 등)를 가지고 있었던 경우, ④ 성적 목적이 아닌 다른 비성적 의도로 그 장소에 접근한 경우 등입니다.

만약 성적 목적을 위한 다중이용장소에 침입한 후 카메라 등으로 카메라촬영죄를 범한 경우에는 두 개의 죄가 모두 성립되고 실체적 경합범으로 가중처벌 됩니다.

다) 피의자 등이 사실관계를 정리하면서 생각해야 하는 실무상 주요쟁점(★)

1. 장소와 침입 여부
- 사건이 발생한 장소는 어떤 장소입니까? (화장실, 탈의실, 목욕탕 등)
- 해당 장소가 일반적으로 다중이용장소로 사용되는 곳이 맞습니까?
- 피의자 등이 실제로 해당 장소에 들어갔습니까, 아니면 단순히 외부에 머물렀습니까?
- 해당 장소에 접근한 이유는 무엇입니까? (예: 청소, 관리, 실수로 들어간 경우)

2. 의도 및 목적
- 해당 장소에 들어갈 당시 피의자 등의 목적은 무엇이었습니까?
- 단순히 실수나 부주의로 들어갔나요?
- 피의자 등이 성적 목적(관음, 촬영 등)을 가지고 있었다는 주장이 있는데, 이를 부정할 근거는 무엇입니까?
- 성적 목적이 아닌 다른 의도(화장실 사용, 길을 잘못 찾음 등)가 있었습니까?
- 피의자 등이 성적 목적을 의심받게 된 구체적인 이유는 무엇입니까?

3. 행위와 구체적 정황
- 해당 장소에 들어갔다면, 내부에서 어떤 행동을 했습니까?
- 피의자 등이 고소인이 주장하는 성적 행위를 한 증거(촬영, 관음)가 있습니까?
- 사건 당시 피의자 등의 행동이 의심을 받을 만한 정황이 있었습니까?

- 피의자 등이 해당 장소에서 머문 시간은 어느 정도였으며, 그동안 무엇을 하고 있었습니까?

4. 고소인의 진술과 신빙성
- 고소인은 피의자 등이 성적 목적으로 해당 장소에 들어갔다고 주장하고 있습니다. 구체적으로 어떤 이유로 성적 의도를 단정했습니까?
- 고소인의 진술이 구체적이고 일관됩니까, 아니면 모호하거나 모순되는 부분이 있습니까?
- 고소인의 주장에 객관적인 증거(촬영물, 목격자 진술 등)가 있습니까?

5. 목격자 및 CCTV
- 사건 당시 해당 장소에 목격자가 있었습니까? 목격자는 어떤 진술을 하고 있습니까?
- 해당 장소에 CCTV가 설치되어 있었습니까? 피의자 등의 행동을 증명할 만한 영상이 있습니까?
- CCTV 영상이 있다면, 피의자 등의 성적 목적이나 의심스러운 행동이 포착되었습니까?

6. 실수 또는 착오 여부
- 해당 장소에 들어간 것이 실수였습니까? 만약 실수였다면, 실수로 들어간 정황(길을 잘못 찾음, 안내 표지판 부재 등)은 무엇입니까?
- 해당 장소를 사용하려고 했던 이유가 정당했습니까? (예: 혼잡한 상황에서 잘못된 선택)

7. 객관적 증거와 피의자 등의 진술
- 피의자 등의 진술과 사건 당시의 객관적 증거가 일치합니까?
- 고소인이 주장하는 행위와 피의자 등의 실제 행동 사이에 불일치나 오해의 소지가 있었습니까?
- 사건과 관련된 대화나 행동이 기록된 증거(메시지, 사진, 영상)가 있습니까?

8. 고소인의 고소 동기
- 고소인이 피의자 등을 특정하여 고소한 이유는 무엇입니까?
- 고소인이 피의자 등과의 과거 관계에서 감정적 동기가 있었습니까?
- 고소인의 진술과 관련하여 과장이나 허위 가능성이 있는 부분은 무엇입니까?

9. 장소 관리자의 증언
- 해당 장소의 관리자나 소유자는 피의자 등의 행동에 대해 어떤 의견을 가지고 있습니까?
- 관리자가 해당 장소에서 피의자 등의 행동을 문제 삼은 정황이 있었습니까?

10. 이전 행동 및 성향
- 피의자 등이 과거에 유사한 장소에서 의심받은 사례가 있었습니까?

라. 아동·청소년의 성보호에 관한 법률(아청법 혹은 청소년성보호법)
   1) 아동·청소년성착취물의 제작·배포 등
      가) 법 규정

■아동·청소년의 성보호에 관한 법률

아청법 제11조(아동·청소년성착취물의 제작·배포 등) ① <u>아동·청소년성착취물</u>을 <u>제작·수입 또는 수출한 자</u>는 <u>무기 또는 5년 이상의 징역</u>에 처한다.
② <u>영리를 목적</u>으로 아동·청소년성착취물을 <u>판매·대여·배포·제공</u>하거나 이를 목적으로 <u>소지·운반·광고·소개하거나 공연히 전시 또는 상영</u>한 자는 <u>5년 이상의 유기징역</u>에 처한다.
③ 아동·청소년성착취물을 <u>배포·제공</u>하거나 이를 목적으로 <u>광고·소개하거나 공연히 전시 또는 상영</u>한 자는 <u>3년 이상의 유기징역</u>에 처한다.
④ 아동·청소년성착취물을 제작할 것이라는 정황을 알면서 아동·청소년을 아동·청소년성착취물의 <u>제작자에게 알선</u>한 자는 <u>3년 이상의 유기징역</u>에 처한다.
⑤ 아동·청소년성착취물을 구입하거나 아동·청소년성착취물임을 알면서 <u>이를 소지·시청한 자</u>는 <u>1년 이상의 유기징역</u>에 처한다.

⑥ **제1항**의 **미수범은 처벌**한다
⑦ **상습**적으로 제1항의 죄를 범한 자는 그 죄에 대하여 정하는 형의 **2분의 1 까지 가중**한다.

나) 성립요건

'아동·청소년성착취물'이란 아동·청소년 또는 아동·청소년(만 19세 미만)으로 **의심의 여지 없이 명백하게 인식될 수 있는** 사람이나 표현물이 등장하여 ① 성교행위, ② 구강·항문 등 신체의 일부나 도구를 이용한 유사 성교 행위, ③ 신체의 전부 또는 일부를 접촉·노출하는 행위로서 일반인의 성적 수치심이나 혐오감을 일으키는 행위, ④ 자위행위 중 어느 하나에 해당하는 행위를 하거나, 그 밖의 성적 행위를 하는 내용을 표현하는 것으로서 필름·비디오물·게임물 또는 컴퓨터나 그 밖의 통신매체를 통한 화상·영상 등의 형태로 된 것을 말합니다(아청법 제2조 제5호).

아동·청소년성착취물 관련 죄가 성립되는 경우를 보면, ① 아동·청소년으로 하여금 스스로 성착취물을 촬영하게 하여 전송받는 행위, ② 아동·청소년과의 성관계 장면을 촬영하는 행위, ③ 교복을 입고 있는 미성년자의 치마속을 몰래 촬영을 한 경우, ④ 토렌트 등을 통해 아동·청소년성착취물을 불특정 다수에게 배포하는 행위, ⑤ 아동·청소년성착취물임을 알면서 다운로드하여 저장·보관하는 행위, ⑥ 제작에 수반된 소지가 아닌 별도의 새로운 소지행위가 있는 경우 등이고, 피해자의 동의 여부는 범죄 성립에 영향을 미치지 않는 것이 원칙이며(대법원 2021. 7. 8. 선고 2021도2993 판결), 개인적으로 사적 소지 목적으로 제작한 경우에도 죄가 성립함이 원칙입니다(대법원 2015. 2. 12. 선고 2014도11501).

아동·청소년성착취물 관련 죄가 성립되지 않는 경우를 보면, ① 파일명이나 썸네일만으로는 아동·청소년성착취물임을 인식할 수 없었던 경우 또는 일반 성인물과 혼재된 상태에서 아동·청소년성착취물임을 구분하기 어려웠던 경우와 같이 아동·청소년성착취물 소지죄의 고의가 인정되지 않는 경우, ② 피고인이 실제로 파일을 다운로드 받아 소지했다는 점이 입증되지 않은 경우, ③ 해당 파일이 아동·청소년성착취물에 해당한다는 점이 명확히 입증되지 않은 경우, ④ 촬영 대상이 아동·청소년이 아니라 성인으로 명백히 확인되는 경우. ⑤ 촬영물이 성적 행위나 착취를 묘사하지 않고, 일반적인 상황을 담은 경우, ⑥ 촬영이 합법적이고 동의하에 이루어진 경우(예: 공연, 교육 목적), ⑦ 제작자가 대상의 연령을 속거나 합리적으로 성인으로 오인할 수 있는 정황이 있는 경우. ⑧ 촬영 행위에 고의가 없거나 다른 목적(예: 일반 기록, 비성적 촬영)을 가진 경우 등은 죄가 성립하지 않습니다.

다) 피의자 등이 사실관계를 정리하면서 생각해야 하는 실무상 주요쟁점(★)

1. 촬영 대상과 연령 확인
- 촬영 대상이 아동·청소년(만 19세 미만)임을 어떻게 알았습니까?
- 대상이 성인으로 보일 만한 외모나 행동을 보였습니까?
- 대상이 나이를 속였거나 성인임을 암시한 정황(허위 신분증 사용, 나이와 관련된 발언 등)이 있었습니까?

2. 촬영물의 내용과 성격
- 촬영된 영상이나 사진의 구체적인 내용은 무엇입니까?
- 해당 촬영물이 성적 착취를 묘사하거나 암시하는 장면으로 볼 수 있습니까?
- 촬영물이 일반적인 상황(예: 단순 대화, 일상 기록)으로 해석될 가능성이 있습니까?
- 촬영물의 썸네일, 파일명 등으로부터 미성년자임이 드러납니까?

3. 제작 및 촬영 과정
- 촬영 당시 피의자 등이 의도적으로 성적 착취를 목적으로 촬영했습니까?
- 촬영은 피의자 등의 주도로 이루어졌습니까, 아니면 대상의 요청이나 제안에 따른 것입니까?
- 촬영이 피의자 등의 지시로 이루어졌다는 증거(대화 기록, 메시지 등)가 있습니까?

4. 촬영물 배포 여부
- 촬영물이 실제로 배포되었습니까? 배포된 경우, 어떤 경로(SNS, 메신저 등)로 유포되었습니까?
- 피의자 등이 촬영물을 다른 사람에게 전달하거나 배포했다는 증거가 있습니까?

- 배포가 의도적이었습니까, 아니면 실수나 기술적 오류(예: 잘못된 전송)로 인해 발생했습니까?

5. 피해자의 동의 및 상황
- 촬영 대상이 촬영과 배포에 동의했습니까? 동의가 있었다면 명시적이었습니까, 암묵적이었습니까?
- 피해자가 피의자 등의 행위를 명확히 거부하거나 저항한 정황이 있었습니까?
- 촬영 및 배포가 피해자의 자발적인 요청이나 협조 하에 이루어졌습니까?

6. 고의성 및 목적
- 촬영 당시 피의자 등이 성적 목적을 가지고 있었습니까?
- 촬영과 배포 행위가 단순한 오락, 대화, 기록 목적으로 이루어진 것은 아닙니까?
- 촬영물이 공익적 목적(예: 교육, 다큐멘터리)으로 제작된 사례입니까?

7. 기술적 증거 및 배포 경로
- 촬영물은 피의자 등의 디지털 기기(휴대폰, 컴퓨터 등)에 저장되어 있습니까?
- 촬영물이 삭제되었거나 보관하지 않았다는 증거가 있습니까?
- 촬영물의 배포 경로와 기술적 증거(IP 기록, 전송 기록 등)가 피의자 등의 직접적 개입을 입증합니까?

8. 고소인의 진술과 신빙성
- 고소인이 촬영 및 배포 사실을 어떻게 인지했는지 구체적으로 진술했습니까?
- 고소인의 진술이 구체적이고 일관됩니까, 아니면 모호하거나 모순되는 부분이 있습니까?
- 고소인이 피의자 등을 고소한 이유에 감정적 동기(갈등, 보복 등)가 있을 가능성이 있습니까?

9. 피의자 등과 피해자의 관계
- 피의자 등과 피해자는 어떤 관계(친구, 연인, 지인 등)를 가지고 있었습니까?

- 촬영이 이루어지기 전에 두 사람 사이에 어떤 대화나 협의가 있었습니까?
- 피해자와 피의자 등 간의 관계에서 이전에 갈등이나 오해가 있었던 정황이 있습니까?

10. 증거 관리
- 촬영물의 존재와 배포 사실을 반박할 수 있는 증거(부재 기록, 삭제 기록 등)가 있습니까?

2) 미성년자성매매
가) 법 규정
■아동·청소년의 성보호에 관한 법률

아청법 제13조(아동·청소년의 성을 사는 행위 등) ① **아동·청소년의 성을 사는 행위를 한 자**는 **1년 이상 10년 이하의 징역 또는 2천만원 이상 5천만원 이하의 벌금**에 처한다.
② 아동·청소년의 성을 사기 위하여 아동·청소년을 유인하거나 **성을 팔도록 권유한 자**는 **3년 이하의 징역 또는 3천만원 이하의 벌금**에 처한다.
③ **16세 미만의 아동·청소년** 및 장애 아동·청소년을 대상으로 제1항 또는 제2항의 죄를 범한 경우에는 그 죄에 정한 형의 **2분의 1까지 가중처벌**한다

나) 성립요건
미성년자성매매죄의 객관적 성립요건은 ① 아동·청소년(만 19세 미만)을 대상으로 ② 금전 또는 경제적 이익을 제공하거나 약속하며 ③ 성행위 또는 이에 준하는 행위를 한 경우입니다. 동의 여부와 관계없이 성립하며, 성행위의 목적이 명확히 드러나야 합니다. 주관적 성립요건은 행위자가 대상이 미성년자임을 인지하고, 고의로 성매매를 제안하거나 동의한 경우입니다.

미성년자성매매죄가 성립하지 않는 경우로는 ① 대상이 성인이며 성인으로 오인할 합리적인 이유가 있는 경우(외모, 행동, 허위 신분증 사용 등), ② 성행위 없이 단순한 만남이나 대화만 이루어진 경우, ③ 금전이나 경제적 이익의 제공 없이 상호

합의된 만남인 경우, ④ 대상이 나이를 속였거나, 피의자 등이 미성년자인지 여부를 확인할 합리적 방법이 없었던 경우, ⑤ 행위자가 성매매 의도가 없거나 성행위와 무관한 이유로 만난 경우 등입니다.

다) 피의자 등이 사실관계를 정리하면서 생각해야 하는 실무상 주요쟁점(★)

1. 대상의 나이와 인지 여부
- 상대방이 아동·청소년(만 19세 미만)임을 언제, 어떻게 알았습니까?
- 상대방이 나이를 속였거나, 성인으로 오인할 만한 외모나 행동을 보였습니까?
- 상대방이 성인임을 주장하거나, 신분증 또는 허위 정보를 제공한 정황이 있었습니까?
- 피의자 등이 상대방의 나이를 확인할 합리적인 방법이 있었습니까?
- 성매매 어플리케이션에서 성인인증이 되어있어 성인으로 믿은 경우 등 성인으로 오인할 만한 합리적인 이유나 증거가 있나요?
- 상대방의 외모가 성인의 외모와 구분되기 힘들었나요?
- 피해자가 흡연을 하거나 음주를 한 정황 등이 있나요?
- 상대방이 성인인 것처럼 행동한 것 사실들이 있나요?
- 피해자가 자발적으로 성매매 글을 올렸나요?

2. 금전 또는 경제적 이익 제공 여부
- 상대방에게 금전, 선물, 숙박, 교통비 등 경제적 이익을 제공했거나 약속한 적이 있습니까?
- 제공한 금전이나 이익이 성행위와 관련이 있음을 암시하거나 명시한 대화나 행위가 있었습니까?
- 경제적 이익 제공이 상대방의 요청에 의해 이루어진 정황이 있습니까?
- 돈을 제공한 것과 성매매와 관계가 있습니까?
- 돈은 현금으로 제공되었는지 계좌이체로 제공되었는지?
- 계좌이체로 제공되었다면 계좌이체를 한 시점이 상대방을 만나기 전인지 만난 이후인지 어느 장소에서 계좌이체를 했는지?

3. 만남의 목적과 정황
- 상대방과의 만남이 어떤 경위로 이루어졌습니까? (소개, 앱, 우연한 만남 등)
- 만남의 목적이 성매매였다고 주장될 수 있는 대화나 행동이 있었습니까?
- 성행위나 이에 준하는 행위가 실제로 이루어졌습니까?
- 만남이 성적 목적과 무관한 사회적, 일상적 이유(예: 친구 관계, 동행 요청)로 이루어진 경우입니까?

4. 상대방과의 대화 내용
- 상대방과의 대화에서 성행위와 관련된 구체적인 언급이나 암시가 있었습니까?
- 대화 내용 중 상대방의 나이나 성적 요구를 정확히 알 수 있는 부분이 있었습니까?
- 상대방과의 대화가 일방적 오해로 이어질 수 있는 표현(예: 유머, 잘못된 문맥)이 있었습니까?

5. 고의성 및 성매매 의도
- 피의자 등은 상대방이 미성년자임을 알고도 성행위를 목적으로 만났습니까?
- 성매매를 제안하거나 이에 동의한 증거(메시지, 대화 기록 등)가 있었습니까?
- 피의자 등의 행동이 성매매 의도로 보일 수 있는 정황(대화, 만남 장소, 시간)이 있었습니까?

6. 기술적 증거와 만남 경위
- 만남이 이루어진 장소와 상황은 무엇입니까? (숙박업소, 공공장소 등)
- 숙박업소에서 만난 경우 숙박업소 결제방법과 누가 계산했는지?
- 피의자 등의 디지털 기기(휴대폰, 컴퓨터)에서 상대방과 관련된 대화, 기록 등이 발견되었습니까?
- 대화 내용이나 증거가 성매매를 암시하지 않거나 부정할 수 있는 정황이 있습니까?

7. 상대방의 동의 및 행위의 자발성

- 상대방이 만남 및 행위에 대해 자발적으로 동의했습니까?
- 상대방이 만남을 주도하거나 성매매를 제안한 정황이 있습니까?
- 피의자 등이 상대방의 요청이나 압박에 의해 만남이나 경제적 제공을 진행했습니까?

8. 상대방의 고소 동기
- 경찰에 고소장이 접수된 경위는 무엇입니까?
- 상대방이 피의자 등을 고소한 이유는 무엇입니까?
- 상대방이 금전적 요구나 관계 갈등으로 피의자 등을 고소했을 가능성이 있습니까?
- 상대방이 성매매와 관련해 허위 진술을 하거나 과장한 정황이 있습니까?

9. 만남 이후의 행동
- 만남 이후 상대방과의 대화나 관계가 어떻게 진행되었습니까?
- 상대방이 만남 이후에도 평소와 다름없는 행동(연락 지속, 재만남 요청)을 보였습니까?
- 만남 이후 상대방이 피의자 등에게 이의를 제기하거나 성매매를 암시한 적이 있었습니까?

10. 제3자의 개입
- 만남이 제3자의 소개나 강요에 의해 이루어진 정황이 있었습니까?
- 피의자 등이 제3자로부터 상대방의 나이에 대한 잘못된 정보를 제공받은 경우가 있었습니까?
- 피의자 등의 행동이 제3자의 유인이나 압력에 의해 이루어진 것입니까?

마. 성매매알선 등 행위의 처벌에 관한 법률(성매매처벌법)
1) 성매매알선 및 성매매광고
가) 법 규정

■성매매알선 등 행위의 처벌에 관한 법률

성매매처벌법 제19조(벌칙) ① 다음 각 호의 어느 하나에 해당하는 사람은 **3년 이하의 징역 또는 3천만원 이하의 벌금**에 처한다.
1. 성매매알선 등 행위를 한 사람
2. 성을 파는 행위를 할 사람을 모집한 사람
3. 성을 파는 행위를 하도록 직업을 소개·알선한 사람

② 다음 각 호의 어느 하나에 해당하는 사람은 **7년 이하의 징역 또는 7천만원 이하의 벌금**에 처한다.
1. **영업으로 성매매알선 등 행위**를 한 사람
2. 성을 파는 행위를 할 사람을 모집하고 그 대가를 지급받은 사람
3. 성을 파는 행위를 하도록 직업을 소개·알선하고 그 대가를 지급받은 사람

제20조(벌칙) ① 다음 각 호의 어느 하나에 해당하는 사람은 **3년 이하의 징역 또는 3천만원 이하의 벌금**에 처한다.
1. **성을 파는 행위** 또는 「형법」 제245조에 따른 음란행위 등을 하도록 직업을 소개·알선할 목적으로 **광고(각종 간행물, 유인물, 전화, 인터넷, 그 밖의 매체를 통한 행위를 포함한다. 이하 같다)를 한** 사람
2. **성매매 또는 성매매알선 등 행위가 행하여지는 업소**에 대한 **광고를 한** 사람
3. **성을 사는 행위를 권유하거나 유인**하는 **광고를 한** 사람

② **영업으로** 제1항에 따른 **광고물을 제작·공급하거나 광고를 게재한 사람**은 2년 이하의 징역 또는 1천만원 이하의 벌금에 처한다.

③ **영업으로** 제1항에 따른 광고물이나 광고가 게재된 출판물을 배포한 사람은 1년 이하의 징역 또는 500만원 이하의 벌금에 처한다.

나) 성립요건

성매매알선죄의 객관적 성립요건은 ① 금전적 이익을 목적으로 성매매를 알선하거나, 이를 유인·권유·강요하는 행위가 있어야 합니다. ② 성매매가 실제로 이루어지지 않아도 알선 행위 자체로 처벌이 가능합니다. 주관적 성립요건은 행위자가 고의로 성매매를 알선하거나 중개하려는 의도를 가지고 있어야 합니다. 알선 행위가 성매매와 직접 관련이 없거나 의도치 않은 상황에서는 성립하지 않습니다. 참고로 성

매매알선은 미수범 처벌규정이 없습니다.

성매매알선죄가 성립하지 않는 경우로는 ① 알선이 아닌 단순 소개나 정보 제공에 불과한 경우, ② 금전적 이익을 목적으로 하지 않은 우발적 행위인 경우, ③ 알선 과정에서 성매매와 무관한 오해가 있었거나 피의자 등이 명백히 성매매와 무관하다고 판단한 경우, ④ 알선 의도가 없고, 단순히 동행하거나 장소를 알려준 경우, ⑤ 알선이 이루어진 증거(메시지, 대화 내용 등)가 불충분하거나 오해 소지가 있는 경우, ⑥ 성매매업소 운영자와의 공모관계가 합리적 의심 없이 증명되지 않은 경우, ⑦ 건물주가 해당 건물에서 성매매알선이 이루어진다는 사실을 알았다는 점이 입증되지 않은 경우, ⑧ 단순히 시설을 제공했을 뿐 적극적인 알선행위가 없는 경우, ⑨ 업소 관리나 운영에 실질적으로 관여하지 않은 경우 등입니다.

성매매광고죄가 성립하지 않는 경우로는 ① 단순히 업소의 연락처, 영업시간, 위치 등 기본 정보만 게재되어 있는 등 성매매를 명시하거나 암시하는 내용이 없는 경우, ② 성매매 목적이 아닌 정상적인 영업광고로 볼 여지가 있는 경우, ③ 광고가 성매매업소의 광고임을 알지 못했다는 점이 인정되는 경우, ④ 성매매 알선의 고의성이 입증되지 않은 경우, ⑤ 성매매 광고라고 단정할 만한 충분한 증거가 없는 경우, ⑥ 개별 종업원의 독자적 행위로 판단되는 경우 등입니다.

다) 추징금

성매매 알선죄로 인한 추징금은 성매매를 통해 얻은 순이익을 환수하기 위한 금전적 제재로, 추징의 범위는 성매매알선으로 실제로 취득한 이익에 한정된다고 봄이 상당하고, 다만 성매매알선 등 행위를 하는 과정에서 지출한 세금 등의 비용은 성매매알선의 대가로 취득한 금품을 소비하거나 자신의 행위를 정당화시키기 위한 방법의 하나에 지나지 않으므로 추징액에서 이를 공제하지 않습니다. 그리고 업소 건물의 임대료는 범행에 소요된 필요경비에 해당한다는 이유로 이를 추징액에서 공제할 수 없습니다. 한편 수인이 공동하여 성매매알선 등 행위를 하였을 경우 그 범죄로 인하여 얻은 금품 그 밖의 재산을 몰수할 수 없을 때에는, 공범자 각자가 실제로 얻은 이익의 가액을 개별적으로 추징하여야 하고 그 개별적 이득액을 알 수 없다면 전체 이득액을 평등하게 분할하여 추징하여야 하며, 공범자 전원으로부터 이득액 전부를 공동으로 연대하여 추징할 수는 없습니다.

라) 피의자 등이 사실관계를 정리하면서 생각해야 하는 실무상 주요쟁점(★)

1. 알선 행위의 구체적 내용
- 피의자 등은 어떤 방식으로 성매매를 알선했다고 주장됩니까? (직접 소개, 장소 제공, 광고 등)
- 알선 과정에서 금전적 이익을 제공하거나 약속한 사실이 있습니까?
- 알선이 아닌 단순히 정보를 제공하거나 동행한 정황은 없었습니까?

2. 금전적 이익과 동기
- 피의자 등은 성매매 알선을 통해 직접적인 금전적 이익을 얻었습니까?
- 상대방(고소인 또는 관련자)에게 금전적 요구를 한 적이 있습니까?
- 금전적 동기가 없는 단순 호의나 우발적인 행위였던 정황은 무엇입니까?

3. 피의자 등의 역할과 관여도
- 피의자 등이 성매매 행위에 직접적으로 개입했습니까, 아니면 간접적인 관계였습니까?
- 성매매 장소를 제공하거나 성매매 과정에 영향을 미친 증거(대화, 메시지 등)가 있습니까?
- 피의자 등의 역할이 단순한 중간자적 위치(예: 동행자, 장소 안내)였던 정황 또는 알바생에 불과했던 정황은 무엇입니까?

4. 고의성 및 의도
- 피의자 등이 성매매를 알선하려는 고의가 있었습니까? 아니면 단순히 우발적으로 관련된 경우입니까?
- 알선으로 간주된 행위가 성매매와 무관한 다른 목적으로 이루어진 것은 아닙니까?
- 피의자 등의 대화 내용이나 행동에서 성매매를 의도한 정황이 드러납니까?

5. 성매매의 실제 성사 여부
- 성매매가 실제로 이루어졌습니까? 아니면 알선만 시도되었으나 성사되지 않았습니까?

- 알선 이후 피의자 등이 성매매 과정에 계속 관여했는지, 아니면 관여를 중단했는지 확인할 수 있습니까?

6. 관련 증거와 기록
- 피의자 등의 대화 내용(문자, SNS 메시지, 통화 기록 등)에서 성매매를 암시하거나 알선한 증거가 있습니까?
- 알선 혐의를 입증할 목격자나 증거(장소 기록, 금전 거래 기록 등)가 있습니까?
- 피의자 등의 대화 내용이나 행동에서 성매매와 관련된 고의성이 부정되는 정황이 있습니까?

8. 장소 제공 및 광고 여부
- 피의자 등이 성매매가 이루어진 장소를 직접 제공하거나 준비했습니까?
- 피의자 등이 성매매 관련 광고를 제작하거나 게시한 정황이 있습니까?
- 장소 제공이 성매매와 관련이 없는 일반적 용도로 이루어진 것입니까?

9. 피의자 등의 진술과 방어 논리
- 피의자 등은 알선 혐의에 대해 어떤 입장을 가지고 있습니까? (오해, 실수, 무관, 종업원에 불과 등)
- 피의자 등이 알선 행위를 부정하거나 관련 없음을 입증할 수 있는 증거가 있습니까?
- 피의자 등이 알선과 무관한 목적으로 상대방과 접촉하거나 장소를 제공한 정황이 있습니까?

위법수사 관련

1. 위법한 함정수사
- 수사관이 함정수사를 했습니까? 내용이 어떠합니까?

2. 영장 관련 위법행위

- 수사관이 압수수색 영장을 제시했습니까? 영장을 직접 확인했습니까?
- 영장에 기재된 주소와 실제 압수수색이 이루어진 장소가 일치했습니까?
- 영장의 유효기간이 지났음에도 압수수색이 진행되지 않았습니까?
- 압수수색 대상이 아닌 물품이나 디지털 기기 등을 수사관이 임의로 가져갔습니까?
- 영장 없이 업소 시설을 촬영하는 등 검증을 실시하였습니까?
- 영장 없이 성매매 여성의 동의 없이 나체 상태를 촬영한 사실이 있습니까?
- 피의자가 아닌 자를 사실상 강제연행하여 진술을 받은 사실이 있습니까?
- 수사관이 현장에 급습하여 녹음을 한 사실이 있습니까?

3. 절차 관련 위법행위
- 수사관이 압수수색 영장 원본을 제시했습니까? 영장 원본 내용에 대한 설명을 받았습니까?
- 압수수색이 진행될 때, 피의자 등이 현장에 있었습니까? 참여를 거부당하지 않았습니까?
- 압수한 물품의 목록을 확인하고, 이에 서명하거나 확인하는 절차를 진행했습니까?
- 압수수색이 종료된 후, 압수목록을 제공받았습니까?
- 수사기관이 압수수색현장에서 압수한 물건들을 즉시 봉인을 했나요?
- 압수물에 대한 봉인시 피의자 등의 서명이나 지장을 받았나요?
- 피의자에게 진술거부권 등 법적 권리를 고지받았습니까?

4. 디지털 증거 관련 위법행위
- 휴대폰, 컴퓨터 등 전자기기를 수사관에게 임의로 제출하도록 강요받았습니까?
- 디지털 기기의 포렌식 절차에서 피의자 등의 참여권이 보장되었습니까?
- 영장에 기재된 범위를 넘어 디지털 기기 내의 자료를 복사하거나 조사한 정황이 있습니까?
- 고소인이 고소한 촬영물이 아닌 다른 날에 촬영한 것까지 압수가 되었나요?
- 압수된 전자정보의 파일 명세가 특정된 압수목록을 작성·교부를 받았나요?

5. 압수수색현장 관련 위법행위
- 압수수색이 진행될 당시, 성인이 아닌 사람이 현장에 있었습니까?
- 수사관이 현장에 들어가기 전에 압수수색 이유와 절차를 충분히 설명했습니까?
- 압수수색 과정에서 문을 부수거나 강제로 들어오는 등 물리력을 사용한 정황이 있었습니까?

6. 강압적인 태도나 협박
- 수사관이 압수수색 과정에서 협조하지 않을 경우 불이익을 경고하거나 협박했습니까?
- 압수 대상 물품을 임의로 제출하지 않으면 더 강제적인 조치를 취하겠다고 말한 적이 있습니까?
- 수사관이 폭언이나 고압적인 태도로 압수수색을 진행했습니까?

7. 기타 위법행위
- 압수된 물품이 압수 후 제대로 봉인되었는지 확인했습니까?
- 압수된 물품이 돌려받아야 할 상황임에도 반환되지 않았습니까?

바. 스토킹범죄의 처벌 등에 관한 법률(스토킹처벌법)
1) 스토킹범죄
가) 법 규정

■스토킹범죄의 처벌 등에 관한 법률

제18조(스토킹범죄) ① **스토킹범죄**를 저지른 사람은 **3년 이하의 징역 또는 3천만원 이하의 벌금**에 처한다.
② **흉기 또는 그 밖의 위험한 물건**을 **휴대하거나 이용**하여 스토킹범죄를 저지른 사람은 **5년 이하의 징역 또는 5천만원 이하의 벌금**에 처한다.

제2조(정의) 이 법에서 사용하는 용어의 뜻은 다음과 같다.
1. "스토킹행위"란 상대방의 의사에 반(反)하여 **정당한 이유 없이** 다음 각 목의 어느 하나에 해당하는 행위를 하여 **상대방에게 불안감 또는 공포심을 일으키는** 것을 말한다.
   가. 상대방 또는 그의 동거인, 가족(이하 "상대방등"이라 한다)에게 **접근하거나 따라다니거나 진로를 막아서는** 행위
   나. 상대방등의 주거, 직장, 학교, 그 밖에 일상적으로 생활하는 장소(이하 "주거등"이라 한다) 또는 그 부근에서 **기다리거나 지켜보는** 행위
   다. 상대방등에게 우편·전화·팩스 또는「정보통신망 이용촉진 및 정보보호 등에 관한 법률」제2조제1항제1호의 정보통신망(이하 "정보통신망"이라 한다)을 이용하여 **물건이나 글·말·부호·음향·그림·영상·화상**(이하 "물건등"이라 한다)을 **도달하게 하거나** 정보통신망을 이용하는 프로그램 또는 전화의 기능에 의하여 글·말·부호·음향·그림·영상·화상이 상대방등에게 **나타나게 하는 행위**
   라. 상대방등에게 직접 또는 제3자를 통하여 물건등을 도달하게 하거나 주거등 또는 그 부근에 물건등을 두는 행위
   마. 상대방등의 주거등 또는 그 부근에 놓여져 있는 물건등을 **훼손**하는 행위
   바. 다음의 어느 하나에 해당하는 상대방등의 정보를 정보통신망을 이용하여 제3자에게 제공하거나 **배포 또는 게시**하는 행위

   1) 「개인정보 보호법」제2조제1호의 개인정보
   2) 「위치정보의 보호 및 이용 등에 관한 법률」제2조제2호의 개인위치정보
   3) 1) 또는 2)의 정보를 편집·합성 또는 가공한 정보(해당 정보주체를 식별할 수 있는 경우로 한정한다)
   사. **정보통신망**을 통하여 상대방등의 이름, 명칭, 사진, 영상 또는 신분에 관한 정보를 이용하여 **자신이 상대방등인 것처럼 가장**하는 행위
2. "스토킹범죄"란 **지속적 또는 반복적**으로 스토킹행위를 하는 것을 말한다.

나) 성립요건

스토킹범죄의 객관적 성립요건은 ① 상대방의 의사에 반하여 ② 정당한 이유 없이 접근, 따라다님, 연락, 감시, 물건 전달 등 ③ 상대방에게 불안감이나 공포심을 유

발하는 행위를 반복하거나 지속적으로 해야 합니다. 단발적인 행위는 해당되지 않으며, 반복성과 지속성이 필수적입니다. 객관적·일반적으로 볼 때 상대방에게 불안감 또는 공포심을 일으키기에 충분한 정도라고 평가되는 경우, 현실적으로 상대방이 불안감 내지 공포심을 갖게 되었는지와 관계없이 '스토킹행위'에 해당합니다(대법원 2023. 12. 14. 선고 2023도10313 판결). 최근에는 피해자 보호 관점에서 스토킹행위를 보다 넓게 해석하는 경향이 있습니다.

주관적 성립요건은 행위자가 의도적으로 상대방의 의사에 반하여 행위를 지속하거나 반복하려는 고의가 있어야 합니다. 실수나 정당한 목적이 있는 경우에는 성립하지 않습니다.

스토킹범죄가 성립하지 않는 경우로는 ① 행위가 단순한 우발적 접촉이나 의사소통으로, 반복성이 없는 경우, ② 상대방의 동의나 요청에 의해 이루어진 행위이거나 상대방이 동의를 할 것이라는 오해의 합리적인 이유가 있는 경우, ③ 행위가 공익적 목적이나 정당한 사유에 기반한 경우(예: 업무적 연락), ④ 상대방이 행위를 오인하거나 과장하여 고소한 경우, ⑤ 행위자가 고의가 없이 우연히 발생한 정황이 있는 경우 등입니다.

다) 피의자 등이 사실관계를 정리하면서 생각해야 하는 실무상 주요쟁점(★)

1. 고소인과의 관계
- 피의자 등과 고소인의 관계는 어떤 관계입니까?

2. 행위의 내용과 반복성
- 피의자 등이 상대방에게 연락하거나 접근한 횟수와 빈도는 얼마나 되었습니까?
- 해당 행위가 특정 기간 동안 반복되었습니까? 아니면 단발적인 행위였습니까?
- 피의자 등의 행위가 상대방에게 공포심이나 불안감을 유발할 의도가 있었습니까?
- 해당 행위가 상대방의 주장처럼 강압적이거나 지속적인 것으로 보입니까?
- 혐의를 받고 있는 행동 중에 지속반복성이 없거나 공포심이나 불안감을 유발

하지 않은 행위가 일부라도 있습니까?

3. 상대방의 동의 여부
- 상대방이 피의자 등의 연락, 접근, 선물 제공 등에 동의하거나 이를 요청한 정황이 있었습니까?
- 상대방이 이전에 피의자 등과 의사소통을 원하거나 만남을 주선한 적이 있었습니까?
- 상대방이 행위 중 명확히 거부 의사를 표현했는지, 그 시점은 언제입니까?

4. 행위의 정당성 및 의도
- 피의자 등의 행위가 단순히 업무적, 사회적, 또는 정당한 이유로 이루어진 것입니까?
- 피의자 등이 특정한 목적(예: 사과, 설명, 업무 요청, 전 배우자와의 양육문제, 채권추심)을 가지고 상대방과 접촉했습니까?
- 행위가 오해를 불러일으킨 상황(잘못된 메시지 전달, 우연한 만남 등)이 있었습니까?

5. 상대방이 느꼈다는 불안감의 정도와 근거
- 상대방이 불안감이나 공포심을 느꼈다고 주장한 근거는 무엇입니까?
- 피의자 등의 행위가 일반적으로 불안감을 유발할 수 있는 수준으로 보입니까?
- 상대방이 불안감을 느꼈다고 주장하면서도 피의자 등과 계속 연락하거나 만남을 주도한 정황이 있습니까?

6. 고의성과 스토킹 의도
- 피의자 등이 상대방을 불안하게 하거나 공포심을 주기 위해 의도적으로 행위를 지속했습니까?
- 피의자 등의 행위가 단순한 실수나 우발적인 행동으로 이루어진 가능성이 있습니까?
- 상대방과 피의자 등 간의 갈등이나 오해가 행위의 배경에 있습니까?

7. 선물, 메시지, 접근 등 구체적인 행위
- 피의자 등이 상대방에게 전달한 물건(선물 등)이나 메시지의 구체적인 내용은 무엇입니까?
- 해당 행위가 상대방의 불안감을 유발할 만한 성격(위협적, 강압적)을 가지고 있었습니까?
- 피의자 등이 상대방의 주거지나 직장 등 사적인 공간에 접근한 적이 있습니까?

8. 상대방의 고소 동기
- 상대방이 피의자 등을 고소한 이유는 무엇입니까?
- 상대방이 피의자 등과의 관계에서 감정적 동기(보복, 갈등 등)로 고소했을 가능성이 있습니까?
- 상대방이 피의자 등의 행위를 과장하거나 왜곡하여 진술한 부분이 있습니까?

9. 객관적 증거와 기록
- 피의자 등이 상대방과의 대화(문자, 전화, 이메일)에서 강압적이거나 반복적인 태도를 보였다는 증거가 있습니까?
- 피의자 등의 이동 기록(CCTV, GPS 등)이 상대방의 주장과 일치합니까?
- 피의자 등이 주장하는 정당한 행위(업무 목적, 우연한 만남 등)를 입증할 증거가 있습니까?

10. 스토킹으로 오인될 수 있는 정황
- 피의자 등의 행위가 상대방과의 관계에서 오해나 잘못된 해석으로 인해 스토킹으로 간주된 부분이 있습니까?
- 상대방이 피의자 등의 연락이나 접근을 스스로 유도하거나 이를 통해 오해를 불러일으킨 정황이 있습니까?

6. 죄를 인정하는 의뢰인 대응솔루션(구체적 대처방법★)

> 가. 서설
> 나. 사죄편지 작성방법
> 다. 반성문 작성방법
> 라. 선처탄원서 작성방법
> 마. 성범죄 사건 합의 하는 방법
> 바. 기타 양형자료 준비방법
> 사. 선처를 위한 경찰 또는 검찰조사 받는 방법
> 마. 구속 전 피의자심문(구속영장실질심사) 대비방법
> 바. 법원 유죄인정 최후진술 준비방법

가. 서설

죄를 인정하는 피의자 등은 선처를 받기 위해 반드시 사죄편지와 반성문을 작성해야 하며, 선처탄원서 확보는 기본적인 준비사항입니다. 하지만 가장 강력한 양형자료는 피해자와의 합의서로, 이를 통해 형량을 줄일 가능성이 가장 높아집니다.

조사 단계에서는 경찰이나 검찰 조사에서 진정성 있는 태도로 임하며, 반성과 사죄의 모습을 보여주는 진술을 해야 합니다. 이러한 태도는 수사관이나 검사로 하여금 선처를 고려하게 만드는 중요한 요소입니다. 수사 단계에서 구속영장이 청구될 가능성이 있다면, 구속영장실질심사를 철저히 대비해야 합니다. 기소 후 법원 재판 단계에서는 재판장님의 마음을 움직이기 위해 철저히 준비된 피고인의 최후진술이 필요합니다. 최후진술은 자신의 반성과 재범 방지를 위한 다짐을 구체적이고 진정성 있게 전달할 마지막 기회이므로, 반드시 심혈을 기울여 준비해야 합니다.

자세한 내용은 피의자 등이 위치한 각 단계에 맞추어 아래의 내용을 2~3회 이상 읽어 반드시 숙지하시기 바랍니다.

나. 사죄편지 작성방법

1) 필요성

사죄편지를 작성해야 하는 이유는 본인의 잘못을 인정하고 진정으로 피해자에게 사죄하고 싶은 마음이 있더라도, 많은 분들이 어떻게 사죄편지를 작성해야 하는지에 대해 잘 알지 못하는 경우가 많습니다. 올바른 방법으로 작성된 사죄편지는 피해자에게 진심을 더욱 효과적으로 전달할 수 있습니다. 반면, 잘못된 사죄편지는 피해자의 감정을 상하게 하거나 2차 피해를 유발할 수 있으므로, 사죄편지를 작성하는 올바른 방법을 숙지하는 것이 매우 중요합니다.

또한, 피해자가 사죄편지 수령을 거절하는 경우에도 사죄의 마음을 포기해서는 안 됩니다. 사죄편지는 재판부에 제출하여 피해자에 대한 진심 어린 사과와 반성의 의지를 간접적으로 전달할 수 있는 중요한 도구입니다. 이를 통해 본인이 진심으로 반성하고 있다는 점을 재판부에 보여줄 수 있으며, 선처를 받음에도 긍정적인 영향을 줄 수 있습니다.

2) 사죄편지 작성 전 마음가짐과 태도

■ **책임과 입장의 명확화**
- 본인의 행위에 대한 책임을 명확히 하고, 죄를 전적으로 인정할 것인지, 일부 인정할 것인지를 신중히 결정해야 합니다.

■ **사죄의 진정성 확립**
- 본인의 잘못에 대해 철저히 사죄하겠다는 다짐을 해야 하며, 피해자에게 상처를 준 행동에 대해 진심으로 후회하고 반성하는 마음을 가져야 합니다.

■ **피해자의 고통에 대한 공감**
- 피해자의 입장에서 생각하며, 그들이 느꼈을 분노와 상처를 헤아리고 이를 위로할 준비를 해야 합니다. 피해자의 감정에 공감하는 것은 사죄의 시작입니다.

- 사죄의 목적 인식
- 사죄는 본인의 형사적 이익이나 합의를 위한 것이 아니라, 피해자의 고통을 덜어내는 데 초점을 맞춰야 합니다. 피해자와의 합의는 용서 이후의 문제라는 점을 명심해야 합니다.

- 작성 방식
- 사죄편지는 컴퓨터로 초안을 작성한 뒤 최종 내용이 완성된 후 A4 용지에 정성스럽게 자필로 작성하는 것이 좋습니다. 자필은 성의와 진정성을 나타냅니다.
- 다만 상대방이 글자를 알아보기 힘든 경우 또는 악필의 경우 PC로 작성하되, 자필로 쓴 원본을 PC로 쓴 사죄편지 끝에 원본을 첨부하는 방법과 PC로 작성된 사죄편지에 서명·날인만 자필로 하는 것도 방법이 될 수 있습니다. 핵심은 자필이 진정성 등을 느끼기에 효과적이라는 점입니다.
- 사죄편지는 A4용지 기준 최소 2~3장 이상의 분량으로 작성하는 것이 좋습니다.
- 사죄편지 작성 후 스캔본(PDF 파일)도 함께 준비해두면 분실위험이나 피해자에게 간이하게 전달하는 방법으로 도움될 수 있습니다.

3) 사죄편지 작성의 구체적인 내용

- '사과' 보다 '사죄'의 표현 사용
- 피해자에게는 단순히 사과보다는 사죄라는 표현이 더 진정성 있게 다가올 수 있습니다.

- 진정성과 공감의 태도
- 사죄편지를 작성할 때는 진정성을 담아 "진심은 통한다"는 믿음으로 피해자의 고통에 공감하며 써야 합니다. 피해자의 분노와 상처를 이해하려고 노력해야 합니다.
- 올바른 예 : "제가 저지른 행동으로 인해 상상할 수 없는 고통과 두려움을 겪으셨을 것을 생각할수록 마음이 무겁고 부끄럽습니다.", "입장을 바꿔 제가 피해자님의 상황이었다면 얼마나 큰 고통을 느꼈을지 감히 상상도 할 수 없습니다.", "제 잘못된 행동이 피해자님의 일상과 감정에 얼마나 큰 상처를 남겼을지, 그로 인해 힘든 시간을 보내셨을 것을 생각하면 죄송한 마음을 넘어 깊은 후회와 자

책감이 듭니다."

■ 피해자의 고통을 최우선으로 고려
- 사죄편지는 본인의 안위를 위한 것이 아닙니다. 피해자의 고통을 덜어내는 데 초점을 맞추고, 합의 요청은 절대적으로 자제해야 합니다. 합의문제는 피해자의 용서가 있은 후의 문제입니다.

■ 피해자가 가지는 감정을 고려
- 피해자는 편지를 매우 예민하게 읽을 수 있음을 명심해야 합니다. 10가지 중 1가지가 불쾌하다면 용서의 기회가 좌초될 수 있습니다. 겸손하고 낮은 자세로 작성해야 합니다.
- 피해자와 피의자 등은 완전히 남남이고, 피해자가 피의자 등을 동정해줄 것이라는 환상을 깨야 합니다. 피해자는 피해를 입은 사실에 대해서만 생각합니다.

■ 편지의 시작과 구조
- 편지의 시작은 시작부터 "죄송합니다"라는 식으로 상투적인 표현 또는 일반적인 인사말 대신 피해자가 편지를 읽는 것 자체가 부담스러울 수 있음을 배려하며 시작합니다.
- 예시 : "이 글조차 읽는 것이 불편하실 수 있다는 점을 잘 알고 있습니다. 그럼에도 용기를 내어 이 글을 쓰게 되었습니다."

■ 피해자가 듣고 싶은 말 중심으로 작성 ★
- 편지 내용은 본인이 하고 싶은 말이 아니라, 피해자가 듣고 싶어할 말을 중심으로 작성해야 합니다. 용서를 구하는 것조차도 본인이 원하는 내용이므로 신중히 다뤄야 합니다.

■ 본인에 대한 정보 제공
- 피해자가 궁금해할 수 있는 본인의 상황(초범 여부, 당시 상황, 술을 마셨는지 등)을 간략히 밝히되, 직업이나 신분 등 민감한 정보를 밝히는 것은 신중해야 합니다.

■ **잘못과 책임의 구체적 인정**
- 본인의 잘못을 구체적으로 설명하고, 피해에 대해 전적으로 책임진다는 내용을 포함해야 합니다
- 본인 스스로도 "후회"하고 "반성"하고 있다는 점을 밝혀야 합니다.
- 올바른 예 : "이번 사건은 전적으로 저의 잘못이며, 피해자님께 끼친 고통에 대해 어떤 변명도 할 수 없습니다. 모든 책임은 저에게 있습니다."

■ **피해자의 고통에 공감하는 문구 사용**
- 피해자의 입장에서 상상하며 피해자의 고통을 겸손하게 이해하려는 태도를 보여야 합니다.
- 올바른 예 : "제가 저지른 행동으로 인해 상상할 수 없을 만큼 큰 고통과 불안을 겪으셨을 것을 생각하니 마음이 무겁습니다.", "제가 드린 상처와 불안을 완전히 치유할 수는 없겠지만, 피해자님께서 다시 평온한 일상을 되찾으실 수 있도록 최선을 다하겠습니다."
- 범행 후에도 피해자가 어떠한 피해나 트라우마를 겪었을지를 겸손하게 예측하면서 작성하셔야 합니다.
- 올바른 예 : "제가 저지른 행동으로 OOO과 같은 트라우마가 생겼을 수도 있다고 생각합니다."

■ **본인의 행동에 대한 벌을 받겠다는 의지 표현 ★**
- 향후 어떠한 처벌도 달게 받겠다는 다짐과 함께, 본인의 죗값을 어떻게 받을 것인지를 써야 합니다.
- 올바른 예 : "수사기관에서도 모든 것을 자백하고 응당의 처벌을 받을 생각입니다."

■ **향후 계획과 재발 방지를 위한 노력**
- 향후 재범 방지를 위한 구체적인 계획이나 노력을 전달합니다.
- 올바른 예 : "이번 사건을 통해 제가 얼마나 잘못된 판단을 했는지 깨닫고, 이를 바로잡기 위해 상담과 교육을 받으며 스스로를 변화시키고 있습니다.", "제가 저지른 잘못을 되풀이하지 않기 위해 전문 기관의 도움을 받으며, 평생 반성하는 마음으로 살아가겠습니다."

■ **피해자에 대한 피해에 대한 책임 표현**
- 피해자 트라우마를 완화하고 피해를 복구하기 위해 노력하겠다는 의지를 밝혀야 합니다.
- 치료비 등 피해회복에 대해서는 모두 책임지겠다는 내용을 최대한 넣고, 합의를 회유하기 보다는 피해자가 입은 정신적·물질적 피해에 대해서 당연히 회복시켜 줘야 한다는 마음으로 작성해야 합니다.
- 올바른 예 : "피해자님께서 입으신 정신적, 물질적 피해를 조금이라도 배상할 수 있는 방법을 찾고 있습니다. 필요하신 부분이 있다면 기꺼이 도와드리겠습니다.", "피해자님께서 조금이라도 안정을 되찾으실 수 있다면 제가 가진 모든 것을 동원하여 돕겠습니다."

■ **2차 피해 방지 의지 표현 ★**
- 피해자가 2차 피해에 우려하는 부분이 있을 수 있다면 우려를 적극적으로 해소해줘야 합니다.
- 성범죄 카메라촬영죄의 경우 파일이 전혀 남아있지 않다는 사실을 설득력 있게 작성하거나 피해자와 지인관계라면 이 사건에 대해서 누구에게도 발설하지 않겠다는 구체적인 2차 피해 방지 계획을 표현합니다.
- 올바른 예 : "이번 사건과 관련된 자료나 기록은 철저히 삭제하였으며, 어떠한 상황에서도 유출되지 않도록 조치하였습니다.", "이 사건에 대해 피해자님의 신상이나 사생활이 외부에 알려지는 일이 없도록 법적, 도덕적 책임을 다하겠습니다.", "이 사건에 대해 피해자님의 불편을 최소화하기 위해서 휴학신청(또는 아파트 이사)을 하여 피해자와 마주칠 일이 없도록 조치를 했습니다."

■ **경제적 상황 언급**
- 자신의 경제적 형편이 어렵다는 점은 간략히 언급하되, 이를 강조하여 피해자가 합의를 강요받는 느낌을 받지 않도록 주의해야 합니다.

■ **피해자분의 마음을 움직일 수 있는 표현**
- 사죄편지는 단순히 잘못을 인정하는 글이 아니라, 피해자의 상처를 어루만지고 용서를 구하는 진심을 담아내는 글입니다.

- 그 안에 감동적인 표현이 들어가면 피해자는 가해자의 참회를 더 깊이 느끼고 마음의 문을 열 가능성이 높아집니다.

사죄편지 또는 사죄메시지 문장의 예시
1. 평생의 빚과 은혜를 강조하는 문장 - "용서해 주신다면, 저의 범죄로 드린 지울 수 없는 상처까지도 품어주시는 큰 은혜로 알고 평생 빚진 마음으로 살아가겠습니다." - "피해자님의 너그러움은 단순한 용서가 아니라, 저의 범죄를 회개하고 다시 살아갈 수 있는 기회를 주시는 것입니다." - "피해자님의 결단이 저의 인생을 바로잡는 마지막 기회가 될 것이며, 저는 평생 참회하며 속죄하는 삶을 살겠습니다." 2. 피해자의 고통과 불편을 공감하는 문장 - "저의 잘못된 행동으로 인해 피해자님께서 겪으신 극심한 두려움과 수치심을 생각하면, 죄송한 마음에 감히 고개를 들 수 없습니다." - "사건 당시 제 행위로 인해 피해자님과 가족분들께 씻을 수 없는 상처와 불안을 안겨드린 점을 깊이 뉘우치고 있습니다." - "피해자님의 신체적·정신적 고통뿐 아니라, 저의 범죄가 피해자님의 일상과 마음에 더 큰 상처를 드렸음을 뼈저리게 반성합니다." 3. 재발방지와 변화 의지를 확약하는 문장 - "앞으로 어떠한 상황에서도 다시는 같은 잘못을 반복하지 않겠다는 굳은 다짐으로, 제 사고와 행동방식을 철저히 바꾸겠습니다." - "이번 사건을 제 인생의 마지막 경고로 삼아, 다시는 성범죄와 같은 범죄에 연루되는 일이 없도록 제 자신을 철저히 관리하겠습니다." - "피해자님의 용서를 헛되이 하지 않도록, 상담과 교육을 통해 제 인격을 바로잡고 다시는 누구에게도 피해를 주지 않겠습니다." 4. 피해자의 선택을 존중하며 호소하는 문장 - "저의 삶은 피해자님의 결정에 달려 있습니다. 저의 진심 어린 사과가 조금이라도 전달되어, 부디 제게 한 번만 기회를 주시기를 간절히 바랍니다."

- "피해자님의 마음에 제 행동으로 깊은 상처가 남았음을 잘 알고 있습니다. 그럼에도 불구하고 저를 용서해 주신다면 제 인생의 가장 큰 은혜가 될 것입니다."
- "저의 사죄가 부족하고 뒤늦은 것임을 알지만, 피해자님께서 마음을 열어주신다면 그것이 저에게 평생의 회개와 갱생의 출발점이 될 것입니다."

5. 가족·사회적 책임을 통한 간접 호소 문장
- "저의 범죄로 제 가족들까지 함께 고통을 겪게 만든 것이 가장 큰 부끄러움입니다."
- "저의 아이들과 가족 앞에 부끄럽지 않도록, 이번 일을 계기로 반드시 달라지고 책임 있는 가장이 되겠습니다."
- "끝까지 참회하며 살아가는 모습으로 피해자님의 상처가 헛되지 않도록 하고, 사회에 작은 교훈이라도 남기겠습니다."

4) 사죄편지 내용상 주의사항

■ **존칭 사용**
- 원래 알던 사이라도 존칭을 써야 합니다.
- 예시 : "피해자님" 또는 "피해자분"

■ **책임 전가 또는 변명 금지 ★**
- 조금이라도 피해자에게 책임을 전가하거나 변명하지 않아야 합니다.
- 올바른 예 : "술을 마신 것은 저의 판단 착오였으며, 그로 인해 피해자님께 고통을 드린 점 깊이 반성합니다.", "명백한 내 잘못이다." 등 명확하게 본인의 책임이라는 점을 밝혀야 합니다.

> 피해자에게 책임을 전가하거나 변명을 하는 표현은 피해자의 감정을 악화시키고 사죄의 진정성을 의심받게 합니다. 아래는 책임 전가와 변명에 해당하는 잘못된 표현의 예시들입니다.

1. 피해자에게 책임을 전가하는 표현

■ 피해자의 외모나 행동을 이유로 삼는 경우
- "피해자가 너무 예뻐서 순간적으로 실수를 저질렀습니다."
- "피해자가 먼저 유혹하는 듯한 행동을 했습니다."

■ 피해자의 의사를 왜곡하는 경우
- "피해자도 싫어하는 것 같지 않았습니다."
- "피해자가 거부하지 않아서 괜찮은 줄 알았습니다."

■ 피해자의 상황을 탓하는 경우
- "그날 피해자가 술을 많이 마셔서 오해할 수밖에 없었습니다."
- "피해자가 너무 가까이 다가와서 오해가 생긴 것 같습니다."

■ 피해자의 방심을 문제 삼는 경우
- "피해자가 너무 경계심이 없어서 이런 일이 벌어졌습니다."
- "피해자가 더 조심했어야 하지 않았나요?"

2. 가해자의 행동을 변명하는 표현

■ 상황 탓을 하는 경우
- "술에 너무 취해서 기억이 잘 나지 않습니다."
- "제가 너무 흥분한 상태라 제정신이 아니었습니다."

■ 자신의 인격을 강조하며 변명하는 경우
- "저는 원래 이런 사람이 아닙니다."
- "그날은 저답지 않게 이상하게 행동했습니다."

■ 경미한 실수로 치부하는 경우
- "순간의 실수로 이렇게 된 것입니다."
- "제가 이렇게 큰 잘못을 저지를 줄은 몰랐습니다."

■ 사회적 환경을 탓하는 경우
- "요즘 세상이 너무 민감해서 이런 일이 문제가 된 것 같습니다."
- "제가 어릴 때부터 잘못된 문화를 배워서 그런 것 같습니다."

■ 의도가 없었다고 주장하는 경우
- "그럴 의도는 없었습니다. 그냥 장난이었습니다."
- "그냥 친근하게 행동했을 뿐입니다."

3. 피해자의 행동을 비난하는 경우
■ 피해자의 고소를 문제 삼는 경우
- "이렇게까지 고소할 줄은 몰랐습니다."
- "피해자가 너무 과민 반응하는 것 같습니다."

■ 피해자의 대응을 탓하는 경우
- "피해자가 제대로 거부했다면 이런 일이 벌어지지 않았을 겁니다."
- "피해자가 그때 왜 도망치지 않았는지 이해가 안 됩니다."

4. 사죄의 진정성을 의심받게 하는 표현
■ 사죄의 목적을 왜곡하는 경우
- "합의를 위해 사죄를 드리는 것입니다."
- "이 일을 빨리 마무리하기 위해 사과드립니다."

■ 사죄의 태도가 불충분한 경우
- "피해자가 그렇게 생각했다면 죄송합니다."
- "의도는 없었지만, 기분이 나쁘셨다면 사과드립니다."
- "사실 여부를 떠나서, 기분이 나쁘셨다면 사과드립니다."

■ 억울함 호소 금지
- 자신의 억울함이나 처지를 강조하면 피해자의 반감을 살 수 있습니다. 피해자의 입장을 우선시하여 글을 작성해야 합니다.

■ **폭력적 표현 지양**
- 과격한 자책("죽고 싶다", "자살을 하겠다."등)이나 폭력적인 표현은 사용하지 않아야 합니다.

■ **피해자 탓을 하는 표현 지양 ★**
- 본 사건으로 (피해자 때문에) 본인이 여러가지 힘들어진 사정이 있다는 내용은 피해자를 탓하는 표현이 될 수 있습니다.
- 본 사건으로 (본인 잘못으로) 스스로 벌을 받고 있는 중임을 써야 합니다.

■ **피해자의 감정을 배려**
- 피해자에게 지시하거나 용서를 구걸하는 듯한 표현은 피해야 합니다.
- 잘못된 예 : "용서해 주셨으면 좋겠습니다.", "억울한 부분이 있다는 것을 알아줬으면 좋겠습니다."
- 올바른 예 : "제가 잘못을 반성하며, 피해자님께서 고통을 덜어내실 수 있기를 진심으로 바랍니다."

■ **가벼운 표현 금지**
- 가해자가 작성하는 사죄편지나 문자메시지, SNS 사과글 등에 있어 이모티콘(예: "ㅠㅠ", "^^", "…" 등)의 사용은 매우 위험한 표현 방식입니다. 특히 피해자나 유족이 해당 글을 읽었을 때 사죄의 진정성이 의심되거나, 오히려 분노를 유발할 수 있으므로 철저히 주의해야 합니다.

■ **지키지 못할 제안이나 약속은 금지**
- 간혹 피해자가 사죄편지를 읽은 후 사죄편지 내용에 있는 제안이나 약속에 대해서 합의서에 포함시켜 달라고 하는 경우가 있으므로 지키지 못할 제안이나 약속은 사죄편지에 포함시켜서는 안됩니다.

■ **인정할 부분에 대해 애매하거나 완화된 표현 금지**
- 모욕적인 행동에 대해서 "불쾌했을 것 같다"라는 표현을 쓴다거나, "그럴 의도는 없었다", "기억이 잘 나지 않지만, 기분 나쁘셨다면 죄송하다", "그렇게까지 불쾌하셨을 줄은 몰랐다", "술을 많이 먹어서 실수를 했다." 등으로 자신의 잘못을

축소하거나 피해자의 감정을 간접적으로 평가하는 표현은 피해야 합니다.
- 이는 피해자의 감정을 무시하거나 책임을 회피하는 듯한 인상을 줄 수 있으며, 사죄의 진정성을 훼손할 수 있습니다.
- 따라서 자신의 행위로 인해 피해자가 어떤 감정을 느꼈을지 단정적인 어조로 인정하고, 그에 대해 깊이 반성하는 표현을 사용해야 합니다.
- 잘못된 예 : "피해자분도 당시에 웃고 계셔서 불쾌하지 않으신 줄 알았습니다."
- 잘못된 예 : "제 행동이 피해자에게 그렇게 큰 상처를 줄 줄은 몰랐습니다."
- 잘못된 예 : "장난삼아 한 행동이었는데, 그렇게 받아들이셨다면 죄송합니다."
- 올바른 예 : "저의 행동이 피해자님께 큰 상처와 수치심을 안겨드렸다는 점을 인정하고 깊이 반성하고 있습니다."
- 올바른 예 : "제 잘못된 행동으로 인해 피해자님께서 느끼셨을 불쾌함과 분노는 온전히 저의 책임입니다. 어떤 말로도 용서받기 어려운 행동이었음을 통감하고 있습니다."

■ **추가 자백 금지**
- 피해자가 확실히 모르는 사실을 오해가 생길 수 있으므로 자백하지 말아야 합니다.
- 피해자에게 전달된 문자메시지나 사죄편지가 증거로 제출될 가능성도 염두에 두어야 합니다.

5) 전달방법

■ **피해자가 변호사를 선임하거나 국선변호사가 선임되어 있는 경우**
- 담당 변호사에게 전달을 하면 변호사 간 소통합니다.
- 사죄편지 전달은 피해자변호사의 역할도 중요하므로 피해자변호사와 감정적 대립을 지양해야 합니다.
- 피해자 변호사를 통해 전달하며, 스캔본(PDF 파일)도 준비하여 이메일이나 문제시지 등으로도 전달될 수 있도록 준비합니다.

■ **피해자가 변호사를 선임하지 않은 경우**
- 수사기관(경찰 등)을 통해 사죄 의사를 전달하고, 피해자에게 사죄편지 수령 의

사를 조심스럽게 문의해야 합니다.

■ **직접 접촉 금지**
- 가해자나 가해자 가족이 피해자와 직접 접촉하는 것은 2차 가해로 간주될 수 있으므로 주의해야 합니다.
- 2차 가해로 간주되는 경우 형량이 높아지고 절차진행 중 구속되는 경우가 생길 수 있습니다.

6) 전달시기

■ **빠른 전달의 중요성**
- 사죄는 빠르면 빠를수록 효과적입니다. 사건 발생 직후 사죄를 전달하는 것이 가장 진정성 있게 받아들여질 가능성이 높습니다.

■ **타이밍 조율**
- 사죄가 지나치게 늦어지면 진정성이 의심될 수 있으므로 가능한 한 빠르게 작성 및 전달하도록 해야 합니다.

7) 사죄편지 작성예시

아래는 사죄편지 작성 예시입니다. 예시는 참고용일 뿐이며, 똑같이 작성해서는 안 됩니다. 본인이 직접 경험한 사건과 본인만이 전달할 수 있는 독창적인 내용을 포함하여 작성하시기 바랍니다.

사 죄 편 지

안녕하십니까. 저는 이번 사건으로 인해 [피해자]님께 씻을 수 없는 상처를 드린 [자신의 이름]입니다. 이 글조차 읽는 것이 불편하실 수 있다는 점을 잘 알고 있습니다. 그럼에도 용기를 내어 이 글을 쓰게 되었습니다. 이 편지를 쓰는 순간에도 제 행동으로 인해 얼마나 [피해자]님께 큰 고통을 드렸을지 가늠조차 하기 어렵습니다. 저의 잘못된 행동으로 인하여 [피해자]님께서 겪으셨을 불안,

두려움, 그리고 분노에 대해 진심으로 사죄드립니다.

우선, 저의 편지조차도 [피해자]님께 불편을 끼칠 수 있다는 점을 잘 알고 있습니다. 이 글을 읽는 것조차 힘드실 수 있음에도 불구하고, 용기를 내어 제 진심을 전하고자 합니다. 저의 진심이 조금이라도 전달되기를 간절히 바랍니다.

(저의 잘못을 전적으로 인정하며 깊이 반성합니다)

이번 사건은 전적으로 저의 잘못입니다. 어떠한 변명의 여지도 없으며, 제가 했던 행동은 그 무엇으로도 용서받을 수 없는 잘못된 행동이었습니다. 저의 부주의와 판단 부족이 [피해자]님께 상상할 수 없는 고통을 안겨드렸습니다. 저의 행동이 [피해자]님의 삶에 미친 영향을 생각할 때마다 깊은 자책감과 후회로 마음이 무겁습니다.

특히, 제가 저지른 행동으로 인해 [피해자]님께서 겪으셨을 정신적, 신체적 고통과 트라우마에 대해 감히 상상조차 할 수 없습니다. 입장을 바꿔 제가 피해자님의 위치에 있었다면 얼마나 큰 두려움과 분노를 느꼈을지 생각할수록 더욱 부끄럽고 후회스럽습니다.

(잘못을 바로잡기 위한 노력과 2차 피해 등 방지)

저는 이번 사건을 계기로 스스로를 뼈아프게 되돌아보고 있습니다. 저의 무지와 경솔함을 깊이 깨달았고, 이러한 잘못을 절대 다시 반복하지 않겠다는 결심을 했습니다. 이를 위해 상담 프로그램에 참여하며, 제가 가진 부족한 부분들을 바로잡기 위해 노력하고 있습니다. 또한, 사회적으로도 성숙하고 책임감 있는 사람이 되기 위해 모든 노력을 다할 것입니다. 이러한 노력이 피해자님께 직접적인 위로가 될 수 없겠지만, 저의 진심을 행동으로 보여드리고 싶습니다. 또한, 수사기관의 조사 과정에서 모든 사실을 솔직히 밝히고, 응당한 처벌을 받을 준비가 되어 있습니다.

피해자님께서 걱정하시는 추가적인 피해가 없도록 철저히 조치하겠습니다. 혹시라도 이번 사건과 관련된 자료가 남아있다면 이를 완전히 삭제하고, 어떠한 상황에서도 유포되지 않도록 모든 노력을 기울이겠습니다. 이와 관련하여 필요한 자료가 있다면 요청해 주시기를 부탁드립니다. 제가 할 수 있는 한 최선을 다해 피해자님의 걱정을 덜어드리겠습니다.

(피해자님께 드린 상처에 대한 배상의지)

또한, 피해자님께서 입으신 정신적, 물질적 피해를 회복하는 데 제가 할 수 있는 모든 것을 다하고 싶습니다. 금전적 배상이 피해를 온전히 회복시킬 수 없음을 잘 알고 있지만, 피해자님께서 필요로 하시는 배상이나 회복 방안이 있다면 무엇이든 말씀해 주십시오. 제가 가진 모든 것을 동원하여 보상하고자 합니다.

(저의 진심이 닿기를 간절히 바랍니다)

마지막으로, 저의 편지가 피해자님께 오히려 불편함을 드리지는 않을까 두렵습니다. 그러나 용기를 내어 제 진심을 담아 이 글을 씁니다. 저의 행동으로 인해 [피해자]님께 심리적, 사회적으로 큰 고통을 안겨드렸음에도 이렇게 사죄의 마음을 전할 기회를 주신다면, 저는 이를 잊지 않고 평생 동안 반성하며 살아갈 것입니다.

부디 피해자님께서 조금이라도 평안을 되찾으시기를 진심으로 바랍니다. 제가 드린 상처와 고통은 결코 되돌릴 수 없지만, 진심으로 사죄하는 마음으로 남은 삶 동안 스스로를 바로 세우고, 저로 인해 발생한 피해를 조금이라도 덜어내기 위해 살아가겠습니다.

(피해자 감정을 존중하는 겸손한 마무리)

다시 한번 고개 숙여 깊이 사죄드리며, 부디 피해자님의 삶이 앞으로 평온하고 행복으로 가득 차기를 간절히 기원합니다.

2025년 OO월 OO일

[자신의 이름] 올림

다. 반성문 작성방법

1) 필요성 및 중점요소

반성문을 작성해야 하는 이유는 본인의 잘못을 인정하고 진정으로 반성하는 마음을 보여주기 위해서입니다. 많은 분들이 자신이 잘못했다는 마음이 있어도 어떻게 반성문을 작성해야 하는지 알지 못하는 경우가 많습니다. 올바르게 작성된 반성문은 진정성 있는 반성의 모습을 담아 재판부에 자신의 태도를 효과적으로 전달하는 중요한 도구가 됩니다.

반면, 잘못된 방식으로 작성된 반성문은 재판부에게 진정성이 부족하다는 인상을 줄 수 있으며, 경우에 따라 피해자의 감정을 상하게 할 우려도 있습니다. 따라서 반성문 작성 시, 올바른 방법과 주의사항을 숙지하는 것이 매우 중요합니다.

2) 반성문 작성 전 마음가짐과 태도

■ 반성문을 작성하기 전, 본인의 혐의에 대해 명확한 입장을 정해야 합니다.
- 죄를 인정할 것인지, 일부만 인정할 것인지 확실히 결정한 후 작성해야 합니다.
- 죄를 인정하는 경우 : 인정한 부분에 대해서만 반성문을 작성하세요.
- 죄를 일부 부인하는 경우 : 부인하는 부분은 언급하지 않고, 인정하는 부분에 한해 반성문을 작성해야 합니다.

■ 작성 방식
- 반성문은 컴퓨터로 초안을 작성한 뒤 최종 내용이 완성된 후 A4 용지에 정성스럽게 자필로 작성하는 것이 좋습니다. 자필은 성의와 진정성을 나타냅니다.
- 다만 상대방이 글자를 알아보기 힘든 경우 또는 악필의 경우 PC로 작성하되, 자필로 쓴 원본을 PC로 쓴 반성문 끝에 원본을 첨부하는 방법과 PC로 작성된 반성문에 서명·날인만 자필로 하는 것도 방법이 될 수 있습니다. 핵심은 자필이 진정성 등을 느끼기에 효과적이라는 점입니다.
- 초안 작성 후 원본 파일은 보관하여 이후 확인하거나 수정할 때 활용할 수 있도록 준비해 두세요.
- A4 용지 맨 위에서 최소 5cm는 띄어서 글을 시작하세요(기록편철시 글자가림을

방지하기 위함입니다).
- 반성문은 A4용지 기준 최소 2~3장 이상의 분량으로 작성하는 것이 좋습니다. 단, 한 번에 모든 내용을 담으려 하기보다는 사건 처리 단계마다 반성문을 여러 차례 제출하는 것이 도움이 될 수 있습니다. 다만, 동일한 내용을 반복적으로 제출하는 것은 성의가 없어 보일 수 있으므로, 각 단계마다 새로운 관점이나 느낀 점을 추가하여 작성하는 것이 중요합니다.
- 반성문을 여러 차례 제출할 경우, 수사 과정이나 재판 진행 중 느낀 변화와 교훈을 중심으로 매번 다른 내용을 담아야 합니다. 예를 들어, 경찰 단계에서는 사건 발생에 대한 초기 반성과 피해자에 대한 사죄를 강조하고, 법원 단계에서는 재범 방지를 위한 노력과 구체적인 계획을 추가하는 방식으로 작성하면, 보다 진정성 있게 받아들여질 수 있습니다.

3) 선처받는 기준

검찰이나 법원으로부터 선처를 받기 위해서는 아래 세 가지 요소를 충족해야 합니다. 이를 염두에 두고 반성문을 작성하세요.

① 진정성 있는 반성 여부
- 반성의 모습이 진실하고 깊은 성찰에 기반한 것인지가 중요합니다.

② 재범 가능성 배제 여부
- 재범 가능성이 없음을 설득력 있게 나타내야 합니다.

③ 피해 회복 노력 여부
- 피해자에 대한 피해 회복을 위해 어떤 노력을 했는지, 회복 가능성이 있는지를 구체적으로 기술해야 합니다.

4) 반성문 작성의 구체적인 내용

■ 진정성과 공감의 태도
- '진심은 통한다'는 마음으로 사건과 자신의 잘못을 깊이 생각하며 작성하세요.
- 반성문을 읽는 사람(검사, 판사)은 반성문의 진정성을 끊임없이 의심합니다. 단순히 "반성합니다"라고 쓰는 것만으로는 부족합니다.

■ **사건 이전의 삶 기술**
- 사건 이전에 바르고 성실하게 살기 위해 노력했던 모습을 간략히 서술하세요.
- 단, 반성문에 자신의 성취나 선행을 지나치게 강조하면 진정성이 떨어질 수 있습니다.
- 예시: 가족관계, 학창 시절, 사회생활에서의 모범적인 모습(표창장, 봉사활동 기록 등)을 간략하게 언급하되, A4 한 페이지의 절반을 넘지 않게 간결히 작성합니다.

■ **범행의 배경 고백**
- 범행을 저지르게 된 배경과 원인을 솔직하고 구체적으로 서술하세요.

주의사항
① 죄를 키우는 내용은 제외하세요.
② 변명으로 비칠 수 있는 내용은 절대 쓰지 마세요.

■ **본인의 잘못 인정**
- 본인의 잘못이 무엇인지 구체적으로 작성해야 합니다.
- 단순한 표현 지양 : "반성하고 있습니다(X)"
- 구체적인 표현 사용 : "이번 사건을 계기로 제 행동이 피해자에게 얼마나 큰 고통을 안겨줬는지 깨달았습니다."

■ **수사 및 재판과정에서의 성찰**
- 수사 과정에서 느낀 점을 쓰거나 반성하게 된 계기를 구체적으로 쓰시기 바랍니다.
- 사건처리 단계마다 여러 반성문을 제출할 때는 각 수사기관 및 법원심급 단계마다의 소회를 밝히는 것도 도움이 됩니다.

■ **피해자에 대한 걱정** ★
- 본인의 인생보다는 피해자에 대한 걱정을 우선적으로 작성하세요.
- 피해자가 입었을 고통과 상처에 대해 공감하고 이를 걱정하는 진심 어린 내용을 담아야 합니다.

예시
① 피해자 입장에 서서 생각한 내용
② 나의 가족이나 본인이 피해자와 같은 일을 겪었을 고통을 생각한 내용
③ 피해자에게 사과를 했는지
④ 피해회복에 대한 노력을 어떻게 했는지 등
⑤ 글과 관련한 증빙자료가 있으면 반드시 첨부해야 합니다.

■ **재범 방지를 위한 노력과 계획**
- 재범 방지와 관련된 행동과 계획을 구체적으로 서술하세요.
- 다시는 이런 일이 없을 것입니다"만 쓰는 것도 부족합니다. 이유와 방법을 구체적으로 서술해야 합니다.

예시
① 성관련 강의수강 내역 또는 정신과치료 내역 또는 처방내역
② 심리상담 내역
③ 피해자와의 접촉을 방지하기 위한 휴학, 주거지 이사 등
④ 재범 방지와 관련한 증빙자료가 있으면 반드시 첨부해야 합니다.

■ **사회적·가정적 영향**
- 본인의 처벌로 인해 발생할 가족과 주변 사람들의 어려움을 적당히 언급하세요.
- 단, 피해자를 고려하지 않고 본인만 걱정하는 내용으로 비춰지지 않도록 주의합니다. 엄연히 피해자가 존재하고 있다는 점을 인식하고 글을 작성해야 합니다.
- 주변 사람들과의 관계를 증빙할 수 있는 가족관계증명서, 가족사진 등을 첨부해야 합니다.

■ **식상하고 진부한 표현의 지양 ★**
- 상투적이거나 지나친 강조표현 등은 오히려 반감을 살 수 있습니다.
- 잘못된 예 : "진짜로", "정말", "뼛속 깊이 반성하고 있습니다", "죽을죄를 지었습니다"
- 반성문은 진부한 표현이나 형식적인 문구로 채우는 것이 아니라, 본인만의 스토리를 담아 다른 사람이 결코 대신 쓸 수 없는 내용으로 구성해야 합니다.
- 예를 들어, 단순히 "반성하고 있습니다"라고 쓰는 대신, 스스로 잘못을 깨닫게 된 순간이나 사건을 반성하게 된 계기를 구체적으로 기술해야 합니다. 또한, 반

성하는 과정에서 자신의 행동을 바로잡기 위해 어떤 노력을 했는지 구체적인 사례를 포함하면 더욱 설득력 있는 반성문이 됩니다.

■ **소명자료 최대한 많이 첨부**
- 반성의 핵심은 말보다는 행동이므로 반성문에서 주장한 행동에 대한 내용과 관련한 증빙자료를 첨부해주세요. 증빙자료가 많으면 많을수록 좋습니다.
- 지인들의 선처탄원서가 있는 경우에는 반성문에 첨부하거나 추가로 제출해야 합니다.

5) 제출 횟수와 방법

■ **적정 횟수**
- 반성문은 사건 진행 중 최소한 1회는 작성해야 하며, 여러 차례 반성문을 작성을 하는 경우에는 아래를 기준으로 작성 및 제출하면 됩니다.
- 경찰 단계 : 1회
- 검찰 단계 : 1회
- 법원 단계 : 심급별로 각 1회
- 선고 직전 : 반드시 1회 제출

■ **제출 시 유의점**
- 아무리 늦어도 (공판기일 또는 변론기일 최종 종료 후) 판결 선고기일 최소 14일 전에 제출하세요.
- 지나치게 많은 반성문 제출은 역효과를 낼 수 있으므로 전체 3~5회 이내로 제한합니다.

6) 내용상 주의사항

■ **피해자의 반성문 열람**
- 피해자가 피고인이 제출한 반성문을 열람신청 하여 피해자에게 전달되는 경우가 있습니다.
- 따라서 반성문 작성 시에는 단순히 재판부를 향한 설명이나 반성의 의미를 넘어

서, 피해자가 읽는다는 전제하에 작성해야 합니다.

■ 반성의 모습 구체화 ★
- 추상적인 표현만 쓰지 말고, 구체적인 반성의 모습과 행동을 서술하세요.
- 예를 들어, "반성합니다."라고만 표현하는 것이 아니라 구체적인 반성의 모습이나 반성을 나타낼 수 있는 행동이나 마음가짐 등을 구체적으로 표현해야 합니다, "두 번 다시는 이런 일이 없을 것입니다."로 끝내면 안되고, "그 이유나 방법" 등을 구체적으로 표현해야 합니다.
- 이는 재판 최후진술을 할 때도 마찬가지입니다.

반성문 진부한 표현의 예시
① 진짜로, ② 정말, ③ 너무, ④ 죽을 듯이, ⑤ 미친 듯이
⑥ 죽을죄를 지었습니다.
⑦ 무조건 잘못했습니다.
⑧ 평생 반성하며 살겠습니다.
⑨ 깊이 뉘우치고 있습니다.
⑩ 뼛속 깊이 반성하고 있습니다.
⑪ 다시 기회가 주어진다면~

■ 책임 회피 금지
- 변명, 핑계, 운이 없었다는 등의 표현은 쓰지 마세요(단, 정말로 스스로 억울한 부분이 있는 부분은 적극적으로 해명하세요).
- 피해자를 탓하거나 비난하는 내용, 피해자가 오해했다는 식으로 쓰지 마세요.

책임 회피성 표현 예시
"피해자가 술을 많이 마셔서 오해가 생긴 것 같습니다.", "피해자가 먼저 친근하게 대해줬습니다.", "피해자가 예뻐서 순간 실수를 저질렀습니다.", "술에 취해 제정신이 아니었습니다.", "저는 원래 이런 사람이 아닙니다.", "운이 나빠서 이렇게 됐습니다.", "피해자가 과장해서 신고한 것 같습니다.", "피해자가 상황을 오해한 것 같습니다.", "피해자가 너무 민감하게 반응한 것 같습니다.", "저는 억울하지만 반성문을 씁니다.", "피해자 때문에 제 인생이 망가졌습니다.", "저는 전혀 그런 의도가 없었습니다.", "피해자가 그렇게까지 힘들어할 일은 아니라고 생각합니다.", "피해자가 지나치게 감정적으로 대응한 것 같습니다.", "피해자가 합의해 주신다면 용서를 구하겠습니다.", "처벌을 가볍게 해 주신다면 평생 반성하겠습니다.", "법원이 너무 가혹한 처벌을 내리는 것 같습니다.", "이런 사소한 문제로 처벌받는 것은 부당하다고 생각합니다."

■ 지나치게 과격하거나 부정적인 표현의 지양
- 자책을 과도하게 강조하거나 극단적인 표현은 오히려 반감을 살 수 있습니다.
- "죽을죄를 지었습니다.", "저는 차라리 죽는 게 낫다고 생각합니다.", "제 인생은 끝났습니다." 등의 표현은 지양해야 합니다.

■ 내용의 일관성
- 여러 번 제출하는 경우 반성문의 내용이 서로 모순되지 않도록 작성하세요.
- 특히 거짓 작성 후 번복하는 내용의 반성문은 최악의 경우이므로 금기시 하세요.
- 재판과정에서 재판장님이 피고인에게 직접 반성문 내용에 대해서 물어보는 경우도 있습니다.

7) 반성문 작성의 활용도 높이기

■ 최후진술과 연계
- 반성문의 내용을 토대로 법원에서의 피고인 최후진술을 준비하세요.

■ 최후진술을 한 후 추가로 반성문 작성
- 재판을 할 때 판사가 질책하는 경우 질책한 부분을 귀담아 듣고, 질책을 받은 부분에 대해서 반성문을 추가로 작성후 접수를 하면 도움이 될 수 있습니다.
- 재판이 끝난 후 선고기일이 잡힌 상태에서도 선고가 나기 전까지는 반성문을 접수할 수 있습니다.
- 예시 : "재판 과정에서 재판장님께서 저의 무책임한 행동과 피해자에게 가한 정신적 상처에 대해 엄중히 질책하신 말씀을 깊이 새겼습니다. 저는 제 잘못을 깊이 반성하고 있으며, 피해자께서 겪으셨을 고통을 다시 한 번 생각하며 마음이 무겁습니다. 재판장님의 말씀을 통해 저의 행위가 단순한 실수가 아니라, 피해자와 사회 전체에 미칠 영향을 고려해야 한다는 점을 깨닫게 되었습니다. 앞으로 저는 다시는 이런 일이 발생하지 않도록 관련 교육을 이수하고, 제 행동을 깊이 성찰하는 삶을 살아가겠습니다. 제 반성과 노력의 진정성을 헤아려 주시길 간곡히 부탁드립니다."

■ 증빙자료 첨부
- 반성문에서 언급한 모든 내용에 대해 관련 증빙자료를 첨부하면 진정성을 높일 수 있습니다.

8) 반성문 작성예시

아래는 반성문 작성 예시입니다. 예시는 참고용일 뿐이며, 똑같이 작성해서는 안 됩니다. 본인이 직접 경험한 사건과 본인만이 전달할 수 있는 독창적인 내용을 포함하여 작성하시기 바랍니다.

반 성 문

존경하는 재판장님께,

안녕하십니까. 저는 이번 사건으로 법정에 서게 된 피고인 [이름]입니다. 먼저, 저의 잘못으로 인해 피해자님께 상상할 수 없는 상처와 고통을 안겨드린 점에 대해 진심으로 머리 숙여 사죄드립니다. 이 반성문을 작성하며 저의 행동을 되돌아보고, 다시는 같은 실수를 반복하지 않겠다는 다짐으로 글을 씁니다.

(사건에 대한 반성과 책임)

이번 사건은 전적으로 저의 잘못입니다. 제 부주의한 판단과 행동으로 인해 피해자님께 극심한 정신적, 감정적 고통을 안겨드렸습니다. 저는 이번 일을 통해 제 행동이 피해자님께 얼마나 큰 상처를 남겼는지 깨달았습니다. 이로 인해 피해자님께서 겪으셨을 두려움과 불안은 제가 아무리 사죄한다고 해도 결코 온전히 치유될 수 없다는 것을 잘 알고 있습니다.

저는 사건 당시의 상황을 떠올리며 스스로를 꾸짖고, 깊이 후회하고 있습니다. 제 잘못된 행동이 피해자님께 얼마나 큰 고통을 주었는지, 피해자님의 입장에서 생각하며 매 순간 반성하고 있습니다. 이 사건은 제가 저지른 행동에 대한 책임을 다하기 위해 노력해야 한다는 것을 일깨워 주었고, 그 책임에서 도망치지 않을 것입니다.

(피해자에 대한 진심 어린 사죄와 걱정)

피해자님께서 이번 사건으로 인해 받으신 정신적 충격과 트라우마는 저로 인해 발생한 것이며, 이에 대해 저는 깊은 죄책감을 느낍니다. 피해자님께서 앞으로도 이 사건으로 인한 고통과 불편함을 겪게 되신다면, 그것은 제게 평생 지워지지 않을 짐으로 남을 것입니다.

제가 드린 상처와 불안은 결코 용서받을 수 없는 것이며, 피해자님께서 다시 일상으로 돌아가시는 데 조금이라도 도움이 될 수 있도록 제가 할 수 있는 모든 것을 다하겠습니다. 피해자님께서 필요로 하시는 모든 지원을 아끼지 않으며, 이 과정에서 제가 더 많은 노력을 기울여야 함을 잘 알고 있습니다.

(재범 방지를 위한 노력과 변화)

이번 사건을 통해 저는 스스로의 잘못을 바로잡아야 한다는 절박함을 느꼈습니다. 이를 위해 저는 사건 이후 즉시 전문가 상담과 심리치료를 받고 있으며, 자신의 부족한 점을 보완하기 위한 성 관련 강의와 교육 프로그램에도 참여하고 있습니다. 이러한 과정을 통해 저의 부족함을 채우고, 다시는 동일한 실수를 반복하지 않도록 다짐하고 있습니다.

또한, 재판을 기다리는 동안 제가 저지른 잘못에 대해 사회적으로도 책임을 다하기 위해 봉사활동을 시작했습니다. 이는 단순히 형식적인 행동이 아니라, 저 자신을 성찰하고 피해자님께 간접적으로나마 진심을 전하기 위한 노력의 일환입니다.

(저의 가족과 주변에 미친 영향)

이번 사건은 제 가족과 주변 사람들에게도 큰 영향을 미쳤습니다. 가족들은 제가 저지른 잘못으로 인해 사회적 비난을 받으며 큰 어려움을 겪고 있습니다. 하지만 이 모든 것은 제 잘못에서 비롯된 것으로, 가족들에게까지 피해를 끼친 것 또한 제가 감당해야 할 책임이라 생각합니다.

저의 형사처벌로 인해 가족들이 경제적, 정서적으로 어려움을 겪게 될 가능성을 고려하며, 사건 이후에도 가족들을 책임질 수 있는 방법을 찾기 위해 노력하고 있습니다. 그러나 이러한 걱정 또한 피해자님의 고통을 덮으려는 시도로 비춰지지 않도록, 피해자의 입장을 최우선으로 고려하고 있습니다.

(앞으로의 다짐과 부탁의 말씀)

존경하는 재판장님, 저는 이번 사건을 계기로 제 삶을 뼈저리게 반성하고 있습니다. 제가 드린 피해를 온전히 회복할 수는 없겠지만, 남은 삶 동안 이 잘못을 잊지 않고, 더 나은 사람이 되기 위해 끊임없이 노력하겠습니다.

다시는 이런 일이 발생하지 않도록 제 자신을 변화시키는 데 모든 노력을 기울일 것입니다. 피해자님께 조금이라도 평안을 드릴 수 있도록, 앞으로도 최선을 다하겠습니다. 피해자님께 용서를 바라는 것이 제게 과분한 요청임을 잘 알고 있습니다. 다만, 피해자님께서 조금이라도 평온을 되찾으시기를 간절히 바랍니다.

마지막으로, 법의 판단을 겸허히 받아들이고, 이 과정에서 저의 진정성이 조금이라도 전달되기를 바랍니다. 다시는 이런 일이 일어나지 않도록 저의 행동과 마음을 바로잡겠습니다.

2025년 OO월 OO일

피고인: [이름]

(자필 서명)

부산지방법원 형사 제○○부 귀중

(※반성문에 들어간 내용을 입증할 수 있는 자료는 필수로 첨부해야 합니다)

라. 선처탄원서 작성방법

1) 필요성

선처탄원서는 검찰 또는 법원에 제출하여 피고인의 처벌을 낮추거나, 긍정적인 영향을 주기 위한 진정서를 의미합니다. 선처탄원서를 받을 수 있다면 받아서 제출하는 것이 사건에 도움이 될 수 있습니다. 탄원서가 많으면 많을수록 나쁠 것은 없지만 탄원서의 양보다 제대로 작성된 탄원서가 더 중요합니다. 물론 탄원서보다 피해자와 합의를 하여 합의서를 제출하는 것이 가장 큰 양형자료이지만 합의도 쉬운 일은 아니기 때문에 합의가 없는 경우에는 적극적으로 탄원서를 수집할 필요가 있습니다.

2) 작성방식

- 탄원서의 분량은 A4용지 1~2장 분량이 적당합니다. 재판부가 검토할 서류가 많기 때문에, 간결하면서도 핵심적인 내용으로 작성하는 것이 중요합니다.
- 탄원서는 컴퓨터로 초안을 작성한 뒤 최종 내용이 완성된 후 A4 용지에 정성스럽게 자필로 작성하는 것이 좋습니다. 자필은 성의와 진정성을 나타냅니다.
- 다만 상대방이 글자를 알아보기 힘든 경우 또는 악필의 경우 PC로 작성하되, 자필로 쓴 원본을 PC로 쓴 탄원서 끝에 원본을 첨부하는 방법과 PC로 작성된 탄원서에 서명·날인만 자필로 하는 것도 방법이 될 수 있습니다. 핵심은 자필이 진정성 등을 느끼기에 효과적이라는 점입니다.
- 가족관계가 아니라 자필 탄원서를 받기가 어려운 경우에 PC로 작성된 선처탄원서만으로도 충분합니다.
- 작성자의 주민등록증사본, 가족관계증명서, 재직증명서 등 탄원인의 신분과 피고인과의 관계를 확인할 수 있는 증빙서류는 반드시 첨부되어야 합니다.
- 탄원서는 많아서 나쁠 것은 없지만 양보다는 질이 중요합니다. 만약 다수의 사람에게 선처탄원서를 받고자 하면 짧은 내용으로 간략히 자필로 구성하거나, 이미 완성된 서식에 서명날인 형태로 선처탄원서를 받는 것도 가능합니다.
- A4 용지의 맨 위에서 최소 5cm를 띄운 후 글을 시작하세요(기록 편철 시 글자가 가려지는 것을 방지하기 위함입니다).

3) 선처탄원서 작성의 구체적인 내용

■ 작성자 정보
- 작성자의 이름, 주소, 연락처 등 작성자의 인적사항을 특정해야 합니다.
- 피고인과의 관계(가족, 친구, 직장동료 등)를 적시해야 합니다.
- 작성자의 사회적 신뢰성을 입증할 수 있는 간단한 소개(직업, 경력 등)를 하세요.

■ 탄원 목적
- 선처를 바라는 이유를 명확히 기재하세요.
- 피고인의 개선 가능성을 강조하세요.

■ 피고인의 인격 및 평소 행실
- 평소 지켜본 피의자 등이 어떤 사람이었는지 말해주세요.
- 피고인이 평소 선량한 사람임을 보여주는 구체적인 사례를 제시하세요.
- 그동안의 사회적 기여나 성실한 태도를 부각하세요.

■ 사건에 대한 반성 및 재발 방지 의지
- 피고인이 깊이 반성하고 있다는 점을 포함하세요.
- 재발 방지를 위해 노력하고 있다는 사실을 포함하세요.
- 탄원서의 내용에 범죄 사실관계를 구체적으로 기재할 필요는 없습니다.

■ 탄원인의 신뢰성 있는 증언
- 피고인이 처벌보다는 교화가 더 필요하다는 점을 진정성 있게 전달하세요.
- 작성자가 객관적이고 진정성 있는 입장에서 쓴 내용임을 강조하세요.

■ 사회적 및 가정적 상황
- 피고인의 처벌이 가족이나 주변 사람들에게 미칠 부정적 영향을 언급하세요.
- 피고인이 가족의 생계를 책임지는 중요한 역할임을 부각하세요.

■ 진정성과 간결함
- 내용이 과장되지 않고 진정성을 느낄 수 있도록 작성하세요.

- 감정적인 표현보다는 구체적이고 논리적으로 설득력 있는 문장을 사용하세요.

■ **구체적 사례 제시**
- 피고인의 선행이나 반성을 보여줄 수 있는 실제 사례를 제시하세요.
- 적극적인 자세로 사실과 일치하는 자료를 제출하는 경우에는 효과가 높아질 수 있습니다.
- 예: "피고인은 평소 지역 봉사활동에 적극 참여하여 주민들에게 신뢰를 받았습니다."(봉사활동 관련 자료 첨부)

■ **책임감 강조**
- 피고인이 재발 방지를 위해 구체적으로 어떤 노력을 할 계획인지 포함하세요.
- 예: "현재 피고인은 사건을 계기로 심리 상담을 받고 있으며, 다시는 같은 실수를 반복하지 않을 것을 다짐하고 있습니다."

■ **객관적이고 온건한 어조**
- 판사에게 감정적으로 호소하는 대신, 논리적이고 침착한 어조로 작성하세요

■ **사회적 영향 강조**
- 피고인이 처벌받으면 직장, 가족, 지역사회 등에 미칠 영향을 부각하세요.
- 예: "피고인이 처벌을 받게 되면 어린 자녀들이 정상적인 가정환경에서 자랄 수 없게 됩니다."

4) 내용상 주의사항

■ **허위 내용 금지**
- 사실과 다른 내용을 기재하면 신뢰를 잃고 불리한 결과를 초래할 수 있음.

■ **객관성 없는 과도한 칭찬 자제**
- 피고인을 지나치게 미화하거나 객관적 근거 없이 과도하게 칭찬하면 탄원서의 신뢰도를 떨어뜨립니다.
- 잘못된 예 : "피고인은 천사 같은 사람입니다.", "피고인은 완벽한 인격체로 이

런 일을 저질렀을 리가 없습니다."

■ 법원의 판단을 부정하거나 간섭하지 말 것
- 판사의 결정권을 존중하는 태도를 유지하세요.
- 예 : "피고인이 절대 잘못이 없다고 생각합니다"와 같은 표현은 사용하지 않음.

■ 감정적이거나 과도한 호소 금지
- 지나치게 감정적인 표현은 오히려 부정적인 인상을 줄 수 있습니다.
- 예 : "판사님께서 불쌍하게 봐주셔야 합니다"는 식의 표현은 부적절합니다.

■ 변명 또는 책임 회피로 보일 수 있는 내용 금지
- 사건에 대한 반성을 소홀히 하고 변명으로 보이는 내용은 절대 포함하면 안됩니다.
- 잘못된 예 : "다른 사람들도 다 이렇게 합니다", "그럴 리가 없습니다." 또는 "그는 잘못이 없습니다." 등은 피해야 할 표현입니다.

■ 도덕적 비난을 피해야 할 표현 금지
- 피해자나 제3자를 비난하는 내용은 절대 금지하세요.

■ 처벌 경감을 직접적으로 요구하는 문장
- 처벌 경감을 노골적으로 요구하는 내용은 부적절합니다
- 잘못된 예 : "부디 집행유예를 선고해 주십시오.", "벌금형으로 끝날 수 있도록 부탁드립니다.", "가벼운 처벌로 끝나기를 간곡히 부탁드립니다."

5) 선처탄원서 작성예시

가) 지인의 선처탄원서

아래는 선처탄원서 작성 예시입니다. 예시는 참고용일 뿐이며, 똑같이 작성해서는 안 됩니다. 본인이 직접 경험한 사건과 본인만이 전달할 수 있는 독창적인 내용을 포함하여 작성하시기 바랍니다.

선 처 탄 원 서

사건번호 : 부산지방법원 2025고단12345
피 고 인 : 김○○
탄 원 인 : 이○○

(인사말 및 탄원인의 신분관계)

존경하는 재판장님께,

안녕하십니까. 저는 피고인 김○○의 오랜 친구로, 현재 [직업/직위]로 근무하고 있는 [이○○]입니다. 저와 피고인은 [인연/관계]으로 10년 이상 교류하며 그의 인격과 삶을 가까이서 지켜보아 왔습니다. 이번 사건으로 법정에 서게 된 김○○의 모습을 보며, 그가 얼마나 큰 후회와 반성을 하고 있는지 직접 확인하였기에, 진심을 담아 탄원서를 작성하게 되었습니다.

(탄원 목적)

저는 김○○가 이번 사건을 계기로 깊이 반성하고, 다시는 같은 실수를 반복하지 않겠다는 굳은 다짐을 하고 있다는 점을 재판장님께 전하고자 합니다. 그는 자신의 잘못을 철저히 인정하며, 피해자분께 끼친 상처를 진심으로 사죄하고 있습니다. 김○○가 처벌보다는 교화와 사회 복귀의 기회를 통해 더 나은 사람이 될 가능성이 있다고 믿기에, 선처를 간곡히 부탁드립니다.

(피고인의 인격 및 평소 행실)

김○○는 제가 알고 지낸 시간 동안 누구보다 성실하고 책임감 있는 사람이었습니다. 그는 [직업/역할]로 일하며 항상 주변 사람들을 돕고, 사회적으로도 모범이 되는 삶을 살아왔습니다.

예를 들어, 그는 매년 지역 사회 봉사활동에 참여하며, 독거노인을 돕는 데 적극적으로 나섰습니다. [구체적인 사례 추가: "2023년에는 직접 독거노인 가정을 방문하여 난방비 지원과 식료품을 전달하는 활동을 주도한 바 있습니다."]

그의 평소 모습은 이번 사건과는 전혀 무관한, 선량하고 올바른 사람의 모습이었습니다. 따라서 이 사건은 그가 순간적으로 저지른 잘못이며, 이를 철저히 반성하고 있다는 점을 믿어 의심치 않습니다.

(사건에 대한 반성과 재발 방지 의지)

김○○는 이번 사건 이후 자신이 저지른 행동이 얼마나 큰 잘못이었는지 깨달았고, 피해자분께 끼친 상처와 고통을 매일 후회하며 반성하고 있습니다. 그는 재발 방지를 위해 [재발 방지 노력]과 같은 구체적인 행동을 시작했습니다.

- 그는 [상담 프로그램 참여/교육 이수]를 통해 자신의 문제를 성찰하고, 이를 개선하기 위한 노력을 기울이고 있습니다.
- 또한, 피해자분께 진심으로 사죄하며 피해 복구를 위해 최선을 다하고자 합니다.

김○○의 반성은 단순히 말뿐만이 아니라, 행동으로 이어지고 있습니다. [예: "현재 심리 상담을 받으며 스스로의 문제를 바로잡고, 매주 봉사활동에 참여하며 사회적으로도 기여하고자 노력하고 있습니다."]

(사회적 및 가정적 상황)

김○○는 가정의 가장으로서 두 자녀의 생계를 책임지고 있습니다. 이번 사건으로 인해 김○○가 처벌을 받게 된다면, 그의 가족들은 경제적, 정서적으로 큰 어려움을 겪을 것이 명백합니다. 특히 어린 자녀들은 안정적인 가정환경을 잃고, 학업과 성장 과정에서 큰 불이익을 겪을 우려가 있습니다.

그는 이번 일을 계기로 철저히 자신의 행동을 되돌아보고, 가정과 사회에 책임을 다하는 사람이 되겠다고 다짐하고 있습니다. 이러한 다짐이 단순한 말로 그치지 않도록, 재판장님께서 한 번의 기회를 허락해 주신다면, 그는 가족과 사회에 더 나은 기여를 할 수 있는 사람이 될 것입니다.

(탄원인의 신뢰성 있는 증언)

저는 김○○를 오랜 시간 지켜보며 그의 인격과 삶을 가까이서 확인해 왔습니다. 그가 저지른 잘못에 대해 깊이 반성하고 있는 지금, 교화와 기회를 통해 더 나은 사람으로 변화할 가능성이 충분하다고 믿습니다. 그의 잘못을 완전히 용서할 수는 없겠지만, 처벌보다는 교화와 사회 복귀의 기회를 통해 더 많은 이들에게 긍정적인 영향을 줄 수 있는 사람이 될 것이라고 확신합니다.

결론적으로, 김○○는 이번 사건을 계기로 자신의 잘못을 철저히 돌아보며, 피해자분께 진심으로 사죄하고 있습니다. 그의 반성과 재발 방지를 위한 노력, 그리고 가족을 책임지는 그의 상황을 고려하여 선처를 부탁드립니다.

재판장님의 공정한 판단 아래, 김○○에게 다시 한번 사회에서 올바르게 살아갈 기회를 허락해 주시기를 간곡히 부탁드립니다.

2025년 ○○월 ○○일

탄원인 : 이○○ (자필 서명)
[연락처 : 010-XXXX-XXXX]
[주소 : 부산시 연제구 법원로 00번길]

※첨부서류
- 주민등록증 또는 운전면허증 사본 (탄원인의 신분 확인을 위한 필수 자료)
- 가족관계증명서 또는 혼인관계증명서 (피고인과의 관계를 증명할 수 있는 자료)

- 필요시 재직증명서 (탄원인의 직업 및 신뢰성을 입증할 수 있는 자료)
- 기타 탄원서 내용과 일치하는 자료 (예: 피고인의 봉사활동 인증서, 심리 상담 이수 내역, 피해 회복 노력 관련 증빙자료 등)

나) 미성년자녀를 위한 부모의 선처탄원서

미성년 자녀를 위한 선처탄원서를 작성할 때에는 부모의 관리 책임을 다하지 못한 점에 대해 깊이 반성하는 내용이 반드시 포함되어야 합니다. 자녀가 저지른 잘못으로 인해 피해자와 그 가족에게 상처를 준 점에 대해 진심으로 사죄하는 마음을 담는 것이 중요하고 피해자측에 피해회복을 위해서 어떠한 노력을 했는지 기재해야 합니다. 또한 자녀가 앞으로 개선될 수 있다는 구체적인 계획을 제시해야 하며, 실제로 정신과나 심리상담을 시작했다는 점과 이를 지속할 의지가 있음을 밝혀야 합니다. 아직 재판에 넘어가기 전이라면 형사처벌보다는 가정법원 송치를 통해 자녀가 교화될 수 있도록 지도와 보호 중심의 처분을 요청하는 것도 반드시 들어가야 할 부분입니다. 이와 함께 부모가 직장을 그만두고 자녀를 전적으로 지도하기로 했다는 결심이나 생활 패턴의 변화를 포함시키면 진정성을 전달하는 데 도움이 됩니다. 현재 가정이 경제적으로 어려운 상황이거나 가족 중 아픈 사람이 있는 등 현실적인 어려움도 함께 설명하면 선처를 요청하는 이유를 보완할 수 있습니다. 마지막으로 자녀가 이번 일을 계기로 올바른 방향으로 성장할 수 있도록 사회의 구성원으로서 책임 있는 삶을 살아가겠다는 다짐도 함께 표현하는 것이 좋습니다.

아래는 선처탄원서 작성 예시입니다. 예시는 참고용일 뿐이며, 똑같이 작성해서는 안 됩니다. 본인이 직접 경험한 사건과 본인만이 전달할 수 있는 독창적인 내용을 포함하여 작성하시기 바랍니다.

선 처 탄 원 서

존경하는 검사님께 (검사단계에서는 검사, 재판단계에서는 재판장)
저는 미성년 피의자 (재판단계의 경우 피고인) ○○○의 어머니 ○○○입니다.

먼저 저희 아이의 잘못으로 인해 피해자와 그 가족분들께 큰 상처와 충격을 드린 점, 진심으로 사죄의 말씀을 드립니다. 아이의 부모로서 이번 일을 겪으며 제 자신도 깊은 반성과 책임감을 느끼고 있습니다.

아이를 바르게 키우지 못한 점, 친구들과의 관계와 인터넷, 스마트폰 사용 등 사소하지만 중요한 생활습관에 대해서 제대로 지도하지 못한 점에 대해 매일 밤 가슴을 치며 후회하고 있습니다. 부모로서 아이의 삶을 책임져야 할 제가 직장일에만 매달려 아이의 정서적, 도덕적 성장을 살피지 못한 결과가 이렇게 큰 잘못으로 이어졌습니다.

이번 일을 계기로 저는 큰 결단을 내렸습니다. 오롯이 아이의 삶을 바로잡는 데 집중하기 위해 현재 다니던 직장을 자진 퇴사하였고, 아이의 일상과 교우관계, 심리상태를 매일 점검하며 생활을 함께하고 있습니다. 사건 직후부터는 ○○정신건강의학과를 통해 정기적인 심리상담과 치료를 시작하였고, 주 1회 이상 전문적인 상담을 꾸준히 이어가고 있습니다. 치료 경과 또한 성실히 기록하며 아이가 스스로 자신의 잘못을 이해하고 성찰하는 기회를 갖도록 도와주고 있습니다.

현재 저희 가정은 매우 어려운 상황에 놓여 있습니다. 남편은 몇 년 전 폐업 후 장기간 실직상태이며, 저는 한 달 벌이가 고작이던 계약직 일을 하다 퇴사한 상황입니다. 그 외에도 가족 중 한 명이 투병 중으로 매달 병원 진료와 약값으로도 빠듯한 살림을 꾸려가고 있습니다. 하지만 이 어려움 속에서도 저희 부부는 아이의 교화를 위해 모든 것을 내려놓기로 했습니다.

존경하는 검사님, 저희 아이는 아직 사회의 지도와 보호가 절실한 미성년자입니다. 평생 씻을 수 없는 죄책감을 안고 살아가야겠지만, 이 아이가 사회에서 배제되고 낙오된 사람이 아닌, 성숙한 어른으로 성장할 수 있도록 기회를 주셨으면 합니다. 단순한 처벌보다는 가정법원 송치를 통해 국가와 사회가 함께 이 아이를 지도하고 변화시켜 주시길 간곡히 요청드립니다.

아이는 지금도 매일 반성문을 쓰며 본인의 잘못을 되새기고 있고, 부모인 저희는 다시는 이 같은 일이 반복되지 않도록 평생을 바쳐 지도할 각오입니다. 이 아이가 언젠가 반듯한 사회 구성원이 되어 같은 실수를 반복하지 않고, 오히려 누군가의 삶에 도움이 되는 어른이 되도록 가정 안에서 모든 사랑과 책임을 다하겠습니다.

부디 이러한 사정과 저희 가족의 절실한 마음을 헤아려 주시어 아이가 법적 처벌보다는 교화 중심의 보호처분을 받을 수 있도록 선처해 주시길 간곡히 부탁드립니다.

2025년 OO월 OO일

탄원인 : 피의자의 모 이OO (자필 서명)
[연락처 : 010-XXXX-XXXX]
[주소 : 부산시 연제구 법원로 00번길]

※첨부서류
- 가족관계증명서

※ 참고사항:
- 정신과 상담 내역(초진 기록 또는 예약확인서 등)은 별도 첨부하면 설득력이 더 높아집니다.
- 실질적 반성의 징표 또는 재범방지 노력의 일환으로서 부모의 퇴직, 상담 계획, 지도방안 등이 구체적으로 나타나야 합니다.
- 가능하면 담임교사, 학교상담사, 지역 사회복지사, 담당 의사 등 제3자의 의견서도 함께 제출하시면 좋습니다.
- 기타 선처탄원서에 포함시킨 내용들에 대해서는 최대한 소명자료를 함께 제출제출 될 수 있도록 해야 합니다(말보다는 증거입니다).

마. 성범죄 사건 합의 하는 방법

1) 성범죄 합의의 특수성 : 상해, 폭행, 재산범죄 등과 다르다.
- 단순한 돈 문제가 아니라 "인격의 훼손" 문제입니다.
- 피해자 입장에서는 수치심, 분노, 자괴감, 두려움, 재범에 대한 공포까지 복합적인 감정이 뒤섞인 상태입니다.
- 따라서 성범죄 합의는 돈보다 '진심'이 우선 전달되어야 하며, 진정한 사죄와 낮은 자세가 기본입니다.

2) 합의가 잘 되는 사건의 공통 특징
- 사건 직후 사과가 빨랐거나 경찰조사 전에 이미 사죄를 한 경우
- 피해 정도가 경미하거나, 상대가 지인/연인 등 일정 관계가 있는 경우
- 행동 반경이 겹치거나, 주변 지인과 연결된 경우(교회, 학교, 직장 등)
- 피해자가 이미 일상생활로 복귀한 경우
- 피해자가 고소 후 연락을 일부 허용하거나, 합의 조건을 먼저 제시한 경우
- 피해자가 경제적인 궁핍을 겪고 있는 경우(단, 흥정하듯 합의금 깎으려 들면 실패 확률이 높아집니다)
- 피해자가 합의를 생각해보겠다고 말을 하여 여지를 둔 경우
- 합의를 해도 처벌이 불가피하다는 점과 성범죄 전력이 남는다는 점에 대해서 피해자의 명백한 인식이 있는 경우

3) 합의가 어려운 사건의 공통 특징
- 피해자가 미성년자이거나 가족이 강력하게 개입하는 경우
- 성범죄 외에 협박, 유포, 2차가해 등 부가적 가해가 존재하는 경우
- 피해자가 약물치료, 자살시도, 일상생활 붕괴 등을 겪은 경우
- 가해자가 부인하거나 말을 번복한 경우
- 합의금이 지나치게 적은 경우

4) 피해자와의 직접 접촉 자제

■ 2차 가해 우려 방지

- 피의자 등이 피해자에게 직접 연락하거나 만나려고 시도하는 것은 2차 가해로 오해받을 수 있습니다.
- 합의 관련 사항은 변호사를 통해 진행하도록 하십시오.

■ 대리인을 통한 소통 및 피해자 배려
- 변호사나 공신력 있는 제3자를 통해 합의 제안을 전달하고, 피해자와의 직접적인 접촉은 피하세요.
- 대리인 역시 피해자를 최대한 편하게 해주어야 합니다. 상황에 따라서 피해자에게 직접 만나서 합의서를 작성하지 않아도 된다고 설명을 하고, 원격으로 합의를 볼 수 있는 경우에는 원격으로 합의를 보는 방법도 피해자를 배려하고, 합의를 성사시키는 방법 중 하나입니다.
- 합의 과정에서는 피해자의 감정을 상하게 할 수 있는 까다로운 조건이나 요구를 내세워 합의를 어렵게 만드는 경우들이 종종 발생합니다. 이러한 상황을 방지하기 위해 피해자의 입장과 감정을 충분히 배려하며 피해자의 편의를 최대한 고려하며 진행해야 합니다.

5) SNS 및 온라인 활동 주의

■ SNS 등에서 반성의 모습을 보여야 함
- 피해자가 피의자 등의 SNS를 보고 있을 가능성이 있으므로, 사건과 관련된 부정적인 글이나 사진, 또는 일상적인 유희를 담은 콘텐츠는 삼가야 합니다.
- SNS를 통해 피해자에게 간접적으로라도 사죄의 메시지를 볼 수 있도록 반성적인 글을 올리는 것이 좋고, 피해자가 불쾌할 수 있는 게시물이나 포스팅 등의 내용들은 삭제 또는 비공개로 하세요.
- 카카오톡 등의 메신저 프로필 사진도 주의하시기 바랍니다.

■ 온라인상 법률상담 자제
- 성범죄 사건에서 피해자와 원만하게 합의를 보기 위해서는, 인터넷이나 SNS 등 공개적인 공간에서 사건에 대해 언급하는 것을 반드시 자제해야 합니다. 특히 법률상담을 가장한 질문 형식으로 "죄를 피하는 방법"이나 "형량을 가장 적게 받는 방법" 등을 게시하는 경우, 피해자가 이를 우연히 발견하게 되면 큰 분노

를 유발하여 합의 자체가 완전히 무산되는 경우가 있습니다.

■ **부정적 발언 금지**
- 피해자나 사건과 관련된 내용을 SNS에 언급하지 마십시오.
- 특히 피해자를 비난하거나 사건을 축소하는 글은 엄격히 금지됩니다.

■ **계정 비공개**
- 사건 기간 동안 SNS 계정을 비공개로 설정하거나 활동을 잠시 멈추는 것도 좋은 방법입니다.

6) 합의 과정에서의 태도 및 방법

■ **진정성 있는 사과**
- 피해자에게 사과의 진정성이 중요하며, 합의의 대가로 돈을 제시하는 방식으로 접근하면 피해자가 거부감을 느낄 수 있습니다.
- 사과 편지 또는 변호사를 통한 전달 또는 전달의사 표명을 통해 피해자의 고통을 공감하는 자세를 보여주세요.
- 술 마시고 연락하지 말 것 : 진정성이 가장 중요합니다.
- 피해자에게 연락할 땐 최대한 공손하게, 강요나 설득은 금지합니다.

■ **신속한 사과**
- 사과는 빠를수록 진심으로 받아들여질 가능성이 높습니다. 시간이 지나면 감정의 골이 깊어져 사과가 오히려 의심받을 수 있습니다.
- 같은 말도 언제 하느냐에 따라 진정성이 다르게 느껴지며, 법적 절차 중에도 빠른 사과는 선처나 감형에 유리하게 작용할 수 있습니다.
- 사과는 내용보다 타이밍이 중요합니다. 늦은 사과는 오해를 낳고, 빠른 사과는 회복의 시작이 됩니다.

■ **적정한 합의금으로 선 제안**
- 피해자에게 합의금 액수를 묻기보다는 피의자 측에서 먼저 신중히 고려한 금액을 제안하는 것이 바람직합니다. 피해자가 합의금 액수를 직접 말하게 되는 경

우, 부담을 느끼거나 돈을 목적으로 고소했다는 오해를 받을 수 있어 이를 꺼리는 경우가 많습니다. 또한, 피해자는 피의자가 제안하는 합의금 액수를 통해 피의자의 진정성과 반성의 정도를 가늠하기도 합니다.
- 합의금을 제안하기 전에는 반드시 변호사와 충분히 상의하여 적절한 금액을 신중히 결정하는 것이 중요합니다. 제안 과정에서 피해자의 상황과 감정을 충분히 고려해야 하며, 진정성을 담은 합의금 제안이 피해자와의 원만한 합의로 이어질 가능성을 높입니다.

■ **금전배상 및 2차 가해 방지 약속**
- 피해자의 요구를 존중하고, 금전적 배상뿐만 아니라 피해자와의 추가적인 접촉이나 추가적인 2차 피해가 없도록 약속하는 제안을 하세요(예 : 휴학, 이사, 유포시 위약벌 등).

■ **압박 금지**
- 합의에 대한 지나친 압박이나 빠른 응답을 요구하지 마십시오. 피해자에게 충분한 시간을 주고 합의에 대한 결정을 스스로 하게 해야 합니다.

■ **재발 방지 의사 적극적 표명**
- 피해자들은 종종 금전적 보상보다 법적 처벌을 원하며, 가해자가 다른 곳에서 유사한 행위를 반복할 것을 우려하여 강력한 처벌을 요구합니다. 따라서 피해자에게는 이러한 일이 다시는 발생하지 않을 것이라는 신뢰를 심어주는 것이 중요합니다.

7) 언행 및 행동에서 주의할 점

■ **말과 행동의 일관성**
- 피해자가 수사 과정이나 재판과정에서 피의자 등의 발언을 확인할 가능성이 있으므로, 수사기관이나 재판과정에서의 진술과 피해자에게 전달되는 메시지가 일치해야 합니다.

■ **피해자 비난 금지**

- 피해자와 관련된 부정적 언급을 주변인이나 조사 과정에서 하지 않도록 주의하세요.
- 특히, 합의 후에도 피해자가 합의를 번복하여 법원에 엄벌탄원서를 제출하는 경우에는 합의의 효력이 사라지므로 주의해야 합니다.

■ **피해자의 감정 존중**
- 피해자의 감정 상태를 이해하고 존중하며, 무리한 설득을 시도하지 마세요.

■ **합의에 대한 권리의식 금지**
- 합의는 피해자의 호의와 용서에서 비롯되는 것임을 항상 명심해야 합니다. 합의를 마치 법적 권리나 계약처럼 접근하거나 지나치게 흥정하려는 태도는 피해자의 반감을 일으켜 합의를 어렵게 만들 수 있습니다.
- 합의 과정에서는 피해자의 입장을 충분히 배려하며, 진심 어린 반성과 사과의 마음으로 낮은 자세로 임하는 태도가 필요합니다. 피해자가 진정성을 느낄 수 있도록 말과 행동에서 신중함과 성의를 보여야 합니다.
- 절대 무리한 조건 요구(합의서에 성관계 자발적이었다는 내용 요구 등)는 금지하고, 피해자가 거부감이 들 수 있는 자필서명 강요도 피해야 합니다. 단 영상 유포 금지 등 피해자 안심 조건을 포함하는 것이 오히려 합의에 유리한 경우가 있습니다.

바. 기타 양형자료 준비방법

양형자료는 본인의 딱한 사정 등을 재판부에 전달하여 형량을 감축시킬 수 있는 자료를 말합니다. 말하지 않으면 재판부는 본인의 딱한 사정을 전혀 모르고, 말로만 하면 믿지도 않습니다. 본인의 상황을 적극적으로 진술해야 하고, 양형자료도 증거재판주의라는 생각으로 객관적인 자료를 준비해야 합니다. 양형자료는 정성과 노력이 중요합니다. 재판부에서 양형자료에 대한 진심을 모두 느낍니다.

본인이 할 수 있는 최대한의 노력으로 많은 양형자료를 준비를 하여야 합니다. ①사죄편지, ②반성문, ③선처탄원서, ④합의서 또는 형사공탁 증명서는 기본이며, 아래와 같은 자료들도 확보할 수 있는 경우에는 확보하여 재판부에 전달되는 것이 좋습니다. 양형자료는 정해진 양식이나 서식이 없기 때문에 제3자(판사 등)가 보았을 때 수긍이 가는 정도의 자료로 자유롭게 준비하시면 됩니다.

기타 양형자료 목록 예시

□사실관계와 관련해서 시각적 자료
- 예 : 사건 당시 피고인과 고소인의 행동이나 분위기를 보여줄 수 있는 화면.
- 예 : 고소인이 자발적으로 피고인을 따라갔음을 보여주는 장면.

□2차 가해를 방지하기 위한 노력과 관련한 자료
- 예 : 피해자와의 접촉을 막기 위한 휴학증명서, 거주지 이사 증명서, 사직증명서, 자퇴서 등

□피해자에 대한 사죄 노력 증빙
- 피해자에게 사과하려 했으나 받아들여지지 않은 경우, 그 노력을 증명할 수 있는 자료.
- 합의금 또는 피해배상금을 마련하기 위한 ①대출신청서 사본 또는 대출심사서류 제출확인서, ②대출승인결과 통보서 또는 대출약정서 등.

□재범방지를 위한 자료과 관련한 자료
- 범행의 계기가 된 사이트나 SNS가 있다면 탈퇴한 자료
- 정신과 진료 기록 (성 관련 상담, 심리치료 내역)
- 심리 상담 기관에서 발급한 진단서 및 치료 계획서

- 정신과 치료의 지속 여부와 계획
- 성폭력 예방 및 교정 교육 이수증
- 법무부나 지방자치단체에서 운영하는 관련 강의 이수 내역
- 민간 교정교육 프로그램 참여 기록
- 새로 취업한 직장이 있는 경우 재직증명서
- 미성년자의 경우 장래계획서("고등학교 졸업 후 취업 또는 군 입대 계획", "대학 진학 후 영상물 관련 전공은 선택하지 않겠다는 다짐" 등)
- 성매매알선죄의 경우 폐업사실을 확인할 수 있는 자료

1. 성매매알선죄의 경우 사업 폐업 및 변경 관련 증빙 자료
(재범 위험이 없다는 것을 증명하기 위한 핵심 자료)
☐ 폐업사실증명원
 - 국세청에서 발급받을 수 있으며, 기존 사업장이 폐업되었음을 증명.
 - 국세청 홈택스에서 발급 가능.
☐ 사업자등록 말소 증명서
 - 관할 세무서에서 발급받을 수 있으며, 기존 성매매 관련 업종의 사업자 등록이 말소되었음을 증명.
☐ 영업장 임대차계약 해지 증명서
 - 기존 업소의 임대차계약이 종료되었음을 증명하는 서류(임대인과 작성한 해지 계약서 등).
☐ 건축물대장 및 상가건물 임대차 현황 증명서
 - 과거 영업장을 더 이상 사용하지 않는다는 객관적 자료.
☐ 사업장 철거 사진 및 관련 서류
 - 사업장 철거 후의 사진, 시설 철거업체 영수증 등을 함께 제출하여 실제로 영업이 불가능한 상태임을 입증.

2. 새로운 생업 및 직업 활동 증명 자료
(합법적인 직업으로 전향했음을 입증하는 자료)
☐ 새로운 사업자등록증 (합법적인 업종으로 변경된 경우)
 - 과거 업종과 관련 없는 새로운 사업을 운영하는 경우, 이를 증명하는 사업자등록증.

> ☐재직증명서 (정상적인 직장으로 취업한 경우)
>   - 성매매 관련 업종에서 완전히 벗어나 새로운 직장에 취업했음을 증명.
> ☐근로소득 원천징수영수증 및 급여명세서
>   - 성실하게 소득을 벌며 새로운 직장에서 일하고 있음을 증명.
> ☐직업교육 수료증
>   - 새로운 업종으로 전환하기 위해 취득한 자격증, 직업훈련 이수증 등.
> ☐취업 활동 증빙 자료
>   - 이력서, 면접 진행 서류, 취업교육 수료증 등을 통해 적극적으로 새로운 일자리를 찾고 있음을 증명.

☐사실혼의 경우
- 동거 사실 증명 : 주민등록등본(동거 기록이 있을 경우), 임대차계약서(공동명의 또는 피고인이 임차인으로 등재된 경우)
- 경제적 공동체 증명 : 공동명의 통장 거래내역, 생활비 이체 내역, 가계부 등
- 부부 관계를 보여주는 사진이나 메시지 : 가족 행사, 여행, 기념일 사진, 결혼식을 올린 사진 등
- 지인 및 가족 진술서 : 사실혼 관계를 알고 있는 가족이나 지인의 확인서

☐양형자료 관련해서 시각적 자료
- 예 : 직장 내 근무 모습, 가족과의 생활 사진, 부양 가족이 있음을 나타내는 사진
- 예 : 성범죄 예방교육 또는 심리상담 프로그램 참여 사진, 교육 현장 사진.

☐사건 후 반성과 변화 과정을 기록한 일기
☐반성 및 개선을 위한 노력을 구체적으로 나타낸 개인 기록
☐재직증명서 및 직장 상사의 추천서
☐사건 전후로 참여한 사회봉사 활동 내역 및 인증서
☐조혈모세포 기증 등록
☐피해자가 여성인 경우 여성단체 후원내역
☐자발적인 사회 공헌 활동(취약계층 지원, 공익 활동 참여) 증명

☐지역 사회에서의 평판을 입증할 수 있는 자료(동네 주민 추천서 등)

☐교회, 성당, 절 등에서 받은 추천서나 반성 활동 자료

☐종교 단체 내 봉사활동 기록

☐사건 이후 직업을 변경하거나 안정적인 직장을 구한 자료

☐사건 후 새로운 생활 방식을 도입한 증거(금주 서약, 금연 서약 등)

☐사건 후 알코올 치료관련 기록

☐성폭력 예방, 법적 윤리, 자기계발 관련 서적 학습 기록

☐읽은 책 목록과 이를 통해 배운 내용을 요약한 개인 기록

☐심리 상담가, 정신과 의사, 교육 담당자가 작성한 개선 가능성 평가서

☐치료 과정에서 전문가가 작성한 보고서

☐부양가족이 있는 경우 가족관계증명서

☐부양가족이 아픈 경우 병원진단서

☐가족의 경제적, 심리적 의존도를 증명할 자료

☐가정형편 관련 자료, 기초생활수급자 증명서, 건강보험료 납부확인서

☐사건 이후 건강 개선 노력(운동 기록, 병원 검사 기록 등)

☐사건 이후 심리적, 정신적 안정 상태를 증명할 수 있는 자료

☐피해자와 사건 이후 진정성 있는 대화를 한 경우의 기록

☐피해자와의 대화가 어렵다면 사건 이후 지인과 나눈 반성 관련 대화

☐사건 이후 취득한 자격증(사회복지사, 심리상담사 등)과 관련 학습 내용(해당 자격증이 사회 기여나 재범 방지와 연관성이 있는 경우 좋습니다)

☐학교 시절 성실성과 우수한 품행 기록이 있는 생활기록부 또는 성적이 좋은 경우 성적표

☐기타 본인이 생각했을 때 형량감축에 도움이 될 수 있는 자료 또는 본인이 처한 특수한 상황에 증명할 수 있는 자료

사. 선처를 위한 경찰 또는 검찰조사 받는 방법

1) 소환 연락시의 대처

수사기관에서 소환 연락시의 대처
① 당황하지 않고 침착하게 대응하기
② 연락 내용을 정확히 확인하고 간결하게 통화하기
③ 조사 일정 협의 시 충분한 시간적 여유 확보
④ 변호사 상담 받기
⑤ 조사일정에 변호사와 출석하기
⑥ 조사 전 입장과 진술을 준비하기

■ 당황하지 않고 침착하게 대응하기
- 수사관의 연락을 받았을 때 당황하지 말고 차분히 대응하는 것이 중요합니다.
- 수사관은 공무원으로서 자신의 업무를 수행하는 사람일 뿐, 연락 자체가 곧 범죄 사실을 확정하는 것은 아닙니다.
- 정중한 태도로 수사관과 통화를 하고, 정중하게 통화를 종료한 후 담당 변호사와 상의를 하여야 합니다.

■ 연락 내용을 정확히 확인하고 간결하게 통화하기
- 소환 이유와 혐의 사실에 대해 구체적으로 물어보세요.
- 조사 대상이 되는 사건의 개요(①피의자인지 참고인인지 여부, ②언제 발생한 사건인지, ③혐의 내용, ④고소장 접수 여부 등)를 확인하고, 변호사와 상담 후 출석일정을 잡겠다거나 변호사를 통해서 조사일정을 잡겠다는 답변을 하는 것이 좋습니다.
- 변호인의 조력을 받을 권리는 헌법상 기본권이므로 수사기관이 제지할 수 없습니다.
- 통화 중에 수사관이 즉석에서 사건에 대한 구체적인 질문을 한다면 답변을 피하고, "출석해서 성실히 조사에 응하겠다"는 식으로 간단히 응대하는 것이 바람직합니다.
- 경찰이 기록하는 수사보고서에 본인과의 통화내용의 진술이 포함될 수 있으므로, 불리한 진술로 기록될 가능성이 있습니다.

■ **조사 일정 협의 시 충분한 시간적 여유 확보**
- 경찰 또는 검찰의 피의자 조사는 체포영장이 발부되지 않은 이상 대부분 피의자의 협조에 의해 진행되는 '임의수사'입니다. 이는 강제성이 없는 수사로, 조사일정 역시 피의자와 협의하여 조율할 수 있고, 충분히 대비할 수 있는 시간을 두고 협의를 해야 합니다.
- 또한, 변호인의 조력을 받을 권리는 헌법상 기본권으로 보장되어 있으므로, 수사기관이 이를 제지할 수 없습니다. 따라서 조사일정은 변호사와 충분히 상담한 후에 조율하겠다고 하거나, 변호사를 통해 일정을 잡겠다고 말하는 것이 적절합니다.
- 통화 중 수사관이 사건에 대한 구체적인 질문을 한다면, 즉석에서 답변하지 말고, "출석해서 성실히 조사에 응하겠습니다"라는 식으로 간단하고 신중하게 응대하는 것이 좋습니다. 이렇게 함으로써 불필요한 진술로 인한 불리한 상황을 방지할 수 있습니다.

■ **변호사 상담 받기**
- 경찰 조사 전 반드시 변호사와 상담하여 소환 이유와 혐의 사실에 대해 분석하고, 조사 과정에서 어떻게 진술할지 전략을 세웁니다.
- 변호사와의 상담을 통해 조사 중 예상 질문과 답변을 준비할 수 있습니다.

■ **조사일정에 변호사와 출석하기**
- 소환에 응하지 않을 경우 불이익이 발생할 수 있으므로, 정당한 이유 없이 출석을 거부하지 않는 것이 좋습니다.
- 만약 소환 일정이 어려운 경우, 경찰에 정중히 양해를 구하고 변호사의 조언을 받아 일정을 조정하세요.
- 소환일시에 정당한 사유 없이 2회 이상 무단으로 불출석하면 체포영장이 발부될 수 있습니다.

■ **조사 전 입장과 진술을 준비하기**
- 혐의 사실에 대한 자신의 입장을 명확히 정리합니다(자백 또는 부인 여부).
- 사건의 전후 상황과 관련된 증거(문자, 통화기록 등)를 준비하여 경찰 조사 시

제시할 수 있도록 합니다.
- 경찰 조사에서 진술할 내용을 미리 정리해 두면 횡설수설을 방지할 수 있습니다.

2) 피의자조사시 담당 변호사의 역할

피의자조사시 담당 변호사의 역할
① 피의자 스스로 답변이 원칙
② 변호사의 동석 및 심리적 지원
③ 의견 진술
④ 이의 제기
⑤ 변호사 접견 요청
⑥ 신문 종료 후 의견 진술
⑦ 종료직후 피의자신문조서 열람 및 수정 요청
⑧ 피의자신문조서 정보공개청구 및 의견서 작성
⑨ 법적 대처방안 검토

■ 피의자 스스로 답변이 원칙
- 담당 변호사는 피의자신문 과정에서 수사관의 질문에 개입하거나 피의자를 대신해 답변할 수 없습니다.
- 피의자에게 직접 조언하거나 질문에 관여하는 경우, 신문 방해로 간주되어 변호사가 퇴장당할 수 있으므로, 모든 답변은 피의자 스스로 해야 합니다. 이 점을 충분히 인식하고 조사에 임해야 합니다.

■ 변호사의 동석 및 심리적 지원
- 담당 변호사는 수사기관에 출석하여 피의자 옆에 나란히 앉아 동석하며, 피의자가 조사에 집중할 수 있도록 심리적 지원을 제공합니다.

■ 의견 진술
- 변호사는 수사관의 질문이 불명확하거나 모호한 경우, 질문의 의미를 명확히 설명하도록 요구할 수 있습니다.
- 이는 피의자가 오해 없이 신문에 응할 수 있도록 돕기 위한 제한적인 개입입니

다.

■ 이의 제기
- 변호사는 신문 과정에서 자백 강요, 진술 유도, 반말, 모욕, 위압적 태도 등 부당한 신문 방법이 있을 경우 이를 바로잡기 위해 이의를 제기할 수 있습니다(형사소송법 제243조의2 제3항).
- 부당한 신문이 지속되면, 변호사는 중단을 요청하거나 조서를 통해 기록으로 남길 수 있습니다.

■ 변호사 접견 요청
- 피의자는 조사 중 불리한 상황이 발생하거나 변호사의 조언이 필요하다고 판단되면, 휴식 요청, 화장실 방문 등의 이유로 일시적으로 조사를 중단할 수 있습니다.
- 또한, 변호사와 직접 면담(접견)을 요청하여 조력을 받을 권리가 있습니다.

■ 신문 종료 후 의견 진술
- 피의자신문이 종료된 후, 변호사는 조사 과정에서의 문제점이나 피의자의 입장을 반영하여 의견을 진술하거나 조서에 기록할 수 있습니다(형사소송법 제243조의2 제3항).

■ 종료직후 피의자신문조서 열람 및 수정 요청
- 조사 종료 후, 변호사는 피의자와 함께 작성된 조서를 열람하며, 답변 내용과 불일치하거나 오기된 부분을 발견하면 수정을 요청할 수 있습니다.

■ 피의자신문조서 정보공개청구 및 의견서 작성
- 변호사사무실에서는 피의자신문조서 정보공개청구를 하여 조서를 확보한 후 이를 검토하여 미비된 답변 등이나 자료를 보충하기 위해서 의견서를 작성하여 제출할 수 있습니다.

■ 법적 대처방안 검토
- 변호사는 피의자가 조사에서 진술한 내용을 바탕으로 사건의 전반적인 흐름을

검토하고, 향후 법적 대처방안을 수립합니다.
- 특히, 조사 과정에서의 문제점이나 증거의 적법성을 검토하여 추가적으로 필요한 대응 전략을 마련합니다.

3) 자백사건 조사받는 방법

자백사건 조사받는 방법
① 확실한 목표 의식 3가지와 핵심 방법 3가지를 인식하기 - 구속을 피하기, 형량을 낮추어 과도한 처벌을 막기, 죄를 확대하지 않기 - 진지하고 구체적인 반성의 태도, 피해자와의 합의, 재범 가능성이 없는 모습
② 성범죄 자백사건 조사시 핵심사항 : 반성하는 태도를 조서에 기록
③ 진술의 사소한 실수가 있어도 정정·보충할 수 있음을 인식
④ 사실에 근거한 진술 및 진술의 신중함 유지
⑤ 질문에 간결하고 일관되게 답변
⑥ 모호한 질문에 유보적인 답변
⑦ 진지하고 구체적인 반성의 태도 표현
⑧ 피해자와의 합의 및 피해 회복 노력 표현
⑨ 재범 가능성과 2차 가해의 가능성이 없음을 보여주는 객관적이고 설득력 있는 근거 표현
⑩ 마지막으로 하고 싶은 말이 있냐는 수사관 질문에 대한 적극적인 진술

■ 확실한 목표 의식 3가지와 핵심 방법 3가지를 인식하기
- 자백하는 피의자 등의 경우 ①구속을 피하고, ②형량을 낮추어 과도한 처벌을 막으며, ③죄를 확대하거나 과장하지 않는 것이 핵심 목표로 삼아야 합니다.
- 형량을 낮추기 위한 핵심 방법은 ①진지하고 구체적인 반성의 태도, ②피해자와의 합의 및 피해 회복 노력, ③재범 가능성이 없음을 보여주는 객관적이고 설득력 있는 근거가 가장 중요합니다.

■ 성범죄 자백사건 조사시 핵심사항
- 경찰의 첫 조사시부터 피의자조서에 성범죄에 대한 반성하는 태도, 피해자에 대한 피해회복의 의지가 충분히 조서에 기록되어야 합니다. 피의자조서의 기록은

이후 검사와 판사가 모두 보게 됩니다.
- 반성문 및 재범가능성이 없다는 구체적인 자료를 경찰조사 전에 제출을 하거나 경찰조사 직후에 제출을 해야 합니다.
-

■ **진술의 사소한 실수가 있어도 정정·보충할 수 있음을 인식**
- 조사 과정에서 진술의 사소한 실수가 있더라도, 조사가 끝난 후 변호사를 통해 의견서를 제출하여 정정할 기회가 있습니다.
- 조사 과정에서 지나치게 긴장하기보다는 침착하게 수사관의 질문에 응답하며, 모든 질문에 신중히 답변하는 것이 중요합니다.

■ **사실에 근거한 진술 및 진술의 신중함 유지**
- 자신의 잘못은 명확히 인정하되, 과장되거나 불필요한 진술은 삼가야 합니다.
- 범행에 대해 명확히 기억하는 부분만 진술해야 합니다.
- 질문 : "피해자가 당신이 손가락을 사용해 강제적으로 신체내부에 접촉했다고 진술했는데, 맞죠?"
- 올바른 예 : "제가 한 행동은 피해자의 신체 외부의 일부를 가볍게 접촉한 것뿐이며, 피해자가 진술한 신체 내부 접촉은 전혀 사실이 아닙니다."
- 잘못된 예 : "기억은 잘 나지 않지만, 피해자가 그렇게 진술했다면 제가 실수한 것 같습니다."

■ **질문에 간결하고 일관되게 답변**
- 수사관의 질문에 필요한 만큼만 짧고 간결하게 답변합니다.
- 감정적으로 길게 설명하거나, 지나치게 반성의 태도를 보이려다가 죄를 확대하는 실수를 피합니다.
- 올바른 예 : "제 행동이 피해자에게 불쾌감을 줄 수 있었다는 점을 인정하며, 이 부분에 대해 깊이 반성하고 있습니다. 하지만 추가적인 강제행위는 하지 않았습니다."
- 잘못된 예 : "제가 잘못한 건 맞습니다. 피해자가 그렇게 느꼈다면 더 심한 행동을 했을 수도 있습니다."

■ **모호한 질문에 유보적인 답변**

- 기억이 불명확한 부분이나 모호한 질문에는 "기억이 나지 않습니다"라고 답하며, 잘못된 진술로 죄가 확대되지 않도록 주의합니다.

■ **진지하고 구체적인 반성의 태도 표현**
- 경찰 조사 시 피해자에게 끼친 고통과 자신의 잘못에 대해 깊이 반성하고 있음을 구체적으로 표현하여야 합니다.
- 예 : "저의 행동으로 인해 피해자님께 큰 상처를 드렸음을 인정합니다. 사건 이후 상담을 받고 저의 잘못을 깊이 깨달았으며, 앞으로 재발하지 않도록 노력하고 있습니다."
- 예 : 카메라등이용촬영죄의 경우 "제가 한 행동이 명백히 잘못된 것이며, 피해자에게 큰 충격과 불쾌감을 드렸다는 점을 깊이 반성하고 있습니다. 처음엔 장난(또는 호기심)처럼 생각했지만, 지금은 그게 얼마나 심각한 범죄인지 인식하고 있습니다. 피해자에게 진심으로 사죄드립니다."
- 무책임하거나 회피성 발언을 하거나 피해자와 사건을 가볍게 여기는 말은 부정적인 영향을 미칠 수 있습니다.

■ **피해자와의 합의 및 피해 회복 노력 표현**
- 합의금을 마련하여 변호사를 통해 피해자와 합의를 시도할 예정이라거나 합의의사가 있음을 진술해야 합니다.
- 피해자의 정신적, 물질적 피해를 보상하기 위한 노력을 구체적으로 보여줄 수 있는 내용을 진술해야 합니다.
- 예 : "피해자님께 진심으로 사죄드리며, 금전적으로나마 피해를 회복할 수 있도록 최선을 다하고 있습니다. 이미 합의금을 준비 중이며 변호사를 통해 전달드릴 예정입니다."

■ **재범 가능성과 2차 가해의 가능성이 없음을 보여주는 객관적이고 설득력 있는 근거 표현**
- 심리 상담, 재발 방지 교육, 자발적 봉사활동 참여 등 재범 방지를 위한 행동들을 하고 있음을 진술해야 합니다.
- 안정적인 가족 환경, 직업 유지 등 재범 가능성을 낮추는 개인적 상황을 강조해야 합니다.

- 예 : "저는 사건 이후 성 관련 교육 프로그램을 자발적으로 수강하고 있으며, 전문 상담을 통해 재발 방지를 위한 노력을 하고 있습니다. 가족들과 함께하며 안정적인 생활을 유지 중입니다."
- 성범죄 사건에서 피의자가 피해자에게 추가적으로 심리적·물리적 피해를 줄 우려가 없다는 점을 명확히 하는 것도 중요합니다. 이를 통해 불구속 수사 및 처벌 감경의 근거로 삼을 수 있습니다.
- 예 : "저는 피해자와 같은 아파트 단지에 거주하고 있었으나, 혹시라도 마주치게 되어 피해자께 불안이나 불편을 드릴까 우려되어 사건 직후 곧바로 다른 지역으로 이사를 완료하였습니다. 또한, 다니던 학교는 현재 휴학 중이며, 외부 활동도 최소화하고 있는 상황입니다."
- 피해자에 대한 접근 금지 의지 : 피해자에게 연락하거나 접근한 사실이 없고, 향후에도 전혀 그러할 의사가 없음을 명확히 진술해야 합니다.
- 2차 피해 방지 태도 : 피해자에 대한 사과나 합의 시도도 원칙적으로 변호인을 통해 간접적으로 이루어져야 하며, 독자적으로 연락하지 않았음을 밝혀야 합니다.
- 예 : "이번 사건과 관련하여 촬영된 영상물은 사건 직후 제 스스로 모두 삭제하였습니다. 현재 해당 촬영물은 어떠한 형태로도 저장되어 있지 않으며, 클라우드, 메신저, 외장장치, 컴퓨터 등 그 어디에도 보관하고 있지 않습니다."

■ 마지막으로 하고 싶은 말이 있냐는 수사관 질문에 대한 적극적인 진술
- 경찰 또는 검찰조사시 수사관은 피의자에게 "마지막으로 하고 싶은 말이 있냐"고 묻습니다. 보통의 피의자는 "없습니다."라고 답하고 넘기는 경우가 많지만, 마지막 진술을 하는 것이 긍정적입니다.
- 본인의 반성하고 후회하는 태도와 심경을 마지막으로 하고 싶은 말에 진심을 담아서 적극적으로 진술을 하시기 바랍니다.
- 만약 하고 싶은 말이 많다면 수사관에게 "손으로 쓰겠다."고 하여 공란의 칸을 넓혀 달라고 하여 자필로 작성하면 되고, 내용이 길지 않다면 수사관에게 말로 진술하면 됩니다.
- 이러한 기록은 추후 담당 검사나 재판부에서도 확인을 합니다.

4) 조사 시 주의사항

자백사건 조사 시 주의사항
① 수사관의 질문에 집중
② 수사관의 질문 속도에 맞춰 진술
③ 유리한 부분의 해명
④ 사실에 근거한 진술
⑤ 자백의 범위와 책임범위 유지
⑥ 증거와 불일치하는 진술 금지
⑦ 지나치게 감정적인 표현 자제
⑧ 도주 우려 방지 진술

■ **수사관의 질문에 집중**
- 조사가 진행되는 동안 수사관의 질문을 끝까지 경청하고, 질문의 취지를 명확히 이해한 후 답변합니다.
- 질문이 모호하거나 이해되지 않을 경우, "질문을 조금 더 자세히 설명해 주시겠습니까?"라고 요청하여 정확히 이해하고 답변해야 합니다.

■ **수사관의 질문 속도에 맞춰 진술 ★**
- 진술 속도는 수사관이 질문을 이해하고 조서에 기록하는 데 중요한 영향을 미칩니다. 너무 빠르게 답변하거나 한꺼번에 많은 내용을 전달하면, 수사관이 제대로 받아 적지 못하거나 진술이 왜곡될 가능성이 있습니다.
- 수사관의 타이핑 속도에 맞춰 천천히, 정확히 진술하는 것이 중요합니다.
- 음주운전과 관련하여 ①반성하는 태도, ②재발 방지 노력, ③피해자와의 합의에 대한 노력 및 의지 등의 중요한 사항이 피의자 신문조서에 명확히 기록되도록 해야 합니다. 이는 수사관이 질문을 하지 않더라도 마찬가지입니다.
- ①반성 태도, ②재발 방지 노력, ③피해 회복 의지를 진술할 때는 수사관에게 "이 부분이 조서에 반드시 기록되도록 부탁드립니다"라고 요청합니다.

■ **유리한 부분의 해명**
- 자신에게 유리한 사실이 명확히 존재할 경우, "당시 상황을 조금 더 설명해도 될까요? 라고 요청한 후, 합리적이고 납득할 만한 해명을 합니다.

■ **사실에 근거한 진술**
- 답변 시 다음을 구분하여 진술합니다:
  ① 실제 경험한 사실
  ② 들어서 알게 된 사실
  ③ 추측이나 개인적 의견
- 추측성 발언은 삼가며, 모르는 것은 "알지 못합니다" 또는 "확실히 기억나지 않습니다"라고 답변해야 합니다.
- 특히, 자신이 아닌 타인의 행동이나 발언에 대해서는 직접 보고 들은 것이 아니면 직접 보고 들은 것처럼 진술하지 않습니다.

■ **자백의 범위와 책임범위 유지**
- 자백사건이라 하더라도, 자신의 죄를 필요 이상으로 과장하거나 죄를 더 크게 만드는 진술은 삼가야 합니다.
- 고소를 받은 혐의 내에서 자백하는 범위와 책임범위를 유지해야 합니다.
- 예를 들어, 실제로 피해자의 동의가 있었던 성적 접촉을 "강제로 했다"거나, 기억이 불명확한 행위를 "피해자가 강력히 거부했음에도 지속했다"는 식으로 잘못 진술하는 경우, 형량이 더 무거워질 수 있습니다.
- 예를 들어, 피해자와 가벼운 신체 접촉이 있었던 상황을 "성적 의도를 가지고 적극적으로 행동했다"고 과장 진술하면, 죄명이 중한 범죄로 변경될 위험이 있습니다.

■ **증거와 불일치하는 진술 금지**
- 경찰이 확보한 증거와 모순되는 진술은 신뢰도를 떨어뜨리며, 재판 과정에서도 불리하게 작용할 수 있습니다.
- 잘못된 예 : "저는 피해자를 만난 적이 없습니다."(증거로 접촉 사실이 확인되는 경우)
- 잘못된 예 : "그날 저는 그 장소에 가지 않았습니다."(CCTV 등으로 입증되는 경우)
- 잘못된 예 : "제가 그 행동을 한 적이 없습니다."(명백한 증거가 존재하는 경우)

■ 지나치게 감정적인 표현 자제
- 과도한 감정 표현은 경찰 조사에서 신뢰를 떨어뜨릴 수 있고, 오히려 자살불안으로 구속영장이 청구될 수 있습니다.
- 잘못된 예 : "저는 차라리 죽고 싶습니다."
- 잘못된 예 : "이제 제 인생은 끝났습니다."

■ 도주 우려 방지 진술
- 주거지가 일정하고, 직업, 가족 등 사회적 유대관계가 있음을 강조하여 도주 우려가 없음을 분명히 해야 합니다.
- 도주 우려가 있다고 판단될 경우 구속영장이 청구될 가능성이 있으므로, 경찰 조사 단계의 피의자신문조서에 도주 우려가 없음을 명확히 진술하고 조서에 기재되어야 합니다.
- 또한, 영장실질심사에서도 영장담당 법관은 피의자신문조서를 확인하므로, 도주 우려를 불식시키는 진술이 중요합니다.
- 올바른 예 : "저는 부산에 있는 직장에서 5년째 근무 중이며, 가족과 함께 거주하고 있습니다. 현재도 직장에 다니며 안정적인 생활을 하고 있습니다."
- 올바른 예 : "피해자와의 합의를 위해 변호사를 통해 대화를 진행하고 있으며, 진심으로 사과드리고 피해 회복을 위해 노력하고 있습니다." (→구속되는 경우 피해자에 대한 피해배상이 어려울 수 있음을 호소하는 것이 긍정적)

아. 구속 전 피의자심문(구속영장실질심사) 대비방법

1) 구속영장이 청구될 가능성이 높은 경우

■ **중범죄 또는 실형 가능성이 높은 사건**
- 강간, 유사강간, 준강간 등 중대한 성범죄
- 미성년자 대상 성범죄
- 피해자에게 심각한 정신적, 신체적 피해를 입힌 경우
- 재범 가능성이 높은 습벽(반복적 행동)이 인정되는 경우
- 자살가능성이 있어 보이는 피의자

■ **증거인멸 우려가 높은 사건**
- 피의자가 증거를 은폐하거나 삭제하려는 정황이 발견된 경우
- 피해자나 목격자에게 사건과 관련된 발언을 강요하거나, 회유 또는 협박한 경우
- 사건 관련 자료(예: 휴대폰, 컴퓨터) 교체, 삭제 등의 행위가 의심되는 경우
- 카메라 촬영 혐의를 받고 있는 피의자가 사건 직후 기기를 초기화하거나 폐기한 경우

■ **도주 우려가 있는 경우**
- 피의자가 주거지가 일정하지 않거나 무직 등으로 사회적 유대관계가 약한 경우
- 출국 시도가 있거나, 외국으로 도주할 가능성이 높은 경우
- 피의자가 경찰 조사 또는 검찰 소환에 응하지 않고 반복적으로 불출석한 경우
- 피의자가 수사기관 연락을 받지 않고 해외 출국을 시도한 사례

■ **피해자에 대한 위해 우려가 있는 경우**
- 피해자에게 직접적인 위해(협박, 폭행, 스토킹 등)를 가했거나 그 가능성이 있는 경우
- 피해자와의 접촉이 예상되는 경우(같은 직장, 학교, 아파트 등)
- 피해자가 피의자의 보복 가능성에 대해 불안을 호소한 경우
- 피의자가 피해자에게 "고소를 취하하지 않으면 불이익을 주겠다"고 협박한 정황

■ 반복 범죄(누범) 또는 집행유예 기간 중 재범인 경우
- 피의자가 과거 성범죄 전과가 있는 경우
- 집행유예 기간 중 재범을 저지른 경우

■ 피의자가 혐의를 완강히 부인하며 수사에 비협조적인 태도를 보이는 경우
- 경찰 또는 검찰의 소환에 반복적으로 불응한 경우
- 반성의 태도를 보이지 않고, 책임을 회피하려는 태도를 보이는 경우
- 수사기관의 출석 요청에 여러 차례 불응하며 조사를 지연시키는 피의자

■ 피해자와의 합의가 진행되지 않은 경우
- 피해자가 처벌 의사를 강하게 밝히고 있으며, 피의자가 합의 노력을 기울이지 않은 경우
- 피해 회복을 위한 경제적, 심리적 보상 의지가 없는 경우

2) 피의자의 구속영장실질심사 대비 방법

■ 구속영장청구서 확인
- 구속영장청구서에 기재된 범죄 내용을 면밀히 검토하여, 불합리하거나 사실과 다른 점에 대해 변호사와 논의합니다.
- 구속영장청구서를 보지 못한 경우, 경찰 조사 시 질의 내용과 혐의 등을 상기합니다.
- 구속영장실질심사에서는 판사가 피고인에게 직접 사실관계에 대해서 질문을 하는 경우가 많습니다.

■ 판사에게 호소해야 할 핵심사항
①반성과 책임감을 강조하는 대답 : 피의자가 자신의 잘못을 명확히 인정하고, 반성하며 책임감을 보이는 태도는 구속영장 기각을 유도할 수 있는 중요한 요소입니다.

예시
- "이번 사건으로 제 잘못을 깊이 깨닫고 있으며, 피해자께 끼친 고통에 대해 진심으로 사죄드립니다. 재발 방지를 위해 모든 노력을 다할 것을 약속드립

니다."
- "사건 이후 제 행동에 대해 깊이 반성하며, 피해자의 피해를 회복하기 위해 최선을 다하고 있습니다."

②피해자와의 합의 진행을 언급하는 대답 : 피해자와의 합의가 진행 중이거나 합의가 이루어졌음을 밝히는 것은 구속영장 기각의 중요한 요소입니다.

예시
- "피해자와의 합의를 위해 노력 중이며, 사건 해결을 위해 피해자와 원만한 대화를 진행하고 있습니다." - "피해자께 사죄의 뜻을 전달했고, 합의금 마련을 위해 최선을 다하고 있습니다."

③피해자에게 위해를 가할 가능성이 없음을 언급 : 피해자와 접촉하거나 위해를 가할 의도가 없고, 피해자의 불편을 최소화 시키기 위한 노력을 하고 있다는 점을 분명히 밝혀야 합니다. 피해자에 대한 2차 가해는 판사가 특히 신경쓰는 부분이기도 합니다.

예시
- "저는 피해자와 같은 학교에 다니고 있지만, 피해자가 불편함을 느끼지 않도록 사건 발생 직후 곧바로 휴학을 신청하여 현재 휴학 중입니다. 또한, 피해자가 다니는 학교 시설과 접촉하지 않도록 스스로 철저히 제한하고 있습니다. 피해자와의 접촉을 피하며, 2차 가해가 발생하지 않도록 최선을 다하고 있음을 말씀드립니다." - "사건 이전에 피해자와 같은 아파트에 거주하던 상황이었지만, 피해자가 불편함을 느끼지 않도록 사건 이후 부동산을 처분하고 다른 지역으로 이사했습니다. 더 이상 피해자와 가까운 거리에 있지 않으며, 피해자와의 접촉을 피하기 위해 철저히 노력하고 있음을 말씀드립니다."

④도주 우려가 없음을 강조 : 구속영장 발부 사유 중 하나인 도주 우려가 없다는 점을 명확히 밝혀야 합니다.

예시
- "저는 현재 가족과 함께 거주하며, 가족의 생계를 책임지고 있습니다. 주거지

가 일정하고, 도주할 이유도 없습니다."
- "현재 고정된 직장을 다니며 사회적 유대 관계를 유지하고 있습니다. 사건과 관련하여 도주하거나 숨길 이유가 전혀 없습니다."

⑤재발 방지를 위한 계획을 제시하는 대답 : 피의자가 재범 방지를 위해 구체적인 계획을 수립하고 있다는 점을 강조해야 합니다.

예시
- "재발 방지를 위해 상담 치료를 시작했으며, 전문적인 교육 프로그램에 참여하고 있습니다." - "제가 저지른 잘못을 되풀이하지 않기 위해 상담을 받고 있으며, 가족과 지인의 도움을 통해 새로운 삶을 살고자 노력하고 있습니다."

⑥개인적인 상황과 구속의 불필요성을 설명하는 대답 : 구속이 피의자의 가족이나 주변 사람들에게 미칠 영향을 언급하며, 구속이 과도한 조치임을 설득해야 합니다.

예시
- "제가 구속된다면 가족들이 경제적으로 큰 어려움을 겪게 됩니다. 아이들이 아직 어리고, 제가 생계를 책임지고 있습니다." - "구속되지 않는다면 법적 절차에 성실히 임하며 사건 해결에 집중할 수 있습니다."

■ **외모와 태도**
- 단정한 복장과 공손한 태도로 출석하여, 판사에게 신뢰를 줄 수 있는 이미지를 형성합니다.

■ **진술의 일관성 유지**
- 경찰 조사와 영장실질심사에서 진술이 일치해야 신뢰를 잃지 않습니다.

■ **질문에 정확하고 간결하게 답변**
- 판사의 질문에 동문서답을 피하고, 질문의 요지에 맞는 명확한 답변을 준비합니다.

- 담당판사가 궁금해 하는 사항에 대해서 적극적으로 충족시키는 답변을 해야 합니다.

3) 미리 준비해야 할 자료

■ **피해자와 합의**
- 피해자와의 합의는 구속영장을 기각시킬 수 있는 중요한 요소입니다.
- 합의 진행 중인 경우 이를 명확히 밝혀야 합니다.

■ **탄원서 확보**
- 가족, 직장 동료 등으로부터 탄원서를 준비하여, 피의자가 도주하거나 증거를 인멸할 우려가 없음을 강조해야 합니다.

■ **재범 방지 노력**
- 필요하다면 치료 프로그램 이수 계획 등을 제시하여 재범 가능성이 없음을 적극적으로 표명할 준비를 해야 합니다.

■ **도주 우려가 없음을 증명하는 자료**
- 주민등록등본, 임대차계약서, 가족관계증명서
- 재직증명서, 급여명세서
- 봉사활동증명서, 소속 단체 확인서 등

■ **증거인멸 우려가 없음을 증명하는 자료**
- 경찰 소환 및 조사에 성실히 출석한 기록
- 사건과 관련된 모든 증거를 제출했음을 보여주는 자료(문자 기록, 통화 내역, CCTV 요청 자료 등)
- 휴대폰, 컴퓨터 등 사건과 관련된 자료가 삭제되지 않았음을 증명
- 해당 기기를 포렌식하거나 수사기관에 자발적으로 제출했음을 강조

■ **피해자와의 접촉 가능성이 없음을 증명하는 자료**
- 물리적 거리 확보 증명

- 피해자와 같은 학교에 다닐 경우 휴학신청서
- 피해자와 같은 아파트에 거주했던 경우 이사 확인서

자. 법원 유죄인정 최후진술 준비방법

1) 서설

최후진술은 성범죄로 기소된 피고인이 재판부에 자신의 반성과 진정성을 마지막으로 전달할 수 있는 중요한 기회입니다. 단순히 형식적인 절차가 아니라 판사가 피고인의 태도를 직접 확인하고 형량을 결정하는 데 중요한 요소로 작용하므로 신중하고 성의 있게 준비해야 합니다.

먼저, 자신의 잘못을 솔직하게 인정하고 피해자에게 진심으로 사과하는 태도를 보여야 합니다. 단순한 사과가 아니라, "제 행동으로 인해 피해자께 깊은 상처를 드렸음을 깨닫고 깊이 반성하고 있습니다"와 같이 구체적인 표현을 사용해야 합니다. 또한, 재범 방지를 위한 구체적인 노력을 제시하는 것이 중요합니다. 성 인지 교육 이수, 심리 상담 및 치료 프로그램 참여, 성폭력 예방 활동 등의 계획을 밝히고, 이를 실천하고 있음을 강조하면 재판부가 피고인의 태도를 더욱 긍정적으로 평가할 수 있습니다.

피해 회복을 위한 노력을 강조하는 것도 필수적입니다. 피해자에게 사과 편지를 보냈거나 합의를 시도했는지, 혹은 형사공탁을 통해 피해 보상을 위해 노력했는지를 설명해야 합니다. 합의가 이루어지지 않았더라도, 피해자의 뜻을 존중하며 진정성 있는 태도로 사죄하려 했음을 전달하는 것이 중요합니다.

피고인이 실형을 선고받을 경우 가족이 받을 경제적·정서적 피해에 대해서도 설명할 필요가 있습니다. 본인이 부양해야 할 가족이 있거나, 실형으로 인해 가정이 심각한 어려움을 겪을 가능성이 있다면 이를 사실에 근거해 담담하게 설명하는 것이 효과적입니다. 다만, 감형을 위한 변명으로 보이지 않도록 자신의 책임을 인정하는 태도를 유지해야 합니다.

최후진술은 단순한 감형 요청이 아니라, 자신의 잘못을 인정하고 반성하며 재발 방지를 위해 어떤 노력을 할 것인지에 대한 진솔한 다짐을 전달하는 과정입니다. 경찰, 검찰, 법원 단계를 거치면서 느낀 소회를 함께 언급하는 것도 도움이 될 수 있습니다. 처음 고소 사실을 접했을 때의 충격과 혼란, 검찰 조사를 받으며 사건의 심각성을 깨닫게 된 과정, 그리고 법정에서 자신을 돌아보며 깊이 반성하게 된 순간들을 진솔하게 이야기하면 재판부가 피고인의 태도를 더욱 진정성 있게 받아들일 가능성이 높습니다. 마지막으로, 재판부에 대한 존중을 표현하고 선처를 간곡히 호소하면서 마무리하는 것이 적절합니다.

2) 법정 출석시 복장과 주의사항

■ **깔끔하고 단정한 옷차림**
- 법정은 엄숙한 분위기의 장소이므로, 지나치게 화려하거나 자유로운 복장은 피해야 합니다.
- 슬리퍼나 조리 등의 신발은 피하시기 바랍니다.
- 경찰, 군복, 종교 복장 등 법정의 중립성을 해칠 수 있는 복장은 피하십시오.
- 탈색한 머리나 문신이 보이는 옷은 피하시는 것이 좋습니다. 재판부뿐만 아니라, 피해자 측이 법정 방청석에 출석한 경우 외모에서 주는 인상이 부정적으로 작용하여 반성의 진정성을 의심받거나 불필요한 반감을 유발할 수 있습니다.

■ **정중한 태도 유지**
- 법정에서는 항상 예의 바르고 겸손한 태도를 유지하세요. 판사, 검찰, 변호사에게도 존칭을 사용하며, 감정적 반응을 삼가야 합니다.
- 판사의 지시나 안내를 집중해서 듣고, 불필요한 행동(예: 몸을 흔들거나 고개를 자주 돌리는 것)을 삼가야 합니다.
- 법정에서 손을 주머니에 넣거나 팔짱을 끼는 행동은 예의에 어긋납니다. 항상 단정한 자세를 유지하십시오.

■ **휴대폰 및 전자기기**
- 법정 입장 전 휴대폰은 꺼두거나 진동 모드로 설정하십시오. 재판 도중 휴대폰 사용은 엄격히 금지됩니다.

■ **판사의 질문에 대한 답변**
- 판사가 피고인에게 직접 질문을 하는 경우 정확히 답변하되, 진실을 바탕으로 일관성 있게 진술하는 것이 중요합니다.

■ **재판진행 중 혼잣말 삼가**
- 재판진행 중에 간혹 혼잣말을 하는 경우 판사가 재판진행에 방해된다면서 경고

하는 경우가 있습니다.

■ **피해자 측이 법정 방청석에 온 경우가 있음(★)**
- 피해자 가족 등이 최후변론 때 법정 방청석에 앉아 있는 경우가 간혹 있습니다. 최후진술이 거짓이나 가식으로 느껴질 때 최후진술의 내용을 들은 직후에 엄벌탄원서를 제출하는 경우가 있으므로 이를 주의해야 합니다.
- 반대로 피해자 가족 등이 최후변론 때 법정에 오는 경우가 있으므로 피해가 가족에게 하고 싶은 진실된 마음을 표현하는 좋은 기회가 될 수도 있습니다.

3) 최후진술에 들어가야 하는 내용

■ **반성문과의 연계성**
- 반성문과 최후진술은 연결되지만, 반성문의 내용을 그대로 읽는 것은 지양해야 합니다.
- 새로운 내용을 포함해 반성의 깊이를 보여주세요.

■ **진부한 표현 제거**
- 다음과 같은 표현들은 진부하고 식상할 수 있습니다 : "죽을죄를 지었습니다.", "뼛속 깊이 반성하고 있습니다.", "다시는 이런 일이 없을 것입니다." 등의 추상적이고 상투적인 표현은 제거하세요.
- 대신, 구체적인 반성행동과 계획에 대해서 판사에게 말로 표현해주세요.

■ **최후진술 핵심 사항 3가지**
- 반성의 이유와 구체적인 방법(예: 상담 참여, 사회봉사 등).
- 피해자와의 관계 회복 노력(합의 여부 포함).
- 재범 방지 계획(강의 수강, 치료 등).

■ **진심으로 반성하는 모습**
- 본인의 잘못을 인정하고 반성하는 내용을 포함하세요.
- 피해자를 먼저 사과의 대상으로 삼고, 자신의 가족에 대한 언급은 그 뒤에 하세요.

- "내 처벌을 줄여달라"는 식의 내용은 지양하고, 피해자와 사회를 향한 참회를 강조하세요.
- 예 : "제 잘못된 행동으로 인해 피해자와 그 가족에게 깊은 상처를 드린 점에 대해 진심으로 사죄드립니다."

■ 재범 가능성 제거
- 현재까지의 노력과 앞으로의 계획을 구체적으로 설명하세요.
- 예 : "사건 이후 상담을 받고 있으며, 재범 방지를 위해 성 관련 교육을 이수하고 있습니다."

■ 시간 배분
- 약 1~2분 분량으로 구성하세요.
- 시간을 재면서 연습해 보세요.

■ 암기 또는 준비
- 암기하여 말하는 것이 가장 좋습니다.
- 암기가 어려울 경우 A4에 자필로 작성하세요.
- A4로 미리 준비한 최후진술서는 최후진술 후 법원에 제출할 수 있습니다.

4) 최후진술준비 예시 - 법정에서 말로 해야 합니다

아래는 최후진술준비 예시입니다. 예시는 참고용일 뿐이며, 똑같이 작성해서는 안 됩니다. 본인이 직접 경험한 사건과 본인만이 전달할 수 있는 독창적인 내용을 포함하여 작성하시기 바랍니다.

최 후 진 술 서

사건번호 : 부산지방법원 2025고단12345
피 고 인 : 김○○

존경하는 재판장님,

저는 제 잘못된 행동이 피해자분께 얼마나 큰 고통과 상처를 주었는지 깊이 깨닫고 반성하고 있습니다. 제 행동으로 인해 피해자분과 그 가족분들께 돌이킬 수 없는 상처를 남겼다는 사실이 너무도 부끄럽고, 스스로를 용서할 수 없습니다. 이 자리에서 다시 한번 진심으로 머리 숙여 사죄드립니다.

사건 이후 저는 제 삶과 행동을 돌아보며 깊이 반성하는 시간을 가졌습니다. 성 관련 강의와 심리 상담을 통해 저의 잘못을 직면하고, 같은 실수를 반복하지 않기 위해 노력하고 있습니다. 전문가의 도움을 받으며 저 자신을 변화시키고, 앞으로 어떤 상황에서도 법과 도덕을 지키며 살아갈 수 있도록 철저히 다짐하고 있습니다.

또한, 피해자분께 진심으로 사죄하고, 그분의 고통을 조금이라도 덜어드리기 위해 제가 할 수 있는 모든 노력을 다하겠습니다. 사건 이후 저의 무지함과 책임감 부족을 절실히 깨닫고, 피해자분의 회복을 위해 실질적으로 도움이 될 수 있는 방법을 모색하며 최선을 다하고 있습니다. 이 모든 과정은 저 스스로를 다시 돌아보고, 사회에 보탬이 되는 사람이 되기 위한 첫걸음이기도 합니다.

재판장님, 이번 사건을 계기로 제 인생을 다시 시작하고자 합니다. 이 사건을 통해 배운 교훈과 반성을 마음에 새기며, 절대로 같은 잘못을 저지르지 않겠다는 다짐으로 살아가겠습니다. 제가 다시 한번 사회에서 제 역할을 다할 기회를 주신다면, 이번 사건을 계기로 한 사람으로서 더 성숙하고 책임감 있는 삶을 살며, 이 신뢰를 반드시 갚아나가겠습니다.

끝으로, 피해자분께 진심으로 사죄드리며, 이 자리를 통해 제 잘못을 고백하고, 앞으로 다시는 법정에 서지 않겠다는 다짐을 드립니다. 감사합니다.

2025년 ○○월 ○○일

피고인 : 김○○ (자필 서명)

7. 무죄를 주장하는 의뢰인 대응솔루션(구체적 대처방법★)

> 가. 서설
> 나. 성범죄가 무죄가 나올 수 있는 유형
> 다. 성범죄가 무죄가 나오기 힘든 유형
> 라. 사실관계 정리 및 무죄를 입증할 증거자료 확보 및 예시
> 마. 본인진술서 작성방법
> 바. 무죄를 위한 경찰 또는 검찰조사 받는 방법
> 사. 구속 전 피의자심문(구속영장실질심사) 대비방법
> 아. 법원단계 무죄 재판준비
> 자. 무죄가 나온 경우 고소인 상대로 할 수 있는 법적 조치

가. 서설

죄를 부정하는 피의자 등은 사건 초기부터 철저한 준비와 대응이 필수적입니다. 첫 경찰조사는 사건의 방향을 결정짓는 가장 중요한 출발점이 되므로, 경찰 조사에서 침착하고 일관된 진술을 해야 합니다. 억울함을 주장하는 상황이라도 구속영장이 청구될 수 있으며, 구속된 상태에서는 방어권 행사가 제한되기 때문에 구속영장이 기각되도록 대비하는 것이 중요합니다. 기소되어 법원 재판 단계에 이르면, 증인신문을 실시하기로 결정된 경우 증인신문은 재판의 판결에 결정적인 영향을 미치는 과정입니다. 변호인이 증인을 신문하는 과정에서 피의자 등은 변호인을 적극적으로 보조해야 하며, 증인의 진술이 사건의 진실을 밝히는 데 효과적으로 사용될 수 있도록 준비해야 합니다. 또한, 재판의 마지막 단계에서 진행되는 피고인의 최후진술은 재판부에 피고인의 진정성을 전달할 수 있는 중요한 마지막 기회입니다. 이 과정에서 자신의 억울함과 사건에 대한 입장을 설득력 있게 전달하기 위해 최후진술 준비 방법을 철저히 숙지해야 합니다.

자세한 내용은 피의자 등이 위치한 각 단계에 맞추어 아래의 내용을 2~3회 이상 읽어 반드시 숙지하시기 바랍니다.

나. 성범죄가 무죄가 나올 수 있는 사건 유형

성범죄 사건에서 무죄 판결이 나기 쉬운 사례는 대체로 피해자의 진술 신빙성이 약하거나 객관적 증거가 부족한 경우입니다. 먼저, 피고인과 고소인이 과거 합의하에 성관계를 가진 적이 있는 경우, 두 사람 간의 성적 친밀함이 확인된다면 이번 사건도 합의된 관계였을 가능성을 뒷받침할 수 있습니다. 예컨대 연인 관계였던 시절의 문자, 사진, 자발적으로 만난 기록 등은 중요한 자료가 될 수 있습니다. 또한, 사건 이전에도 피해자가 스스로 피고인과의 만남을 주선하거나 성적 친밀감을 암시하는 메시지를 주고받는 등의 행동이 있었다면, 이는 합의 가능성을 높이는 정황으로 작용합니다. 피해자가 사건 발생 후 시간이 한참 지난 뒤 고소하거나, 이후에도 피고인과 친밀한 교류를 지속한 경우, 피해자의 진술 신빙성은 의심받을 수 있습니다. 예를 들어, 사건 직후 두려움 없이 가해자와 저녁 식사를 하거나, SNS에 평범한 일상 사진을 게시하는 행동은 피해자답지 않은 모습으로 비춰질 수 있습니다. 객관적 증거가 부족한 경우 역시 무죄 가능성을 높이는 요인입니다. 예를 들어 CCTV, 상해 진단서와 같은 직접적 증거가 없고, 피해자의 진술 외에 사건을 입증할 자료가 부족하다면, 재판부는 합리적 의심을 품을 수 있습니다.

피해자의 진술이 사건 초기와 이후 조사 과정에서 반복적으로 변경되거나 중요한 모순점이 발견되는 경우에도 진술 신빙성은 떨어지게 됩니다. 피해자가 오히려 피고소인에게 미안하다는 취지의 발언을 한 경우, 피해자가 임신사실을 알게 되기 전까지는 피고인을 고소하지 않은 경우 등 고소의 경위가 수상 경우에는 허위고소 가능성을 의심케 하며, 또 피해자가 사건 이후에도 가해자와 연락을 지속하거나, 금전적 요구나 감정적 갈등이 있었던 정황이 드러난다면, 역시 허위고소 가능성을 의심케 하는 근거가 될 수 있습니다. 피해자가 고소 직전 가해자에게 금전적 합의를 요구하거나 사건 이전부터 피고인과 갈등이 지속된 기록이 있는 경우, 피해자의 고소 동기에 의문이 제기될 수 있습니다. 사건 발생 후 피해자가 제3자에게 피해 사실을 알리지 않거나, 주변 사람들과 평소처럼 행동한 경우도 피해 진술의 진정성을 의심하게 만드는 요소가 될 수 있습니다. 사건 직후 가해자를 다시 만나거나, 일상적인 메시지를 주고받은 정황도 마찬가지입니다. 피해자가 사건 당시 음주 등으로 기억이 불명확하고 "분위기상 그랬던 것 같다"는 식의 추정 진술을 했다면, 이는 신빙성에 타격을 줄 수 있습니다.

피고인과 피해자가 과거 친밀한 관계였다는 객관적 증거가 있거나, 피해자가 사건 이후에도 피고인과 자연스럽게 어울린 정황이 있다면, 재판부는 피해자의 주장을 신뢰하기 어렵다고 판단할 가능성이 높아집니다. 피해자가 사건 후에도 즐겁게 지내는 모습이 확인되거나, 사건을 무겁게 여기지 않는 태도를 보였다면, 진술의 신빙성을 약화시킬 수 있습니다. 또한, 피해자가 과거 허위고소 전력이 있거나, 고소 동기가 보복이나 금전적 목적에 기반한 정황이 있는 경우, 재판부는 피해자의 신뢰성을 낮게 평가할 수 있습니다. 이러한 사례들은 피해자의 주장이 논리적, 사실적으로 취약함을 입증하는 데 도움을 주며, 피고인의 무죄 주장을 강화하는 중요한 근거가 될 수 있습니다.

다. 성범죄가 무죄가 나오기 힘든 사건 유형

성범죄가 무죄 판결을 받기 어려운 유형은 주로 피해자의 진술이 일관되고 신빙성을 확보한 경우와 객관적 증거가 피해자의 주장을 뒷받침할 때 발생합니다. 먼저, 경찰과 검찰 단계에서 유죄 혐의로 송치된 후 기소까지 진행된 사건은 두 수사기관의 판단이 일치한 것이기 때문에 무죄를 받기가 매우 어렵습니다. 과거에 성범죄 전과가 있는 경우에도 재판부는 피고인의 재범 가능성을 높게 보고 불리한 판단을 내릴 가능성이 큽니다. 또한 피해자가 두 가지 이상의 성범죄 혐의를 주장하는 경우, 예를 들어 강간과 준강간이 함께 제기된 사건에서는 각각의 혐의가 상호 보완적으로 작용해 무죄를 주장하기 어려워집니다. 사건 직후 피고인이 피해자에게 사과하거나 미안하다는 발언을 한 경우, 이는 자신의 잘못을 인정한 것으로 간주될 수 있어 무죄 주장에 불리하게 작용합니다(만약, 잘못을 시인하거나 사과 등을 한 자료가 있는 경우에는 잘못을 시인하거나 사과 등을 한 해명자료가 필요하고, 특히 피해자의 협박 등으로 사과를 한 경우에는 필수적으로 협박이나 강요로 인한 사과였다는 점에 대한 객관적인 증거자료 확보가 필요합니다).

더 나아가, 피해자가 사건 직후 부모나 친한 지인에게 피해 사실을 알린 경우, 이러한 행동은 피해자의 진술 신빙성을 높이는 요소로 판단됩니다. 또한 피고인이 피해자에게 본인의 직업이나 경력을 거짓말했고 그것이 수사기관에 의해서 밝혀진 경우에도 피고인의 진술의 신빙성을 약하게 하는 것으로서 불리하게 작용합니다.

객관적인 증거가 피해자의 주장과 일치할 때도 무죄 판결을 기대하기 어렵습니다. 예를 들어 CCTV 영상, DNA 검출 결과, 목격자 진술 등이 피해자의 진술과 부합한다면 피고인의 반박은 설득력을 잃게 됩니다. 피해자의 진술이 일관되며, 사건 이후에도 번복이나 모순이 없을 경우, 재판부는 피해자의 진술 신빙성을 인정할 가능성이 높습니다. 또한 피해자가 사건 이후 심리 상담이나 치료를 받았다는 기록이 있다면, 이는 피해자의 진술을 보강하는 요소로 작용할 수 있습니다. 피고인이 경찰 조사나 재판 중 진술을 번복하거나 일관되지 않게 진술한 경우에도 신뢰를 잃게 되어 무죄를 주장하기 어려워집니다. 거짓말 탐지기에서 부정적인 결과가 나온 경우, 이는 결정적 증거는 아니지만 재판부에 부정적인 영향을 줄 수 있습니다. 피해자가 사건 장소나 상황을 명확히 설명하며, 제3자의 도움 없이 자발적으로 고소를 진행한 경우에도 피해자의 신빙성이 높아집니다.

특히 피해자가 자신에게 불리할 수 있는 환경에서도 강력히 피해를 주장하거나, 사건 이후 가해자와 접촉을 완전히 차단하려는 행동은 진술의 진정성을 강하게 뒷받침합니다. 피해자가 생리 중에 있어 쉽사리 성행위를 동의했을 가능성이 낮은 경우에 피해를 당했다거나, 사건이 발생한 시간이 사람들로부터 도움을 요청하기 어려운 환경이었음을 입증한 경우에도 무죄를 주장하기 힘들어집니다. 재판 과정에서 피해자가 감정적으로 호소하거나 자신의 고통을 진정성 있게 표현할 경우, 이는 재판부의 심증 형성에 큰 영향을 미칠 수 있습니다. 마지막으로, 피해자와 피고인이 사건 이전에 아무런 친밀한 관계가 없는 경우, 피해자가 고소를 통해 금전적 이익을 추구하거나 보복할 동기가 없는 것으로 보이는 경우, 수사기관 및 법원은 미성년자를 특별히 보호하려는 태도를 취하기 때문에 피해자가 미성년자인 경우 등 이러한 상황들은 무죄 판결 가능성을 더욱 낮춥니다.

라. 사실관계 정리 및 무죄를 입증할 증거자료 확보 및 예시

우선 무죄를 주장하기 위해서 당장 해야 하는 일은 본인이 겪었던 사실관계를 **시간순으로 세부적이고 구체적인 글(PC)로 정리**해 놓아야 합니다. ①고소인을 알게 된 경위, ②고소인을 만나게 된 경위, ③고소인과 만나기 전 상황, ④고소인과 만나고 사건발생까지의 사실관계, ⑤사건발생 후의 상황을 시간순서별로 사실관계를 빼곡히 정리를 해두어야 하고, ⑥고소인과 피고소인이 구체적으로 어떤 대화를 나누었는지 하나 하나의 대사까지 모두 기록을 해야 합니다. ⑦피의자 등이 불리할 수 있는 사실관계까지도 숨기지 않고 정리하고 진술한다면, 이는 진실성을 나타내며 오히려 신빙성을 높일 수 있고, 실제로 무죄판결문의 이유로 작성되기도 합니다.

사건의 흐름을 제3자가 읽었을 때도 머릿 속으로 해당 장면이 연상될 정도로 디테일하게 정리를 해두어야 합니다. 또한, 사실관계를 정리하면서 사실관계를 뒷받침할 수 있는 무죄의 입증자료를 생각해야 합니다. **형사소송은 증거재판주의이므로 무죄를 입증하기 위해서는 무죄를 입증할 증거자료가 있어야 합니다(사소한 것이라도 반드시 증거를 확보해야 합니다. 백마디 말보다 증거입니다)**. 성범죄 사건의 내용은 동일한 것이 없고, 증거의 형태나 종류는 사건마다 매우 다양하므로 본인 스스로도 본인 사건에 유리한 증거가 무엇이 있는지 생각을 해보아야 합니다. 아래는 무죄를 입증할 증거자료 예시입니다. **모든 증거는 최대한 날짜와 시간을 확인할 수 있도록 확보해야 합니다.**

무죄를 입증할 증거자료 예시
1. 디지털 증거
□CCTV 영상 : 사건 발생 시간과 장소에 설치된 CCTV 영상.
□통화 기록 : 통화 시간, 통화 횟수, 통화 상대 등.
□메시지 기록 : 카카오톡, 문자, SNS, 이메일 등에서의 대화 내역.
□GPS 기록 : 스마트폰, 차량 블랙박스 등을 통해 위치를 확인할 수 있는 데이터.
□포렌식 데이터 : 컴퓨터, 스마트폰에서 삭제된 메시지나 파일의 복구.
□네이버지도 등 지도앱 : 지도화면을 캡쳐하여 장소와 이동거리, 이동장소 등을 캡쳐 및 표시.
□전자출입명부 기록 : 사건 당시 방문한 장소의 QR코드 체크인 기록.
※주의해야 하는 점은 ①주고 받은 날짜와 시간, ②발신자 또는 수신자가 누구

인지가 확인될 수 있도록 자료를 확보해야 합니다.

2. 물적 증거
☐의류 및 소지품 : 사건 당시 입었던 옷, 소지품 등에서의 손상 여부(예: 찢어진 옷).
☐DNA 검사 결과 : 피해자나 피고소인 신체에서 발견된 생물학적 증거.
☐지문 및 족적 : 사건 장소에서 발견된 지문이나 발자국.
☐녹음 파일 : 고소인과의 대화나 협박 내용이 담긴 음성 파일.
☐현장 사진 : 사건 장소의 구조와 환경을 보여주는 사진.
※주의해야 하는 점은 ①사진을 찍은 날짜와 시간이 확인(상세정보 보기 캡쳐 등)될 수 있도록 자료를 확보해야 합니다.

3. 증인 관련 증거
☐목격자 진술서 : 사건 당시를 목격한 제3자의 진술(작성날짜 기재 및 제3자의 신분을 확인할 수 있는 자료 첨부).
☐알리바이를 증명할 목격자 : 의뢰인의 사건 당시 행적을 증언할 수 있는 사람.
☐고소인의 진술 모순을 증언할 사람 : 고소인의 행동이나 발언의 불일치를 증언할 수 있는 사람.

4. 고소인의 진술 신빙성 약화 자료
☐고소인의 상식과 다른 행동 :
- 사건 직후 고소인이 피고소인과 웃으며 대화하거나 친밀하게 행동한 영상이나 사진.
- 사건 후 고소인이 의뢰인과 다시 만났다는 기록.
☐고소인의 허위 진술 경력 :
- 고소인이 과거에 허위 신고한 사례.
- 고소인의 주변인과의 대화에서 허위 고소를 시사하는 증언.
☐고소인의 경제적 요구 :
- 고소인이 사건 이전 또는 이후에 금전적 보상을 요구한 문자나 녹음.

☐고소인의 감정적 동기 :
- 고소인이 복수를 이유로 고소했음을 시사하는 자료(예 : 연인 간 갈등, 이별 통보 등).
※주의해야 하는 점은 ①주고 받은 날짜와 시간, ②발신자 또는 수신자가 누구인지가 확인될 수 있도록 자료를 확보해야 합니다.

5. 사건 전후의 정황 증거
☐사건 이전 정황증거:
- 고소인이 먼저 만남을 제안하거나 친밀한 대화를 나눈 기록.
- 고소인이 사건 장소를 제안한 메시지.
☐사건 이후 정황증거 :
- 사건 후 고소인이 긍정적인 태도를 보인 메시지나 행동(예 : "즐거웠다", "다음에 또 보자").
- 고소인이 사건 이후 의뢰인과 지속적으로 연락한 기록.
※주의해야 하는 점은 ①주고 받은 날짜와 시간, ②발신자 또는 수신자가 누구인지가 확인될 수 있도록 자료를 확보해야 합니다.

6. 의뢰인의 신빙성을 강화할 증거
☐일관된 진술 : 조사 단계에서 일관된 내용의 진술서.
☐객관적 증거와 부합하는 진술 : 고소인의 신체적 특징, 사건 장소의 구조 등을 맞추는 진술.
☐자발적 협조 : 경찰 조사 및 DNA 검사 등에 적극적으로 협조한 기록.

7. 전문가 소견
☐심리 분석 보고서 : 의뢰인이 사건 당시 강제성이 없었음을 설명하는 심리학적 소견.
☐의료 기록 : 고소인의 주장과 반대되는 신체적 상해 없음(멍, 찰과상 등).
☐법의학 보고서 : 고소인의 신체에서 강제성을 입증할 흔적이 없다는 법의학적 판단.

8. 시간적·공간적 불가능성을 증명할 알리바이 자료

□시간 간격에 대한 증거 : 사건 당시의 거리와 이동 시간을 증명할 지도 앱 기록.

□동선 기록 : 사건 발생 시점에 다른 장소에 있었다는 GPS, 사진, 목격자 증언.

□컴퓨터 사용 기록 : 범행 시간에 컴퓨터를 사용하고 있었다면, 운영체제의 로그 파일, 인터넷 사용 기록, 이메일 송수신 내역, 게임 로그 기록, SNS 활동 내역 등.

□휴대전화 위치 추적 : 스마트폰의 GPS 기록이나 통신사 기지국 접속 기록.

□교통카드 사용 내역 : 대중교통 이용 시 사용한 교통카드의 탑승 및 하차 기록.

□신용카드 및 체크카드 사용 내역 : 범행 시간에 다른 장소에서 결제한 기록.

□ATM 사용 내역 : 현금 인출 또는 입금 시기의 ATM 사용 기록.

□주차장 출입 기록: 차량을 이용했다면 주차장의 출입 기록이나 블랙박스 영상.

□택시기사 진술서 : 당시 사건과 관련해서 택시기사의 부재중 전화 또는 통화 내역 등이 있는 경우 택시기사에게 연락하여 알리바이를 증명해줄 진술서 확보(+택시기사 자격증 사진 및 주민등록증 사본).

□동석자 진술 : 해당 시간에 함께 있었던 가족, 친구, 동료 등의 진술.

□근무기록 : 해당 시간에 출근하여 근무 중에 있었던 경우 출퇴근 근무기록.

9. 합의 또는 동의를 증명하는 자료

□고소인의 동의를 나타내는 메시지 : 사건 전후의 대화에서 고소인이 동의한 정황.

□고소인의 자발적 행동 :

- 사건 장소에서 자발적으로 행동하는 모습이 담긴 영상.
- 사건 후 고소인이 합의를 시도한 내용.

10. 사과나 사죄·죄를 시인하는 내용의 각서 등이 존재하는 경우 필수자료(★)

※사과나 범행인정의 동기가 의뢰인의 자발적 인정이 아니라 외부의 강요에 의해 이뤄졌다는 점을 구체적이고 설득력 있게 입증해야 합니다. 가능한 모든 자료를 조기에 확보하고, 필요하다면 증거

를 새롭게 수집하는 적극적인 방어 전략이 무죄 판단에 결정적인 영향을 줄 수 있습니다.

□사과나 각서를 쓰게 된 경위가 명확히 드러나는 입증자료의 예시
- 피해자와 나눈 카카오톡 또는 문자메시지
- 피해자와 전화통화를 녹음한 파일 : 피해자가 강압적으로 사과를 요구하는 정황이 담겨 있다면 매우 유력한 증거가 됩니다.
- 피해자가 사과나 각서를 요구하면서 형사처벌을 언급하거나, 사회적 망신 등을 암시하는 표현이 있는 경우
- 예 : "지금 사과 안 하면 기사화시킬 거야.", "네 직장에 다 알릴 거다."

□증거가 없을 경우 새롭게 증거를 확보하는 방법
- 피해자에게 다음과 같은 카카오톡 또는 문자메시지를 보내기

예시
"내가 2025. 00. 00.에 사과문을 써준 것은 네가 그때 '경찰에 신고하겠다', '합의 안 보면 사회적으로 매장된다'는 식으로 협박해서 어쩔 수 없이 쓴 것이야. 나는 지금도 그 일이 너무 억울하다."   ※이후 피해자의 답변 내용이 "그땐 어쩔 수 없었잖아", "네가 알아서 쓴 거 아니었어?" 등으로 회신된다면, 강요나 협박에 의한 사과였다는 점을 간접적으로 입증할 수 있습니다. 해당 대화는 반드시 캡처하여 증거로 보관해야 합니다.

□피해자와 연락할 수 없는 상황일 때의 대안적 입증자료
- 사과 당시 함께 있던 제3자의 사실확인서

예시
사실확인서

성명: 홍길동 본인은 2025년 3월 10일, 피고인이 피해자에게 사과문을 작성하던 현장에 동석하였고, 피해자가 '지금 안 사과하면 경찰에 신고하겠다', '인터넷에 올리겠다'는 등 강하게 압박하는 것을 직접 들었습니다. 피고인은 억울하다고 반복적으로 말했지만, 사건이 커질까봐 사과문을 써주었고, 이 과정에서 자발적인 인정은 없었습니다. 2025. 4. 1. 작성

- 사과 이후 제3자와 주고받은 메시지

예시
피고인: "○○한테 사과문 써줬어. 너무 억울한데, 협박이 너무 심해서 어쩔 수 없었어." 친구: "그때 그 말투는 협박이 맞았지. 네가 무서워하는 거 보였어."

11. 허위고소의 동기 입증자료(★)

1) 경제적 목적 (합의금 갈취)

□고소인은 고소를 통해 피의자로부터 합의금을 얻는 것이 목적입니다. 고소 이후 "합의금만 주면 고소 취하해 줄게" 또는 "벌금만 나오게 해줄게" 등의 표현이 자주 등장합니다.

예시
- 고소인의 카카오톡, 문자, 전화 녹취 중 "돈을 주면 고소를 취하하겠다", "돈이 급하다" 등의 발언 - 계좌번호 요구, 특정 금액 명시 등 - 합의 조건으로 고소를 무기삼은 정황이 담긴 메시지 캡처

2) 보복 및 복수 목적

□감정적 다툼(예: 이별, 거절, 무시 등) 이후 상대방에게 복수하기 위해 허위고

소를 하는 경우입니다.

예시
- 이별 직후 성범죄 고소가 이루어진 경우 - 고소인이 "너 나 무시했지? 가만 안 둘 거야"라는 문자나 SNS 글을 남긴 경우 - 주변인 진술서: "고소인이 헤어진 뒤 복수할 거라고 말했다"는 지인 진술

3) 체면 손상 회피 목적 (주변 시선 회피)

☐ 불륜, 직장상사와의 부적절한 관계, 유흥업소 관계 등 사회적으로 체면이 손상될 수 있는 상황을 은폐하기 위해 "강제로 당한 것"처럼 허위고소를 하는 경우입니다.

예시
- 고소인이 사건 직후 자발적으로 연락을 지속한 사실 (문자, 통화내역) - 성관계 이후 동의 또는 호감 표현 메시지 - 사건 후 고소인이 다시 만남을 제안한 내역

4) 과장된 주장 (실제 사건은 있었으나 죗값을 키우기 위한 과장)

☐ 사건은 있었으나 죗값을 높이기 위해 일부 사실을 왜곡하거나 피해 정도를 확대하여 주장

예시
- 고소인이 주장하는 성폭행 시점과 실제 피해 시점 간의 시간적 모순 - CCTV 또는 제3자 진술로 반박 가능한 내용 (예: "끌려갔다" → 실제로 자발적으로 걸어 들어감) - 고소인의 최초 진술과 후속 진술 간의 변화 및 모순

5) 제3자의 조종 (부모, 배우자, 직장상사 등 타인의 종용)

☐ 본인은 동의했거나 문제 삼지 않았지만, 부모나 배우자, 상사 등이 체면, 분노 등의 이유로 고소를 종용한 경우

예시
- 사건 직후 고소인이 피의자에게 "나는 그냥 넘기고 싶었는데 부모님이 신고하래" 등의 메시지

> - 고소 전 부모나 배우자 등이 고소인을 대신해 피의자에게 연락한 정황
> - 제3자의 녹취나 문자 캡처 (예: "우리 딸 울고 있잖아. 경찰에 신고하겠다")

6) 상대방 통제 목적 (이별 회피, 강압적 복종 유도 등)

☐상대방이 이별하려고 하거나 말이 안 통할 때 허위고소를 통해 협박하고 통제하려는 심리

예시
- "헤어지면 너 고소할 거야", "지금 연락 끊으면 다 끝장나" 같은 문자
- 반복된 협박성 발언의 녹취 또는 메시지 기록

12. 기타 증거

☐탄원서 : 의뢰인의 선량한 성품을 증명하는 가족, 지인들의 진술서.

☐SNS 활동 : 사건 직후 고소인이 평소와 다름없이 활동한 내용.

☐범행 동기 부재 증명 : 의뢰인이 고소인을 해칠 이유가 없음을 보여주는 정황.

☐고소인의 주장을 반박할 수 있는 과거 행적 또는 진술 모순

마. 본인진술서 작성방법

1) 필요성

성범죄 사건에서는 고소인과 피고소인의 진술이 주요 증거로 작용하며, 특히 물적 증거가 부족한 경우 진술의 신빙성이 판결에 결정적인 영향을 미칩니다. 이러한 상황에서 피고소인이 본인 스스로 작성한 진술서를 수사기관과 법원에 제출을 하는 것은 아래와 같은 이유로 필요성을 가집니다.

1. 진술의 신빙성 강화 : 변호인이 작성한 의견서와 함께 피고소인의 자필 진술서를 제출하면, 피고소인의 입장을 더욱 명확하고 구체적으로 전달할 수 있어 진술의 신빙성을 더욱 높일 수 있습니다.
2. 고소인 진술의 신빙성에 대한 대응 : 고소인도 자신의 진술에 신빙성을 부여하기 위해 노력하므로, 피고소인의 진술서가 고소인의 주장과 상충되는 부분을 명확히 지적하고 반박하는 데 도움이 됩니다.
3. 억울함의 효과적 전달 : 피고소인이 아무리 억울하더라도, 자신의 입장을 구체적으로 정리하여 전달하지 않으면 수사기관이나 법원에서 충분히 이해하지 못할 수 있습니다. 진술서를 통해 자신의 억울함을 스스로 전달함으로써 사건 해결에 큰 도움이 될 수 있습니다.

2) 작성방식

- 진술서는 컴퓨터로 초안을 작성한 뒤 최종 내용이 완성된 후 A4 용지에 정성스럽게 자필로 작성하는 것이 좋습니다. 자필은 성의와 진정성을 나타냅니다.
- 다만 상대방이 글자를 알아보기 힘든 경우 또는 악필의 경우 PC로 작성하되, 자필로 쓴 원본을 PC로 쓴 진술서 끝에 원본을 첨부하는 방법과 PC로 작성된 진술서에 서명·날인만 자필로 하는 것도 방법이 될 수 있습니다. 핵심은 자필이 진정성 등을 느끼기에 효과적이라는 점입니다.
- 작성한 진술서를 여러 번 검토하여 오탈자나 불명확한 표현을 수정하고, 필요에 따라 전문가의 조언을 받는 것이 좋습니다.
- A4 용지 맨 위에서 최소 5cm는 띄어서 글을 시작하세요(기록편철시 글자 가림을 방지하기 위함입니다).

3) 진술서 작성의 구체적인 내용

진술서 작성의 구체적인 내용
① 사실관계 중심의 서술
② 고소인과 나눈 구체적인 대화내용의 적시
③ 서로 이성적인 교류가 있었던 내용의 적시
④ 억울함에 대한 논리적 설명
⑤ 구체적인 예시 제시
⑥ 논리적이고 일관된 서술
⑦ 구체적인 증거 제시
⑧ 피해자로서 볼 수 없는 행동 지적
⑨ 피해자 진술의 모순점을 지적
⑩ 허위고소의 동기를 암시

■ 사실관계 중심의 서술
- 변호사가 선임되어 있는 경우 법률적인 내용은 변호사가 담당하므로, 진술서에서는 사건의 사실관계를 중심으로 서술하는 것이 좋습니다.
- 자신의 경험과 사건의 경위를 구체적으로 기술하여 진술의 신빙성을 높이십시오.
- 날짜, 시간, 장소 명확히 기재하여야 합니다(★).
- 시간 순서대로 사실관계를 정리해야 합니다(★).
- 사건이 발생한 후 시간이 흐르면 기억이 흐려질 수 있습니다. 수사기관과 법정에서 본인의 입장을 일관되게 유지하기 위해서는 사건 발생 초기부터 사실관계를 정리하면 진술의 일관성을 유지할 수 있습니다.

■ 고소인과 나눈 구체적인 대화내용의 적시
- "나는 성범죄를 저지르지 않았다"는 단순한 부인은 효과가 없습니다."
- "구체적인 대화 내용을 포함하면, 수사기관이 고소인의 진술 신빙성을 의심할 근거를 마련할 수 있습니다."

대화 내용 정리 방법

1. 시간순으로 정리
- 사건 발생 전, 사건 당일, 사건 후로 구분하여 정리
- 각 시점에서 나눈 대화를 날짜와 함께 기록

2. 대화 내용을 원문 그대로 작성
- 가능하면 대화 원문을 캡처하여 첨부
- 만약 원문 캡처가 불가능하다면, 본인이 기억하는 한도 내에서 최대한 정확하게 작성
- 예 : 2024.02.10. 오후 8시 30분 (대면대화)
    홍길동 : "오늘 너무 좋았어, 다음에 또 보자!"
    고소인 : "나도~ 다음 주에 또 볼까?"

3. 문맥과 상황 설명 추가
- 단순히 대화 내용만 적기보다는, 그 대화가 오고 간 상황을 추가 설명
- 예 : 사건 발생 3일 후, 고소인이 먼저 연락을 했고, '다음에 또 만나자'라는 표현을 사용하였음.

4. 음성 통화 내용은 재구성하여 작성
- 음성 통화 녹취가 없다면, 대화를 최대한 기억하여 정리
- 예 : 2024.02.12. 저녁 9시 (전화 통화)
    고소인 : "우리 다음 주에도 만날까?"
    홍길동 : "그래, 언제가 좋아?"
    고소인 : "토요일쯤 괜찮을 것 같아."

5. 주고받은 문자 메시지, 카카오톡, SNS 메시지 정리
- 문자 메시지는 스크린샷을 보관하고 진술서에는 요약본과 핵심 내용을 포함
- 필요 시 첨부 자료로 제출

6. 모순점 분석
- 고소인의 진술과 피고소인의 대화 내용이 충돌하는 지점을 찾아 정리

- 예 : 고소인이 "나는 원하지 않았다"고 주장하는 반면, 사건 이후 먼저 연락을 하며 다시 만남을 요청한 메시지가 존재하는 경우, 이를 강조

■ 서로 이성적인 교류가 있었던 내용의 적시
- 성범죄의 경우 성적 자기결정권을 침해하는 범죄로서 상대방의 의사에 반하는 행위를 처벌하는 것입니다. 따라서 서로 이성적인 호감이나 교류가 있었던 경우에는 적극적으로 해당 내용을 진술서에 적시하는 것이 중요합니다.
- 다만 구체적인 내용 없이 "그런 느낌이 들었다."는 식의 답변은 피상적일 수 있으니, 가능한 한 구체적인 대화 내용, 행동, 표정, 태도 등을 예로 들어 진술하는 것이 설득력 있습니다.

1. 사건 전 호감 표시 정황
- 평소 자주 연락을 주고받았고, 연락 내용도 개인적인 감정이나 관심을 표현하는 내용이 많았음
- 상대방이 먼저 연락하거나, 밤늦게까지 자연스럽게 대화한 경우가 많았음
- 서로 반말을 썼고, 닉네임이나 애칭을 사용할 정도로 친밀한 사이였음

2. 신체적 접촉이나 스킨십에 대한 반응
- 가볍게 손을 잡거나 어깨에 손을 올리는 등 스킨십에 대해 자연스럽게 반응했고, 거부 반응이 없었음
- 스킨십 이후에도 불쾌하다는 언급이나 저항은 전혀 없었음
- 오히려 더 다정하게 굴거나 웃는 반응을 보였음

3. 성적인 암시나 대화
- 평소에 성적인 뉘앙스가 있는 농담이나 대화를 나눈 적이 있었고, 상대방도 적극적으로 반응하거나 유쾌하게 받아들였음
- 사건 전후로 성적인 이야기나 농담을 하며 거리낌 없이 대화가 이어졌음

4. 외부 활동 및 만남의 방식
- 단둘이 자주 만나거나 늦은 시간까지 같이 있었고, 모텔이나 집처럼 사적인 공간에 자연스럽게 들어왔거나 들어오게 했음

> - 상대방이 먼저 만나자고 제안한 경우가 있었고, 만나면 항상 적극적인 태도를 보였음
>
> 5. 사건 이후 행동
> - 사건 다음날이나 이후에도 연락이 이어졌고, 자연스러운 대화를 지속했음
> - 피해를 입었다는 식의 표현이나 거부감 있는 태도 없이 평소와 다름없는 반응을 보였음

■ 억울함에 대한 논리적 설명 ★
- 단순히 "억울하다"고만 표현하기보다는, 왜 억울한지에 대한 구체적인 이유와 논거를 제시해야 합니다.
- 억울한 이유와 논거는 많을수록 좋으며, 가능한 한 상세하게 작성하는 것이 중요합니다.

■ 억울함을 뒷받침하는 구체적인 예시 제시 ★
- 억울함을 뒷받침하는 구체적인 사례 등을 제시하면 진술의 신빙성을 높일 수 있습니다.
- 구체적인 예시 또한 많을수록 좋으며, 가능한 억울함을 느꼈기에 할 수 있는 말과 행동에 대한 구체적인 예시를 기재해주세요.

> 진술서를 작성할 때, 억울함을 효과적으로 전달하기 위해 다음과 같은 구체적인 예시를 활용할 수 있습니다.
>
> 1. 변호사 선임과 관련된 행동
> - "저는 이러한 혐의가 너무나도 터무니없다고 생각하여, 처음 경찰 조사를 받을 때 변호사조차 선임하지 않았습니다. 특히 고소인이 미성년자이고 미성년자 성범죄 사건의 심각성은 상식적인 것인데도 불구하고 변호사 상담조차 받지 않고 바로 경찰조사에 참석했습니다."
> - "만약 제가 실제로 그런 범죄를 저질렀다면, 첫 조사부터 변호사와 함께 참석했을 것입니다."
> - "성범죄는 아무리 억울해도 고소인의 말만 듣고 유죄가 나온다는 사실을 알

고, 저의 억울함을 적극적으로 입증하기 위해서 잘못을 한 사실도 없지만 변호사를 선임했습니다."

2. 일상적인 행동 패턴
- "사건 당일, 저는 평소와 다름없이 직장 동료들과 점심을 먹고, 오후 2시부터 5시까지 사무실에서 근무하였습니다. 이러한 일상적인 행동이 범죄를 저지른 사람의 모습이라고는 생각되지 않습니다."
- "만약 제가 그런 범죄를 저질렀다면, 사건 이후에도 평소와 다름없이 친구들과 만나고 가족들과 시간을 보낼 수 있었을까요?"

3. 피해자와의 관계 및 상황
- "피해자와 저는 오랜 기간 동안 친밀한 관계를 유지해 왔으며, 그동안 어떠한 갈등이나 문제가 없었습니다. 갑작스러운 이러한 주장은 이해하기 어렵습니다."
- "사건 당시, 피해자는 저와 함께 자발적으로 시간을 보냈으며, 그 후에도 연락을 주고받았습니다. 이러한 행동이 피해를 입은 사람의 행동이라고 보기 어렵습니다."

4. 구체적인 증거 제시
- "사건 당시의 CCTV 영상을 확인하면, 제가 해당 장소에 없었다는 것을 알 수 있습니다."
- "피해자가 주장하는 시간대에 저와의 통화나 메시지 교환이 없음을 확인할 수 있는 통화기록도 존재합니다."

5. 자신의 성향 및 가치관 강조
- "저는 평소에 법을 준수하며, 주변 사람들로부터 신뢰를 받아왔습니다. 이러한 제가 그런 범죄를 저질렀다는 것은 납득하기 어렵습니다."
- "제 주변 사람들은 모두 제가 그런 행동을 할 사람이 아니라고 증언할 것입니다."

> 6. 사건 이후의 대응 방식
> - "혐의를 받자마자 저는 즉시 경찰에 자발적으로 출석하여 조사를 받았으며, 모든 수사에 협조하였습니다."
> - "억울함을 풀기 위해 거짓 없이 모든 사실을 진술하였으며, 추가적인 증거 제출에도 적극적으로 임하였습니다."

■ **논리적이고 일관된 서술**
- 진술 내용이 논리적이고 일관되도록 작성하여야 합니다. 앞뒤가 맞지 않거나 모순되는 내용이 없도록 주의하십시오.

■ **구체적인 증거 제시**
- 가능한 경우, 자신의 주장을 뒷받침할 수 있는 증거도 존재한다는 점을 부각하면 진술의 신빙성을 높일 수 있습니다.

■ **피해자로서 볼 수 없는 행동 지적**
- 진술서 작성 시, "만약 제가 성범죄를 저질렀다면, 고소인은 이러한 행동을 하지 않았을 것입니다."라는 논리를 통해 자신의 억울함을 효과적으로 표현할 수 있습니다.
- 이는 고소인의 행동이 일반적인 피해자의 반응과 일치하지 않음을 강조함으로써, 자신의 무고함을 부각시키는 데 도움이 됩니다.

> 피해자로서 볼 수 없는 행동에 대한 예시입니다. 사건마다 상황과 행동이 천차만별이므로 참고만 하시기 바랍니다.
>
> 1. 사건 이후의 지속적인 연락
> - "사건 이후에도 고소인은 저와 지속적으로 연락을 주고받았으며, 일상적인 대화를 이어갔습니다. 만약 제가 성범죄를 저질렀다면, 고소인이 저와 이렇게 자연스럽게 소통했을 리 없다고 생각합니다."
>
> 2. 자발적인 만남 요청
> - "고소인은 사건 이후에도 여러 차례 저에게 자발적으로 만남을 요청하였고,

함께 시간을 보냈습니다. 실제로 피해를 입었다면, 저와의 만남을 피하려 했을 것으로 예상됩니다."

3. 친근한 태도 유지
- "고소인은 사건 이후에도 저에게 친근한 태도를 보였으며, 사회관계망서비스(SNS)에서도 저와의 사진을 공유하였습니다. 이러한 행동은 성범죄 피해자의 일반적인 반응과는 거리가 멀다고 생각합니다."

4. 사건 이후의 긍정적인 평가
- "고소인은 사건 이후 주변인들에게 저에 대해 긍정적으로 이야기하였으며, 저와의 관계를 좋게 표현하였습니다. 만약 제가 범죄를 저질렀다면, 고소인이 저를 이렇게 평가하지 않았을 것입니다."

5. 지인들과의 공동 모임 참여
- "사건 이후에도 고소인은 저와 공통 지인들이 있는 모임에 자발적으로 참석하였고, 그 자리에서 저와 자연스럽게 대화하였습니다. 실제 피해를 입었다면, 이러한 모임에 참석하지 않았을 것으로 생각됩니다."

■ 피해자 진술의 모순점을 지적
- 고소인의 진술과 실제 정황이 일치하지 않는 부분이 있는 경우에 이를 지적해야 합니다.
- 예 : "고소인은 사건 직후 두려움에 떨었다고 진술했지만, 실제로 사건 다음 날 먼저 연락하여 저에게 커피를 마시자고 제안했다."
- 객관적 증거와 대조하여 피해자의 진술과 맞지 않다는 부분이 있는 경우에 이를 지적해야 합니다.
- 예 : "고소인은 강압적으로 집으로 끌려갔다고 했으나, CCTV에는 자발적으로 걸어 들어가는 모습이 확인됩니다."
- 고소인이 진술을 번복한 내용이 있다면 이를 지적해야 합니다.
- 예 : 고소인이 A에게는 "피고소인이 나를 강제로 방 안으로 끌고 갔다."고 진술했으나, B에게는 "스스로 들어갔다"고 변경된 경우 신빙성 문제를 제기해야 합니다.

■ **허위고소의 동기를 암시**
- 무죄를 주장하는 것은 결국 고소인의 고소가 허위고소라는 결론으로 귀결됩니다. 따라서 고소인이 "왜 허위고소를 했느냐?"라는 점에 대해서도 피고소인이 설명을 할 수 있어야 무죄 받을 가능성이 높아집니다.
- 고소인의 허위고소의 동기는 크게 ①금전목적 또는 앙심, ②과장 고소(죄를 키우기 위함), ③착오 고소(기억의 왜곡) 나눌 수 있습니다.
- 허위고소의 동기를 암시할 수 있는 사실관계가 있다면 진술서에 적극적으로 적시해야 합니다.
- 예 : 합의금을 노린 의도적 고소(★)

> ①사건 이후 먼저 합의금을 요구한 경우
> ②고소장을 제출한 직후, 변호인을 통해 합의금 제안
> ③형사 고소와 동시에 민사 손해배상 소송을 제기하거나 예고
> ④반복적 합의 시도 및 태도 변화
> ⑤고소인이 과거에도 유사 사건으로 합의금을 받은 전력이 있는 경우
> ⑥고소인이 술자리에서 피고소인의 직업이나 수입을 물어보거나 고소인 스스로 경제적인 어려움을 호소했던 경우

- 예 : 성관계 이후 피고소인이 연락을 끊거나 일방적으로 태도를 바꿨을 때, 이에 대한 감정적 보복
- 예 : 주변에 들키거나 연인이 있는 고소인이 사건을 숨기기 위해 '자발적 성관계'를 '강제적 성관계'로 포장
- 예 : 이별 직후 감정적으로 앙심을 품고 고소
- 예 : 다른 법적 분쟁(예: 채권채무, 이혼, 양육권 분쟁)에서 유리한 위치를 점하려는 목적

4) 진술서 작성시 주의사항

■ **모호한 표현을 피할 것**
- "아마도", "그랬던 것 같다" 같은 불확실한 표현은 사용하지 않아야 합니다.
- "나는 사건 당일 오후 9시경 카페에서 고소인과 만났고, 10시 30분에 헤어졌

다."처럼 명확한 시간과 정황을 포함하여야 합니다.

■ **사실과 의견을 구분**
- "고소인은 분명히 동의한 것이었다." (X)
- "고소인은 사건 당일 '나는 원한다'고 말했다." (O)

■ **객관적 증거와 함께 제출**
- 증거재판주의입니다. 진술서 내용을 뒷받침할 수 있는 문자, 카카오톡, 전화통화 내역 등이 있다고 진술서에 기재를 하고, 그러한 자료를 함께 제출하면 신빙성이 올라갑니다.
- 진술을 뒷받침할 수 있는 증거 등이 있다면 적극적으로 확보를 하여야 합니다. 이런 것도 필요할까? 라는 생각이 든다면 확보를 하십시오. 이미 확보한 증거자료를 제출할지 여부는 이후에 정하면 됩니다.
- 주의 : 본인이 가지고 있는 객관적 증거와 본인이 기억하는 사실관계를 대조하는 작업을 반드시 해야 합니다. 만약에 본인이 기억하는 사실관계와 본인이 들고 있는 객관적 증거자료가 다른 경우에는 진술의 신빙성이 크게 훼손될 수 있습니다(ex: 본인 기억으로는 밤 10시에 전화를 했다고 진술을 했지만, 객관적 통화목록은 새벽 1시인 경우에 다른 사실관계까지 전체적으로 신빙성이 낮아집니다).

5) 진술서 작성예시

아래는 진술서 작성 예시입니다. 예시는 참고용일 뿐이며, 똑같이 작성해서는 절대 안 됩니다. 본인이 직접 경험한 당시의 사실관계와 본인만이 전달할 수 있는 독창적인 내용을 가지고 해당 사건에 대한 억울함을 합리적인 이유와 논거를 토대로 표현해야 합니다.

진 술 서

작 성 자 : 홍길동

(사건 경위)

저는 2025년 1월 10일 오후 8시경, 서울시 마포구에 위치한 C레스토랑에서 회사 동료들과 회식을 가졌습니다. 회식은 오후 10시경 마무리되었고, 이후 일부 동료들과 함께 근처 노래방으로 이동하였습니다. 저는 평소 술을 잘 마시지 않아, 맥주 한 잔 정도만 마신 후 주로 무알코올 음료를 마셨습니다. 노래방에서는 동료들과 함께 노래를 부르며 즐거운 시간을 보냈고, 약 12시경 자택으로 귀가하였습니다.

(억울한 이유 및 논거)

(변호사 선임과 관련된 행동)
성범죄는 아무리 억울해도 고소인의 말만 듣고 유죄가 나온다는 사실을 알고, 저의 억울함을 적극적으로 입증하기 위해서 잘못을 한 사실도 없지만 변호사를 선임했습니다.
(일상적인 행동 패턴)
사건 당일, 저는 평소와 다름없이 직장 동료들과 점심을 먹고, 오후 2시부터 5시까지 사무실에서 근무하였습니다. 이러한 일상적인 행동이 범죄를 저지른 사람의 모습이라고는 생각되지 않습니다.
(고소인과의 관계 및 상황)
고소인과 저는 오랜 기간 동안 친밀한 관계를 유지해 왔으며, 그동안 어떠한 갈등이나 문제가 없었습니다. 사건 발생 이전에도 고소인은 저에게 매우 친밀한 태도를 보였으며, 저를 신뢰하고 편안하게 대하는 모습을 보였습니다. 예를 들면, 사건이 발생하기 전날(1월 9일)에도 고소인은 저와 다음과 같은 대화를 나누었습니다.
[2025.01.09. 카카오톡 대화]
고소인 : "내일 회식 끝나고 노래방도 같이 갈 거지? 오빠 노래 잘 부르잖아~ ㅎㅎ"
홍길동 : "응, 물론이지! 오랜만에 신나게 놀자!"
고소인 : "오빠가 분위기 띄워주면 나도 텐션 업해서 부를 수 있을 듯! ㅋㅋ"
이처럼 피해자는 사건 발생 전날까지도 저와 친근한 분위기를 유지했으며, 오

히려 노래방에 함께 가기를 먼저 권유하는 등 전혀 두려워하는 기색을 보이지 않았습니다.
(구체적인 증거 제시)
사건 당시의 CCTV 영상을 확인하면, 제가 해당 장소에 없었다는 것을 알 수 있습니다. 통화 기록을 보면, 피해자가 주장하는 시간대에 저와의 통화나 메시지 교환이 없음을 확인할 수 있습니다.
(자신의 성향 및 가치관 강조)
저는 평소에 법을 준수하며, 주변 사람들로부터 신뢰를 받아왔습니다. 이러한 제가 그런 범죄를 저질렀다는 것은 납득하기 어렵습니다.
(사건 이후의 대응 방식)
혐의를 받자마자 저는 즉시 경찰에 자발적으로 출석하여 조사를 받았으며, 모든 수사에 협조하였습니다. 억울함을 풀기 위해 거짓 없이 모든 사실을 진술하였으며, 추가적인 증거 제출에도 적극적으로 임하였습니다.
(피해자로서 볼 수 없는 행동들에 대해서 최대한 많이 지적) ★
고소인은 사건 이후에도 여러 차례 저에게 자발적으로 만남을 요청하였고, 함께 시간을 보냈습니다. 실제로 피해를 입었다면, 저와의 만남을 피하려 했을 것으로 예상됩니다. 또한 피해자는 사건 발생 후 상당한 시간이 지난 후에야 피해 사실을 신고하였습니다. 더욱이, 사건 당시 피해자는 저와 함께 있을 때 전혀 불안해하거나 두려워하는 모습을 보이지 않았으며, 오히려 즐겁게 대화를 나누고 웃는 등 편안한 태도를 보였습니다.
(허위고소의 동기)
고소인은 사건 발생 당일 저에게 경제적으로 힘들다는 말을 여러 차례 하였고, 저의 직업과 수입 수준을 확인하려는 발언도 있었습니다. 특히, 고소 직전까지도 '이런 일로 인생 망치고 싶지 않으면 정리하라'는 취지로 합의금 요구성의 발언을 하였고, 이후 바로 고소가 이루어졌습니다. 이는 명백히 금전적 목적의 허위고소입니다.

(결론)

저는 위와 같이 해당 혐의에 대해 전혀 사실이 아님을 강력히 주장하며, 억울함을 호소합니다. 부디 제 진술을 신중히 검토하여 주시기 바랍니다.

2025년 OO월 OO일

홍길동 (자필 서명)

[연락처 : 010-XXXX-XXXX]

바. 무죄를 위한 경찰 또는 검찰조사 받는 방법

1) 소환 연락시의 대처

수사기관에서 소환 연락시의 대처
① 당황하지 않고 침착하게 대응하기
② 연락 내용을 정확히 확인하고 간결하게 통화하기
③ 조사일정 시간적 여유를 두고 협의하기
④ 변호사 상담 받기
⑤ 소환된 일시에 변호사와 출석하기
⑥ 조사 전 입장과 진술을 준비하기
⑦ 상황에 따라 압수를 대비하기

■ 당황하지 않고 침착하게 대응하기
- 수사관의 연락을 받았을 때 당황하지 말고 차분히 대응하는 것이 중요합니다.
- 수사관은 공무원으로서 자신의 업무를 수행하는 사람일 뿐, 연락 자체가 곧 범죄 사실을 확정하는 것은 아닙니다.
- 정중한 태도로 수사관과 통화를 하고, 정중하게 통화를 종료한 후 담당 변호사와 상의를 하여야 합니다.

■ 연락 내용을 정확히 확인하고 간결하게 통화하기
- 소환 이유와 혐의 사실에 대해 구체적으로 물어보세요.
- 조사 대상이 되는 사건의 개요(①피의자인지 참고인인지 여부, ②언제 발생한 사건인지, ③혐의 내용, ④고소장 접수 여부 등)를 확인하고, 변호사와 상담 후 출석일정을 잡겠다거나 변호사를 통해서 조사일정을 잡겠다는 답변을 하는 것이 좋습니다.
- 변호인의 조력을 받을 권리는 헌법상 기본권이므로 수사기관이 제지할 수 없습니다.
- 통화 중에 수사관이 즉석에서 사건에 대한 구체적인 질문을 한다면 답변을 피하고, "출석해서 성실히 조사에 응하겠다"는 식으로 간단히 응대하는 것이 바람직합니다.
- 경찰이 기록하는 수사보고서에 본인과의 통화내용의 진술이 포함될 수 있으므

로, 불리한 진술로 기록될 가능성이 있습니다.

■ 조사일정 시간적 여유를 두고 협의하기
- 경찰 또는 검찰의 피의자 조사는 체포영장이 발부되지 않은 이상 대부분 피의자의 협조에 의해 진행되는 '임의수사'입니다. 이는 강제성이 없는 수사로, 조사일정 역시 피의자와 협의하여 조율할 수 있고, 충분히 대비할 수 있는 시간을 두고 협의를 해야 합니다.
- 또한, 변호인의 조력을 받을 권리는 헌법상 기본권으로 보장되어 있으므로, 수사기관이 이를 제지할 수 없습니다. 따라서 조사일정은 변호사와 충분히 상담한 후에 조율하겠다고 하거나, 변호사를 통해 일정을 잡겠다고 말하는 것이 적절합니다.
- 통화 중 수사관이 사건에 대한 구체적인 질문을 한다면, 즉석에서 답변하지 말고, "출석해서 성실히 조사에 응하겠습니다"라는 식으로 간단하고 신중하게 응대하는 것이 좋습니다. 이렇게 함으로써 불필요한 진술로 인한 불리한 상황을 방지할 수 있습니다.

■ 변호사 상담 받기
- 경찰 조사 전 반드시 변호사와 상담하여 소환 이유와 혐의 사실에 대해 분석하고, 조사 과정에서 어떻게 진술할지 전략을 세웁니다.
- 변호사와의 상담을 통해 조사 중 예상 질문과 답변을 준비할 수 있습니다.

■ 소환된 일시에 변호사와 출석하기
- 소환에 응하지 않을 경우 불이익이 발생할 수 있으므로, 정당한 이유 없이 출석을 거부하지 않는 것이 좋습니다.
- 만약 소환 일정이 어려운 경우, 경찰에 정중히 양해를 구하고 변호사의 조언을 받아 일정을 조정하세요.
- 소환일시에 정당한 사유 없이 2회 이상 무단으로 불출석하면 체포영장이 발부될 수 있습니다.

■ 조사 전 입장과 진술을 준비하기
- 혐의 사실에 대한 자신의 입장을 명확히 정리합니다(자백 또는 부인 여부).

- 사건의 전후 상황과 관련된 증거(문자, 통화기록 등)를 준비하여 경찰 조사 시 제시할 수 있도록 합니다.
- 경찰 조사에서 진술할 내용을 미리 정리해 두면 횡설수설을 방지할 수 있습니다.

■ 상황에 따라 압수를 대비하기
- 무죄를 주장하고 있는 상황에서는 스마트폰 등에 압수영장을 집행할 가능성이 높아집니다. 특히, 카메라촬영죄의 경우는 대부분 압수를 먼저 진행합니다.
- 공범이 존재하는 사건이거나, 증거인멸 또는 여죄가 있음이 강한 의심이 드는 등의 경우에는 압수를 대비해야 합니다.
- 경찰이 압수수색영장을 가지고 자택 또는 사무실로 찾아오는 경우가 있거나 미리 압수수색영장을 받아서 예정된 조사기일에 맞추어 집행하는 경우가 있습니다.
- 압수된 스마트폰에 내장된 SNS, 문자메시지 내용 등이 치명적인 증거자료나 양형자료로 사용될 수도 있으므로 공범 또는 범죄에 연루된 다른 사람들이 있는 경우에는 주의하셔야 합니다.

2) 피의자조사시 담당 변호사의 역할

피의자조사시 담당 변호사의 역할
① 피의자 답변의 원칙
② 변호사의 동석
③ 의견 진술
④ 이의 제기
⑤ 변호사 접견 요청
⑥ 신문 종료 후 의견 진술
⑦ 종료직후 피의자신문조서 열람 및 수정 요청
⑧ 피의자신문조서 정보공개청구 및 의견서 작성
⑨ 법적 대처방안 검토

■ 피의자 답변의 원칙
- 담당 변호사는 피의자신문 과정에서 수사관의 질문에 개입하거나 피의자를 대신

해 답변할 수 없습니다.
- 피의자에게 직접 조언하거나 질문에 관여하는 경우, 신문 방해로 간주되어 변호사가 퇴장당할 수 있으므로, 모든 답변은 피의자 스스로 해야 합니다. 이 점을 충분히 인식하고 조사에 임해야 합니다.

■ 변호사의 동석
- 담당 변호사는 수사기관에 출석하여 피의자 옆에 나란히 앉아 동석하며, 피의자가 조사에 집중할 수 있도록 심리적 지원을 제공합니다.

■ 의견 진술
- 변호사는 수사관의 질문이 불명확하거나 모호한 경우, 질문의 의미를 명확히 설명하도록 요구할 수 있습니다.
- 이는 피의자가 오해 없이 신문에 응할 수 있도록 돕기 위한 제한적인 개입입니다.

■ 이의 제기
- 변호사는 신문 과정에서 자백 강요, 진술 유도, 반말, 모욕, 위압적 태도 등 부당한 신문 방법이 있을 경우 이를 바로잡기 위해 이의를 제기할 수 있습니다(형사소송법 제243조의2 제3항).
- 부당한 신문이 지속되면, 변호사는 중단을 요청하거나 조서를 통해 기록으로 남길 수 있습니다.

■ 변호사 접견 요청
- 피의자는 조사 중 불리한 상황이 발생하거나 변호사의 조언이 필요하다고 판단되면, 휴식 요청, 화장실 방문 등의 이유로 일시적으로 조사를 중단할 수 있습니다.
- 또한, 변호사와 직접 면담(접견)을 요청하여 조력을 받을 권리가 있습니다.

■ 신문 종료 후 의견 진술
- 피의자신문이 종료된 후, 변호사는 조사 과정에서의 문제점이나 피의자의 입장을 반영하여 의견을 진술하거나 조서에 기록할 수 있습니다(형사소송법 제243조

의2 제3항).

■ **종료직후 피의자신문조서 열람 및 수정 요청**
- 조사 종료 후, 변호사는 피의자와 함께 작성된 조서를 꼼꼼히 열람하며, 답변 내용과 불일치하거나 오기된 부분을 발견하면 수정을 요청할 수 있습니다.

■ **피의자신문조서 정보공개청구 및 의견서 작성**
- 변호사사무실에서는 피의자신문조서 정보공개청구를 하여 조서를 확보한 후 이를 검토하여 미비된 답변 등이나 자료를 보충하기 위해서 의견서 작성하여 제출할 수 있습니다.

■ **법적 대처방안 검토**
- 변호사는 피의자가 조사에서 진술한 내용을 바탕으로 사건의 전반적인 흐름을 검토하고, 향후 법적 대처방안을 수립합니다.
- 특히, 조사 과정에서의 문제점이나 증거의 적법성을 검토하여 추가적으로 필요한 대응 전략을 마련합니다.

3) 부인사건 조사받는 방법

부인사건 조사받는 방법
① 메모장을 활용한 조사 준비
② 친절한 수사관의 경계와 적대적인 태도 금지
③ 진술의 사소한 실수가 있어도 정정·보충할 수 있음을 인식
④ 진술거부권의 신중한 행사
⑤ 사실에 근거한 진술 및 진술의 신중함 유지
⑥ 일관성 있는 진술하기
⑦ 유리한 사항을 그림을 그리거나 행동으로 설명
⑧ 수사관의 질문에 끌려다니지 말 것
⑨ 마지막으로 하고 싶은 말에 대한 적극적인 진술
⑩ 조서 열람 및 수정요청

■ **메모장을 활용한 조사 준비**

- 피의자조사시 수사관이 제공하는 '메모장(자기변호노트)'를 활용하여 자신의 진술을 정리할 수 있습니다.
- 조사 중 중요한 질문이나 답변 내용을 간단히 기록하면, 진술의 일관성을 유지하는 데 도움이 됩니다.

■ **친절한 수사관의 경계와 적대적인 태도 금지**
- 수사관의 친절함이 방심을 유도하여 불리한 답변을 끌어내려는 전략일 수 있으므로 항상 경계합니다.
- 수사관에게 적대적인 태도를 보이지 말고, 논리적이고 침착하게 대응합니다.
- 올바른 예 : "수사관님께서 저의 입장을 이해해 주실 거라 믿으며, 공정하게 판단해 주시길 부탁드립니다."

■ **진술의 사소한 실수가 있어도 정정·보충할 수 있음을 인식**
- 조사 과정에서 진술의 사소한 실수가 있더라도, 조사가 끝난 후 변호사를 통해 의견서를 제출하여 정정할 기회가 있습니다.
- 더 나아가 경찰, 검찰 등의 피의자신문조서는 재판단계의 법정에서 담당변호사가 재판부에게 내용을 부인(증거부동의)하면 법적으로 증거능력이 없어 증거로서 사용할 수 없기 때문에 진술에 실수가 있더라도 바로 잡을 수 있는 기회가 있습니다.
- 조사 과정에서 지나치게 긴장하기보다는 침착하게 수사관의 질문에 응답하며, 모든 질문에 신중히 답변하는 것이 중요합니다.

■ **진술거부권의 신중한 행사**
- 진술거부권은 헌법상 보장된 권리이지만, 행사 시 불이익을 받을 수 있으므로 신중히 판단해야 합니다.
- 곤란한 질문에 대해서는 즉답을 피하고, "기억이 나지 않습니다" 또는 "확인 후 답변하겠습니다"라는 유보적 취지로 답변하는 것이 바람직합니다.
- 진술거부권을 행사할 때는 이유를 명확히 밝히고, 조서에 해당 이유가 기재되도록 요청해야 합니다.
- 일반적으로 적절한 답변 예시 : "기억이 명확하지 않아 확인 후 답변드리겠습니다."

- 진술거부권을 행사하는 경우의 예시 : "이 질문에 대해서는 진술거부권을 행사하겠습니다. 이유는 관련 증거와 사실을 확인할 필요가 있기 때문입니다."

■ **사실에 근거한 진술 및 진술의 신중함 유지**
- 자신의 잘못은 명확히 인정하되, 과장되거나 불필요한 진술은 삼가야 합니다.
- 범행에 대해 명확히 기억하는 부분만 진술해야 합니다.
- "기억 나지 않는다."라는 진술을 남발하거나, "다시 생각해보니까"라는 말로 진술의 번복을 하지 않아야 합니다.
- 올바른 예 : "손을 잡은 것은 사실입니다. 하지만 이는 동의 하에 이루어진 것이며, 강제적인 행동은 전혀 없었습니다."

잘못된 예	올바른 예
"피해자가 그렇게 말했다면 제가 잘못했을 수도 있습니다." → 모호한 진술로 강제성을 암시하는 결과를 초래할 수 있음.	"손을 잡은 것은 사실입니다. 하지만 이는 동의 하에 이루어진 것이며, 강제적인 행동은 전혀 없었습니다." → 자신의 행동을 인정하면서도, 피해자의 주장(강제성)을 명확히 부인.
"같은 공간에 있었지만, 단둘이 있었던 걸로 착각할 수도 있습니다." → 모호한 진술로 사건의 사실관계를 왜곡할 가능성을 제공.	"그날 밤 피해자와 같은 공간에 있었지만, 다른 사람들도 근처에 있었고, 어떠한 부적절한 행동도 하지 않았습니다." → 사실을 인정하되, 자신의 결백을 명확히 진술.
"제가 피해자의 거부 의사를 잘못 이해했을 가능성도 있습니다." → 거부 의사를 인정하는 뉘앙스를 줄 수 있음.	"피해자가 거부 의사를 표현한 적이 없었습니다. 모든 행동은 동의 하에 이루어진 것으로 믿고 있습니다." → 자신의 입장을 명확히 하며, 피해자의 주장을 논리적으로 부인.
"제가 당시에 흥분했기 때문에 밀쳤을 수도 있습니다." → 사실이 아닌 부분까지 확대 해석하여 불리한 진술을 할 위험.	"피해자의 신체를 강제로 밀친 적은 없습니다. 대화 과정에서 손이 스쳤을 수는 있지만, 이는 강제성이 없었습니다."

	→ 강제성을 명확히 부인하면서 사실에 근거한 진술.
"기억이 나지 않지만, 피해자가 그렇게 말했다면 맞을 수도 있습니다." → 모호한 답변은 자백으로 간주될 가능성이 큼.	"해당 부분은 명확히 기억나지 않습니다."
"피해자가 거짓말을 하고 있다고 생각합니다." → 감정적인 발언은 피의자의 신뢰도를 떨어뜨릴 수 있습니다.	"피해자의 진술은 명백한 거짓진술입니다. 절대 그러한 사실이 없습니다."

■ 일관성 있는 진술하기
- 초동 조사부터 재판에 이르기까지 모든 진술은 일관성을 유지해야 합니다.
- 진술의 번복은 신뢰를 잃게 하고, 재판부가 피의자를 불리하게 판단하는 근거가 됩니다.

■ 유리한 사항을 그림을 그리거나 행동으로 설명
- 본인에게 유리한 상황은 그림을 그리거나 몸짓을 통해 수사관이 충분히 이해할 수 있도록 설명합니다.
- 이는 자신의 입장을 명확히 전달하고, 수사관에게 자신감 있는 태도를 보이는 효과를 줍니다.
- 예시 : "사건 당시 피해자가 A 방향으로 이동하는 모습을 보았으며, 저는 이쪽 방향으로 움직였기에 접촉이 없었습니다." → 수사관에게 그림을 그려서 설명을 해도 되겠냐?고 양해를 구하고, 사건 당시의 위치와 이동 경로를 그림으로 표현.

■ 수사관의 질문에 끌려다니지 말 것
- 수사관은 죄를 성립시키는 질문을 위주로 하므로, 피해자의 주장에 대한 반박이나 본인의 해명을 충분히 전달해야 합니다.
- 질문에만 답변하는 데 그치지 말고, 자신의 입장을 적극적으로 표현해야 합니다.

■ 마지막으로 하고 싶은 말에 대한 적극적인 진술

- 경찰 또는 검찰조사시 수사관은 피의자에게 마지막으로 하고 싶은 말이 있냐고 묻습니다. 보통의 피의자는 "없습니다."라고 답하고 넘기는 경우가 많지만, 마지막 진술을 하는 것이 긍정적입니다.
- 특히, 무죄를 주장하는 피의자에게 이 순간은 자신을 방어하고, 결백을 강조하며, 수사관에게 강한 인상을 남길 수 있는 마지막 기회입니다.
- 다음과 같은 사항을 주의하여 마지막으로 하고 싶은 말을 하세요.
    ①결백을 명확히 표현하기.
    ②수사관의 공정한 판단 요청하기.
    ③피해자와의 관계나 사건의 배경 설명하기.
    ④감정만을 내세운 표현이나 피해자에 대한 감정적인 비판 자제하기.
- 만약 하고 싶은 말이 많다면 수사관에게 손으로 쓰겠다고 하여 공란의 칸을 넓혀 달라고 하여 손으로 작성을 하면 되고, 내용이 그리 길지 않다면 수사관에게 말로 진술하면 됩니다.
- 이러한 기록은 추후 담당검사나 재판부에서도 확인을 합니다.

■ **조서 열람 및 수정 요청**
- 동석한 변호인과 함께 조서를 꼼꼼히 열람하며, 진술 취지가 왜곡되거나 사실과 다르게 기재된 부분이 있다면 즉시 수정 요청합니다.
- 지나치게 긴 시간 동안 열람하지 않도록 주의하며, 수사관과 협조적인 태도를 유지합니다.

4) 조사 시 주의사항

부인사건 조사 시 주의사항
① 유도신문에 유의
② 수사관의 질문에 집중
③ 수사관의 질문 속도에 맞춰 진술
④ 사실에 근거한 진술
⑤ 증거와 불일치하는 진술 금지
⑥ 증거인멸 의심 방지
⑦ 도주 우려 방지

⑧ 체력 관리와 휴식 요청

■ 유도신문에 유의 ★
- 경찰의 유도신문은 의도적으로 특정 답변을 끌어내기 위한 기법일 수 있습니다.
- 유도신문에 넘어가 죄를 인정하는 진술을 하지 않도록 주의해야 합니다.

성범죄 사건에서 유도신문의 유형과 예시
1. 사실관계를 확정시키는 질문 - 목적 : 피의자로 하여금 특정 행동이나 사실을 인정하게 만들기 위함. - 예시 질문 : "피해자는 당신이 억지로 손을 잡았다고 진술했는데, 그건 사실이죠?" - 올바른 답변 예시 : "손을 잡은 사실은 맞지만, 동의하에 이루어진 행동이었습니다. 상대방도 거부하지 않았습니다." - 부적절한 답변 예시 : "네, 제가 손을 잡았지만, 그게 잘못인지 몰랐습니다." → 동의를 받았음에도 잘못을 인정하는 느낌을 줄 수 있습니다. 2. 감정을 자극하는 질문 - 목적 : 피의자를 당황하게 만들어 불리한 진술을 이끌어내기 위함. - 예시 질문 : "피해자가 울고 거부했는데도 당신은 멈추지 않았다고 합니다. 당신도 이런 행동이 잘못된 걸 알죠?" - 올바른 답변 예시 : "피해자가 거부하거나 울었다는 사실은 전혀 없었습니다. 오히려 대화와 행동이 서로 합의된 상태였습니다." - 부적절한 답변 예시 : "그런 일이 있었다면 제가 미안하지만, 전혀 기억나지 않습니다." → 명확히 부인하지 않으면 경찰이 자백으로 받아들일 수 있습니다. 3. 구체적인 세부 사항을 묻는 질문 - 목적 : 피의자의 진술을 세부적으로 검토하여 모순을 찾아내거나 불리한 증거로 활용. - 예시 질문 : "그날 피해자의 손을 언제, 어디서, 얼마나 세게 잡았는지 기억나나요?"

- 올바른 답변 예시 : "손을 잡은 적은 있지만, 그날은 서로 동의한 상황이었고, 강압적으로 한 기억은 없습니다. 대화와 행동 모두 자연스러웠습니다."
- 부적절한 답변 예시 : "글쎄요, 정확히 기억은 안 나지만, 잡았던 것 같기도 합니다." → 모호한 답변은 경찰이 불리하게 해석할 가능성이 큽니다.

4. 대답을 유도하는 질문
- 목적 : 피의자가 "네" 또는 "아니요"로만 대답하게 하여, 상황을 단순화하고 불리한 진술을 유도.
- 예시 질문 : "피해자가 거부 의사를 밝혔는데도 성적 접촉을 시도한 적이 있습니까?"
- 올바른 답변 예시 : "피해자가 거부 의사를 표현한 적이 없었으며, 모든 행동은 동의하에 이루어졌습니다."
- 부적절한 답변 예시 : "거부 의사를 표현했더라도, 그런 상황은 오해가 있었던 것 같습니다." → 거부를 인정하는 모호한 답변은 불리하게 작용할 수 있습니다.

5. 논리적 모순을 강조하는 질문
- 목적 : 피의자의 진술이 피해자의 진술과 모순되도록 유도.
- 예시 질문 : "피해자는 손을 잡은 이후 당신이 강제로 입맞춤했다고 진술했습니다. 피해자의 진술에 대해 반박하시겠습니까?"
- 올바른 답변 예시 : "손을 잡은 사실은 있지만, 강제적인 입맞춤은 전혀 없었습니다. 상대방의 진술은 사실과 다릅니다."
- 부적절한 답변 예시 : "입맞춤이 있었을 수도 있지만, 상대방이 동의했다고 생각했습니다." → 강제성을 부인하지 않으면 유죄로 해석될 여지가 있습니다.

6. 추측을 유도하는 질문
- 목적 : 피의자로 하여금 사실이 아닌 내용을 추측하게 하여 불리한 발언을 유도.
- 예시 질문 : "피해자가 왜 그런 진술을 했다고 생각합니까?"

- 올바른 답변 예시 : "피해자가 왜 그런 진술을 했는지는 저로서는 알 수 없습니다. 다만 저는 그런 행동을 하지 않았습니다."
- 올바른 답변 예시 : "피해자가 그날 술자리에서부터 금전적인 이야기를 많이 했고, 현재 경제적으로 힘들다는 이야기도 많이 했습니다. 피해자가 금전적 목적으로 고소를 한 것이라 생각합니다."
- 올바른 답변 예시 : "피해자가 제가 다른 여자가 있다는 것을 알고 크게 분개를 했고, 배신감을 많이 느꼈습니다. 그에 따라 보복을 할 목적으로 고소를 한 것이라 생각합니다."
- 부적절한 답변 예시 : "피해자가 저를 오해했거나 과장되게 기억하는 것 같습니다." → 불리한 정황으로 해석될 수 있습니다.

7. 심리적 압박을 가하는 질문
- 목적 : 피의자가 불안감을 느껴 자백하거나 실수를 유도.
- 예시 질문 : "당신이 솔직히 말하면 형량을 줄일 수 있습니다. 지금이라도 사실대로 말하는 게 낫지 않겠습니까?"
- 올바른 답변 예시 : "저는 이미 모든 사실을 정확히 말씀드렸습니다. 제가 하지 않은 일은 인정할 수 없습니다."
- 부적절한 답변 예시 : "형량을 줄일 수 있다면 다시 생각해 보겠습니다." → 자백으로 간주될 위험이 큽니다.

8. 모호한 대답을 유도하는 질문
- 목적 : 피의자가 정확히 부인하지 않고 모호한 진술을 하도록 유도.
- 예시 질문 : "혹시 그날 분위기상 그렇게 될 수도 있다고 생각하지 않으셨나요?"
- 올바른 답변 예시 : "그날의 모든 상황은 동의하에 이루어졌으며, 강제적인 행동은 전혀 없었습니다."
- 부적절한 답변 예시 : "분위기상 오해가 있었을 수도 있지만, 고의는 없었습니다." → 오해를 인정하는 듯한 발언은 불리하게 작용.

9. 가상의 증거를 암시하여 자백을 유도하는 질문

- 목적 : 경찰이 실제로 증거가 없거나 미약한 상태에서, 존재하지 않는 증거가 있는 것처럼 암시하여 피의자로 하여금 자백하도록 유도.
- 예시 질문 : "CCTV를 확인했는데 당신이 피해자와 들어가는 모습이 찍혔습니다. 이제 더 숨길 필요 없죠?", "우리가 이미 당신의 행동을 증명할 증거를 가지고 있습니다. 솔직히 말하면 더 나은 결과를 기대할 수 있습니다."
- 올바른 답변 예시 : "제가 어떤 행동을 했는지 정확히 알고 있습니다. 증거가 무엇인지 모르겠으나, 저는 강제성을 띤 행동을 한 적이 없으며, 변호사와 상의해 증거를 확인하고 대응하겠습니다."
- 부적절한 답변 예시 : "제가 어떤 행동을 했는지 잘 모르겠지만, 그런 일이 있었다면 죄송합니다." → 자백으로 간주되어 사건에 불리하게 작용.

10. 거짓말을 유도하는 질문
- 목적 : 수사관이 이미 확보한 증거를 숨긴 채 피의자에게 질문하여 거짓 진술을 유도하고, 이후 증거를 제시해 피의자가 거짓말을 했음을 드러냄.
- 예시 질문 : "피해자가 당신이 어깨를 잡고 강제로 끌었다고 진술했습니다. 그런 적이 없으신가요?"
- 올바른 답변 예시 : "피해자의 어깨에 손을 올린 적은 있지만, 이는 동의하에 이루어진 행동이었습니다. 강제적으로 끌지 않았습니다."
- 부적절한 답변: "어깨에 손을 올린 적도 없습니다." → CCTV나 목격자 증언 등으로 어깨를 만진 사실 자체는 확인되면 무죄 주장 자체도 거짓말로 해석될 우려.

★결론
경찰의 유도신문에 대응할 때는 차분하고 신중하게 대처하며, 모호하거나 불리한 답변은 절대 하지 않는 것이 중요합니다. 모든 답변은 사실 기반으로 명확히 진술하며, 경찰의 질문 의도를 파악하고 적절히 대응해야 합니다.

■ 수사관의 질문에 집중
- 조사가 진행되는 동안 수사관의 질문을 끝까지 경청하고, 질문의 취지를 명확히 이해한 후 답변합니다.
- 질문이 모호하거나 이해되지 않을 경우, "질문을 조금 더 자세히 설명해 주시겠

습니까?"라고 요청하여 정확히 이해하고 답변해야 합니다.

■ **수사관의 질문 속도에 맞춰 진술**
- 너무 빠르게 진술하거나 한 번에 많은 내용을 전달하면, 수사관이 받아 적으면서 왜곡될 가능성이 있습니다.
- 수사관의 타이핑 속도에 맞춰 천천히, 정확히 진술합니다.

■ **사실에 근거한 진술**
- 답변 시 다음을 구분하여 진술합니다:
  ① 실제 경험한 사실
  ② 들어서 알게 된 사실
  ③ 추측이나 개인적 의견
- 추측성 발언은 삼가며, 모르는 것은 "알지 못합니다" 또는 "확실히 기억나지 않습니다"라고 답변해야 합니다.
- 특히, 자신이 아닌 타인의 행동이나 발언에 대해서는 직접 보고 들은 것이 아니면 직접 보고 들은 것처럼 진술하지 않습니다.

■ **증거와 불일치하는 진술 금지**
- 경찰이 확보한 증거와 모순되는 진술은 신뢰도를 떨어뜨리며, 재판 과정에서도 불리하게 작용할 수 있습니다.
- 잘못된 예 : "저는 피해자를 만난 적이 없습니다." (증거로 접촉 사실이 확인되는 경우)
- 잘못된 예 : "그날 저는 그 장소에 가지 않았습니다." (CCTV 등으로 입증되는 경우)
- 잘못된 예 : "제가 그 행동을 한 적이 없습니다." (명백한 증거가 존재하는 경우)

■ **증거인멸 의심 방지**
- 휴대폰 교체, 관련 자료 삭제 등은 정당한 이유가 있어야 하며, 의심을 받지 않도록 설명해야 합니다.
- 예시 : "휴대폰을 교체한 이유는 단순히 고장이었으며, 사건과는 전혀 관련이 없

습니다."

■ 도주 우려 방지
- 주거지가 일정하고, 직업이나 가족 등 사회적 유대관계가 있음을 강조합니다. 도주우려가 있다고 보여지면 구속영장청구가 될 수 있습니다. 영장실질심사에서도 영장담당 법관이 피의자신문조서를 검토하므로 도주 우려 등이 없다는 점이 기재되어 있어야 합니다.
- 예시 : "저는 현재 가족과 함께 거주하며 직장을 다니고 있습니다. 도주의 우려는 전혀 없습니다."

■ 체력 관리와 휴식 요청
- 조사 중 피로감을 느끼거나 집중력이 떨어질 경우, "휴식을 요청합니다", "화장실을 다녀오겠습니다" 등의 이유로 잠시 중단을 요청할 수 있습니다.

5) 조사 단계에서 무죄를 받을 수 있는 추가요소

■ 사건 당시 사실관계 명확화
- 예시 : "그 시간에 저는 다른 사람들과 있었습니다. 이 내용을 증명할 증거는 제 휴대폰 위치 기록과 CCTV 영상입니다."

■ 합의 또는 동의의 강조
- 예시 : "상대방은 분명히 동의했고, 대화 내용에서도 서로 동의한 흔적이 있습니다. 이를 뒷받침하는 문자 메시지와 녹취록을 제출하겠습니다."

■ 피해자 진술과 모순점 지적
- 예시 : "피해자는 제가 강압적으로 행동했다고 주장하지만, 당시 장소의 CCTV에 찍힌 영상은 제가 강압적으로 행동하지 않았음을 보여줍니다."

■ 피해자의 비일관된 행동 강조
- 예시: "피해자는 사건 이후에도 저와 친근하게 대화하고 만남을 지속했습니다. 사건 후 나눈 메시지를 증거로 제출하겠습니다."

6) 거짓말 탐지기 조사에 응할지 여부

가) 머리말

우선 거짓말 탐지기 조사는 강제가 아닙니다. 피의자가 거부할 권리를 가지고 있습니다. 대법원은 거짓말 탐지기 조사 결과가 증거능력이 없다고 판시하고 있지만, 실무에서는 사실상 거짓말 탐지기 조사 결과가 '거짓 반응'이 나온다면 유죄에 가깝게 판단되고 있습니다. 하지만 실제 제가 수행한 사건에서 '거짓 반응'이 나온 경우에도 아래와 같이 경찰단계에서 불송치가 되는 경우도 있습니다.

거짓말 탐지기 '거짓반응'이 나왔으나 무혐의가 나온 실제 사례 (경찰 불송치이유서 중 일부 발췌)
피의자의 폴리그래프(거짓말 탐지) 검사결과 거짓반응이 나왔으나, ① 피의자가 피해자의 가슴을 만질 때 강제성이 있었다고 볼만한 정황이 없는 점, ② 이 사건 이전 피해자는 피의자와 3회 만나 3회 모두 합의하에 성관계를 한 점, ③ 피해자가 수차례 진술을 번복하는 등 진술의 신빙성이 낮은 반면, 피의자는 일관성 있게 진술하고 있는 점, ④ 피해자가 성관계 거부의사를 표시하자 피의자가 이를 수용하고 조용히 잠만 자자고 말한 점, ⑤ 피해자의 진술 외에는 범죄사실을 입증할 다른 증거가 없는 점 등으로 보아 피의자가 강제로 피해자를 추행한 것으로 볼만한 증거가 불충분하다.

나) 원칙 : 거짓말탐지기를 응해야 합니다.

무죄를 주장하는 피의자 등은 거짓말탐지기 조사에 응하겠다는 의사를 밝히는 것이 원칙적으로 유리합니다. 거짓말탐지기 조사는 자신의 결백을 강조할 수 있는 기회로, 이를 기꺼이 수락하는 태도는 수사기관에 자신이 떳떳하다는 메시지를 전달할 수 있습니다. 거짓말탐지기를 거부할 경우, 수사관이 이를 숨기려는 행동으로 오해할 가능성이 있어 부정적인 인식을 줄 수 있으므로, 적극적으로 응하는 것이 중요합니다.

또한, 거짓말탐지기 결과는 법적 증거로 활용되지는 않지만, 수사 참고 자료로 사용될 수 있으며, 진실 반응으로 결과가 나올 경우 수사가 피의자에게 유리하게 전개될 가능성이 높아집니다. 이 조사는 즉석에서 이루어지지 않고, 경찰청 본청이나 지정된 전문 기관에서 별도의 날짜를 잡아 진행되므로, 조사를 준비할 충분한 시간을 가질 수 있습니다.

거짓말탐지기는 강제가 아니므로 거짓말탐지기 조사에 응하겠다고 한 후에도 조사 일정 전에 번복할 수 있으며, 이 경우 합리적인 이유를 제시하는 것이 중요합니다. 예를 들어, 심리적으로 불안정한 상태이거나 건강상의 문제로 인해 생리적 반응이 왜곡될 우려가 있다고 설명하면 신뢰를 유지할 수 있습니다. 또한 변호사의 조언에 따라 판단이 바뀌었다고 밝히는 것도 적절한 이유가 될 수 있습니다.

결국, 거짓말탐지기 조사는 수사 과정에서 피의자의 협조적이고 자신감 있는 태도를 보여줄 수 있는 기회입니다. 결과에 지나치게 연연하지 말고, 조사 중 침착한 태도를 유지하며 결백을 강조하는 데 집중해야 합니다. 변호사와 사전에 논의하여 조사 참여 여부와 전략을 명확히 설정하는 것이 가장 중요한 준비 과정입니다.

다) 거짓말탐지기 조사의 내용

(1) 거짓말탐지기 질문 개수

거짓말탐지기 조사의 질문 개수는 정해진 공식적인 숫자가 있는 것은 아니지만, 통상적으로 3~5개의 질문으로 구성되며, 사건에 대한 질문은 핵심적인 '쟁점 1개'에 대해 1개의 질문만 하거나 혹은 질문의 방식을 2~3개로 나누어 구성되는 것이 일반적입니다. 조사 목적, 사건의 복잡성, 피검사자의 상태 등에 따라 질문의 수와 내용이 달라질 수 있습니다.

(2) 거짓말탐지기 질문 예시

■ 기본 정보 확인 질문
- "당신의 이름은 OOO입니까?"
- "오늘 조사받으러 온 목적을 알고 있습니까?"

■ 비교 질문 (심리적 반응 측정용)
- "당신은 과거에 거짓말을 해본 적이 있습니까?"
- "당신은 어린 시절에 부모님께 거짓말을 한 적이 있습니까?"

- "당신은 양심에 반하는 행동을 해본 적이 있습니까?"

■ **사건과 관련된 직접적인 질문 (핵심 쟁점 1개만 질문하는 것이 보통)**
- "당신은 피해자를 강제로 만진 적이 있습니까?"
- "당신은 피해자가 원하지 않았음에도 성적 행위를 강요한 적이 있습니까?"
- "당신은 피해자를 협박하거나 위협한 적이 있습니까?"

■ **컨트롤 질문 (거짓말 반응 확인용)**
- "당신은 이번 사건에 대해 완전히 솔직하게 진술하고 있습니까?"
- "당신은 피해자가 주장하는 내용을 사실이라고 생각합니까?"

(3) 거짓말탐지기 조사 시간

거짓말탐지기 조사는 보통 1시간에서 2시간 정도 소요됩니다. 조사 과정은 다음과 같은 단계로 진행됩니다.

■ **사전 면담 (약 30분)**
- 조사의 목적과 절차 설명
- 조사 대상자의 상태 점검 (건강, 심리적 안정 여부 등)
- 기본적인 질문 사전 연습

■ **거짓말탐지기 본 검사 (약 30 ~ 60분)**
- 본격적인 질문 진행 및 생리적 반응 측정

■ **결과 분석 및 피드백 (약 30분)**
- 탐지기 결과 검토
- 결과에 대한 피의자 설명 및 추가 질문
- 일반적으로 거짓말탐지기 결과는 즉시 공개되지 않는 경우가 많습니다.

라) 거짓말탐지기 조사 받는 방법

(1) 거짓말탐지기의 원리 이해하기

- 거짓말탐지기는 심박수, 혈압, 호흡, 땀 분비량(피부전도도) 등의 생리적 반응을 측정하여 거짓말 여부를 판단하는 기계입니다.
- 정확도가 100%는 아니며, 심리 상태와 환경에 따라 결과가 달라질 수 있음을 이해해야 합니다.
- 기계가 거짓과 진실을 직접 판별하는 것이 아니라, 긴장·불안 등의 생리적 변화가 있는지를 분석한다는 점을 염두에 두어야 합니다.

(2) 조사 전 주의할 점
- 변호사를 포함한 소송관계인은 거짓말탐지기 검사실 내부에 함께 들어갈 수 없으므로 스스로 조사를 받아야 합니다.
- 조사 전날 충분한 휴식과 수면을 취해야 합니다.
- 수면 부족이나 피로 상태에서는 생리적 반응이 과장되거나 불규칙해질 수 있습니다.
- 조사 전날 술이나 카페인을 섭취하지 말고, 컨디션을 최상으로 유지하는 것이 중요합니다.

(3) 평소의 상태를 유지하기
- 조사 당일에는 평소와 동일한 생활 패턴을 유지하세요.
- 조사 직전에 일부러 과하게 긴장하거나, 인위적으로 감정을 조절하려고 하면 오히려 부자연스러운 반응이 나올 수 있습니다.

(4) 몸 상태 조절하기
- 너무 춥거나 더운 환경에서는 신체 반응이 다르게 나타날 수 있으므로, 적절한 복장을 갖추는 것이 중요합니다.
- 조사 전에 화장실을 다녀오는 등 신체적 불편함을 최소화하세요.

(5) 조사 중 주의해야 할 점
- 심리적으로 안정된 상태를 유지하기
- 조사자가 던지는 질문에 너무 예민하게 반응하면 안 됩니다.
- 특히, 예상치 못한 질문에 놀라거나 격한 감정을 보이면 생리적 반응이 달라질 수 있습니다.

- 마음을 편안히 가지고 평정심을 유지하는 것이 핵심입니다.

(6) 일관된 태도를 유지하기
- 조사 중 특정 질문에서만 과도하게 긴장하는 모습을 보이면 의심을 받을 수 있습니다.
- 모든 질문에 대해 일관된 어조와 태도로 답변하는 것이 중요합니다.
- 숨을 일부러 조절하거나, 손을 움직이거나, 불안한 행동을 하면 조사관이 이를 이상 반응으로 해석할 수 있습니다.

(7) 질문을 정확히 이해하고 답변하기
- 질문을 제대로 이해하지 못한 상태에서 대답하면 엉뚱한 반응이 나올 수 있습니다.
- 의미가 애매하거나 잘 이해되지 않는 질문은 반드시 다시 물어보는 것이 좋습니다.
- 모르는 것을 억지로 대답하려 하지 말고, "잘 모르겠습니다."라고 솔직하게 말하는 것이 낫습니다.

(8) 거짓말을 하려는 시도는 위험
- 거짓말탐지기 검사에서 고의적으로 거짓을 말하거나, 생리적 반응을 조작하려는 행동(예: 혀 깨물기, 근육 조이기, 일부러 호흡 조절하기)은 오히려 역효과를 낼 수 있습니다.
- 조사관은 이러한 시도를 감지할 수 있으며, 오히려 불리한 평가를 받을 위험이 있습니다.

(9) 조사 후 대처 방법
- 조사 결과에 대해 즉각 반응하지 말 것
- 조사 후 "당신은 거짓말을 하고 있습니다."라는 말을 들었더라도 당황하지 말고 차분하게 대응하세요.
- 거짓말탐지기 검사는 법적 증거력이 절대적이지 않으며, 판결의 결정적인 요소가 되지는 않습니다.

(10) 불리한 결과가 나왔을 경우 이의를 제기할 수 있음
- 거짓말탐지기의 신뢰성은 100%가 아니므로, 본인의 심리적 상태나 조사 환경 등을 근거로 조사 결과에 대해 추후 이의를 제기할 수 있습니다.
- 변호사를 통해 조사 과정에서의 문제점(예 : 조사자의 유도성 질문, 환경적 요인, 질병적 요인 등)을 분석하여 대응하는 전략을 마련하는 것이 중요합니다.

핵심포인트
①충분한 휴식과 수면을 취하고, 평소 상태를 유지하기
②심리적 안정과 평정심을 유지하며, 질문에 대해 일관된 태도로 답변하기
③질문을 정확히 이해한 후 답변하고, 불필요한 긴장이나 감정적인 반응을 자제하기
④생리적 반응을 일부러 조작하려 하지 말 것 (숨 참기, 근육 조이기 등)
⑤조사 후 불리한 결과가 나와도 침착하게 대응하고, 필요하면 이의를 제기할 것

마) 예외 : 거짓말탐지기 조사를 거부해야 하는 경우

거짓말탐지기 조사는 심리적 상태와 생리적 반응을 기반으로 판단하기 때문에, 특정 조건에 해당하는 사람들에게는 조사를 받지 않는 것이 유리할 수 있습니다. 우선, 심리적으로 불안하거나 지나치게 긴장하는 사람은 거짓말을 하지 않더라도 생리적 반응이 과도하게 나타날 가능성이 있습니다. 이러한 반응은 조사 결과에 부정적인 영향을 미칠 수 있으며, 수사기관이 이를 잘못 해석하여 불리한 판단을 내릴 위험이 있습니다. 심리적 압박을 많이 받는 상황에서 거짓말탐지기를 받는 것은 오히려 피의자에게 불리하게 작용할 수 있습니다.

또한, 질병을 앓거나 약물을 복용 중인 사람도 거짓말탐지기를 피하는 것이 좋습니다. 우울증, 불안장애, 심장질환 등 신체적·정신적 상태에 영향을 미치는 질병이나 약물 복용은 생리적 반응을 왜곡할 가능성이 높습니다. 이로 인해 조사 결과가 왜곡되어 신뢰성을 잃을 수 있으며, 수사에 부정적인 영향을 미칠 수 있습니다. 이러한 경우에는 조사를 거부하거나 연기하는 것이 합리적인 선택이 될 수 있습니다.

사. 구속 전 피의자심문(구속영장실질심사) 대비

1) 구속영장이 청구될 가능성이 높은 경우

■ **중범죄 또는 실형 가능성이 높은 사건**
- 강간, 유사강간, 준강간 등 중대한 성범죄
- 미성년자 대상 성범죄
- 피해자에게 심각한 정신적, 신체적 피해를 입힌 경우
- 재범 가능성이 높은 습벽(반복적 행동)이 인정되는 경우

■ **증거인멸 우려가 높은 사건**
- 피의자가 증거를 은폐하거나 삭제하려는 정황이 발견된 경우
- 피해자나 목격자에게 사건과 관련된 발언을 강요하거나, 회유 또는 협박한 경우
- 사건 관련 자료(예: 휴대폰, 컴퓨터) 교체, 삭제 등의 행위가 의심되는 경우
- 카메라 촬영 혐의를 받고 있는 피의자가 사건 직후 기기를 초기화하거나 폐기한 경우

■ **도주 우려가 있는 경우**
- 피의자가 주거지가 일정하지 않거나 무직 등으로 사회적 유대관계가 약한 경우
- 출국 시도가 있거나, 외국으로 도주할 가능성이 높은 경우
- 피의자가 경찰 조사 또는 검찰 소환에 응하지 않고 반복적으로 불출석한 경우
- 피의자가 수사기관 연락을 받지 않고 해외 출국을 시도한 사례

■ **피해자에 대한 위해 우려가 있는 경우**
- 피해자에게 직접적인 위해(협박, 폭행, 스토킹 등)를 가했거나 그 가능성이 있는 경우
- 피해자와의 접촉이 예상되는 경우(같은 직장, 학교, 아파트 등)
- 피해자가 피의자의 보복 가능성에 대해 불안을 호소한 경우
- 피의자가 피해자에게 "고소를 취하하지 않으면 불이익을 주겠다"고 협박한 정황

■ **반복 범죄(누범) 또는 집행유예 기간 중 재범인 경우**

- 피의자가 과거 성범죄 전과가 있는 경우
- 집행유예 기간 중 재범을 저지른 경우

■ 피의자가 혐의를 완강히 부인하며 수사에 비협조적인 태도를 보이는 경우
- 경찰 또는 검찰의 소환에 반복적으로 불응한 경우
- 반성의 태도를 보이지 않고, 책임을 회피하려는 태도를 보이는 경우
- 수사기관의 출석 요청에 여러 차례 불응하며 조사를 지연시키는 피의자

■ 피해자와의 합의가 진행되지 않은 경우
- 피해자가 처벌 의사를 강하게 밝히고 있으며, 피의자가 합의 노력을 기울이지 않은 경우
- 피해 회복을 위한 경제적, 심리적 보상 의지가 없는 경우

2) 피의자의 구속영장실질심사 대비 방법

■ 구속영장청구서 확인
- 구속영장청구서에 기재된 범죄 내용을 면밀히 검토하여, 불합리하거나 사실과 다른 점에 대해 변호사와 논의합니다.
- 구속영장청구서를 보지 못한 경우, 경찰 조사 시 질의 내용과 혐의 등을 상기합니다.
- 구속영장실질심사에서는 판사가 피고인에게 직접 사실관계에 대해서 질문을 하는 경우가 많습니다.

■ 판사에게 호소해야 할 핵심사항
① 도주 우려가 없음을 강조하는 대답 : 피의자가 일정한 주거지와 가족, 직장 등 사회적 유대관계를 유지하고 있어 도주 가능성이 없음을 설명합니다.

예시
- "저는 현재 가족과 함께 A 지역에 거주하며, 주거지가 일정합니다. 가족들과의 유대가 강하며, 사건 발생 이후에도 모든 수사 절차에 성실히 협조해왔습니다."
- "현재 고정된 직장에서 근무하고 있으며, 도주하거나 연락을 끊을 이유가 전

> 혀 없습니다."

②증거인멸 우려가 없음을 강조하는 대답 : 사건 관련 모든 증거를 이미 제출했고, 증거를 은폐하거나 훼손하려는 시도가 없음을 밝힙니다.

예시
- "사건과 관련된 모든 자료를 수사기관에 제출했으며, 은폐하거나 삭제한 증거는 없습니다. 추가로 요청하시는 자료가 있다면 협조할 준비가 되어 있습니다." - "사건과 관련된 모든 사실을 투명하게 밝히고자 수사기관과 협조해왔습니다."

③피해자에게 위해를 가할 가능성이 없음을 강조하는 대답 : 피해자와의 접촉 가능성을 차단하기 위한 구체적인 조치를 설명합니다.

예시
- "저는 피해자와 같은 학교에 다니고 있었지만, 피해자가 불편함을 느끼지 않도록 사건 직후 휴학을 신청하여 현재 휴학 중입니다." - "피해자와 같은 아파트에 거주했으나, 사건 이후 즉시 부동산을 처분하고 다른 지역으로 이사하여 더 이상 피해자와 접촉할 가능성이 없습니다."

④무죄 주장을 뒷받침하는 태도와 입장 : 사건에 대해 억울함을 호소하되, 감정적으로 대응하지 않고, 법적 절차에 성실히 협조하며 자신의 결백을 증명할 준비가 되어 있음을 강조합니다.

예시
- "저는 사건 당시 피해자와 신체적 접촉을 하지 않았으며, 모든 행동이 동의 하에 이루어졌습니다. 피해자의 진술과 다른 점을 증명할 수 있는 증거와 자료를 준비 중입니다." - "제 진술은 초동 조사부터 일관되었으며, 허위 진술 없이 사실만을 말씀드리고 있습니다. 법적 절차를 통해 제 결백을 증명하겠습니다."

⑤개인적인 상황과 구속의 불필요성을 설명하는 대답 : 구속이 피의자의 가족이나 주변 사람들에게 미칠 영향을 언급하며, 구속이 과도한 조치임을 설득해야 합니다.

예시
- "제가 구속된다면 가족들이 경제적으로 큰 어려움을 겪게 됩니다. 아이들이 아직 어리고, 제가 생계를 책임지고 있습니다." - "구속되지 않는다면 법적 절차에 성실히 임하며 사건 해결에 집중할 수 있습니다."

■ 외모와 태도
- 단정한 복장과 공손한 태도로 출석하여, 판사에게 신뢰를 줄 수 있는 이미지를 형성합니다.

■ 질문에 정확하고 간결하게 답변
- 판사의 질문에 동문서답을 피하고, 질문의 요지에 맞는 명확한 답변을 준비합니다.
- 판사가 궁금해 하는 사항에 대해서 적극적으로 충족시키는 답변을 해야 합니다.

■ 진술의 일관성 유지
- 경찰 조사와 영장실질심사에서 진술이 일치해야 신뢰를 잃지 않습니다.

■ 지나치게 감정적 발언 자제
- 판사에게 억울함이나 불만을 지나치게 호소하면 오히려 불리하게 작용할 수 있습니다.

3) 미리 준비해야 할 자료

■ 도주 우려가 없음을 증명하는 자료
- 주민등록등본, 임대차계약서, 가족관계증명서
- 재직증명서, 급여명세서
- 봉사활동증명서, 소속 단체 확인서 등

■ 증거인멸 우려가 없음을 증명하는 자료
- 경찰 소환 및 조사에 성실히 출석한 기록

- 사건과 관련된 모든 증거를 제출했음을 보여주는 자료(문자 기록, 통화 내역, CCTV 요청 자료 등)
- 휴대폰, 컴퓨터 등 사건과 관련된 자료가 삭제되지 않았음을 증명
- 해당 기기를 포렌식하거나 수사기관에 자발적으로 제출했음을 강조

■ **피해자와의 접촉 가능성이 없음을 증명하는 자료**
- 물리적 거리 확보 증명
- 피해자와 같은 학교에 다닐 경우 휴학신청서
- 피해자와 같은 아파트에 거주했던 경우 이사 확인서

■ **무죄를 입증하거나 고소인의 무고를 강조할 수 있는 자료**
- 사건 당시의 알리바이를 증명할 자료(CCTV, 교통카드 사용 내역, 목격자 진술 등)
- 피해자의 주장을 반박할 수 있는 문자 메시지, 통화 기록, SNS 대화 내역
- 피해자와의 갈등, 금전적 요구, 협박 등 무고 동기를 보여줄 수 있는 증거
- 피해자의 진술과 모순되는 정황 증거

아. 법원단계 무죄 재판준비

1) 변호인의 증인신문 보조
가) 서설

성범죄 사건에서 의뢰인이 변호사의 증인신문을 도와야 하는 이유는 사건의 사실관계를 정확히 파악하고 변호사의 전략을 구체화하는 데 결정적인 역할을 하기 때문입니다. 의뢰인은 사건의 당사자로서 가장 상세하고 구체적인 사실관계를 알고 있기 때문에, 변호사는 이를 바탕으로 고소인이나 증인의 진술에서 논리적 허점이나 모순점을 찾아내고 이를 증인신문 과정에서 활용할 수 있습니다. 또한, 증인의 신빙성을 판단하고 반박할 수 있는 자료를 수집하는 데 의뢰인의 협조가 필수적입니다. 변호사는 의뢰인이 제공하는 정보와 증거를 바탕으로 효과적인 질문을 준비하고, 이를 통해 증인이나 고소인의 신빙성을 약화시키며 재판부가 사건의 진실을 이해하도록 돕습니다.

의뢰인이 사건의 구체적인 정황과 증거를 제공하면, 변호사는 이를 활용해 증인신문 전략을 구체화하고, 특히 고소인의 주장과 모순되는 부분을 명확히 부각할 수 있습니다. 예를 들어, 고소인이 사건 당시 의뢰인이 협박했다고 주장하는 경우, 의뢰인이 당시 상황에 대해 상세히 설명한다면, 변호사는 증인에게 협박의 구체적인 내용을 묻는 방식으로 질문을 설계할 수 있습니다. 만약 증인이 구체적인 답변을 하지 못하거나 고소인의 진술과 불일치하는 답변을 한다면, 이는 고소인의 신빙성을 떨어뜨리는 결정적인 근거가 될 수 있습니다.

또한, 변호인은 증거기록을 철저히 분석하여 증인신문 준비에 심혈을 기울이지만, 변호인의 분석과 의뢰인의 사건 이해가 결합될 때 시너지 효과가 발생하여 더 효과적이고 강력한 증인신문 질문지를 만들 수 있습니다. 이는 변호사 혼자서 준비한 것보다 더 높은 설득력을 가지며, 재판에서 유리한 결과를 이끌어낼 가능성을 높입니다. 특히, 고소인과 같이 검찰 측 증인의 경우, 피고인 측 변호인은 증인신문에서 어떤 질문이 나올지 미리 알 수 없습니다. 따라서, 의뢰인이 사건의 세부사항과 맥락을 변호사와 공유하고, 질문 준비 과정에서 긴밀히 협력한다면, 예상치 못한 상황에서도 효과적으로 대응할 수 있는 유연한 전략을 세울 수 있습니다. 이는 변호사와 의뢰인이 함께 사건을 준비하고, 증인신문의 모든 과정에 있어 적극적으로 참여할 때만 가능한 결과입니다.

나) 증인신문 보조 구체적 내용

■ 증거기록상 고소인의 거짓말 탐지 및 전달
- 도움 내용 : 증거기록상 고소인의 진술을 보고 명백한 거짓말을 변호인에게 설명합니다.
- 예시 : "증거기록 순번 1번 5p에 고소인은 사건 당시 제가 강제로 밀쳤다고 고소했지만, 증거기록 순번 5번 28p에 있는 CCTV에는 제가 고소인에게 손을 대지 않은 모습이 찍혀 있습니다."

■ 증거기록상 고소인의 진술의 모순점 탐지 및 전달
- 도움 내용 : 증거기록상 고소인의 진술이 사실관계와의 모순이 있거나 진술의 번복이 있는 부분을 변호인에게 설명합니다. 변호인이 이미 알고 있는 경우도 많지만, 피고인 스스로 증거기록상 고소인의 진술이 달라진 점을 최대한 모아서 정리하여 변호인에게 제공하면 더 효과적인 증인신문을 준비할 수 있습니다.
- 예시 : "증거기록 순번 2번 5p에 진술조서에서 고소인은 사건 당시 도망쳐 나오면서 속옷만 입고 나왔다고 진술했지만, 증거기록 순번 15번 105p에서는 사건 당시 나오면서 옷을 다 입고 나왔다고 진술하고 있습니다."

■ 고소인의 동기 및 배경 정보 제공
- 도움 내용 : 고소인의 허위고소 동기나 배경에 관한 정보를 변호인에게 제공합니다.
- 예시: "고소인이 사건 이후 저에게 금전적 합의를 요구한 메시지를 증인이 보았습니다."

■ 증인신문에서 기대하는 결과 명확히 전달
- 도움 내용 : 변호인에게 증인신문을 통해 얻고자 하는 결과를 명확히 설명합니다.
- 예시 : "증인을 통해 고소인이 사건 당시 웃으며 대화했다는 점을 밝혀, 강제성이 없었음을 입증하고 싶습니다."

■ 증인의 예상 답변 전달
- 도움 내용 : 증인의 예상 답변은 증인의 거짓 진술을 밝히는 데 도움을 줍니다.

- 예시 : "증인에게 사건 당시 고소인이 저와 자연스럽게 대화를 나눴는지 물어봐 주세요. 그러면 증인은 자연스럽게 대화를 나누었다고 대답을 할 것입니다."
- 또는 반대로, 증인이 허위 진술을 할 가능성이 있는 경우에도 피고인이 그 사정을 사전에 변호인에게 알려주면, 반박 질문 등 효과적인 증인신문 전략 수립에 도움이 됩니다.
- 예시 : "해당 증인은 고소인의 가까운 친구로, 고소인의 입장을 일방적으로 대변할 가능성이 있습니다. 그런데 이 증인은 사건 당시 제가 고소인과 대화를 나누는 모습을 본 적이 없으면서도, '고소인이 불쾌해하는 장면을 직접 봤다'는 식으로 허위 진술을 할 수 있습니다. 만약 그렇게 진술한다면, 그 증언이 사실과 다르다는 점을 반드시 밝혀 주시기 바랍니다."

■ 증인의 진술의 일관성만 강화시켜주는 질문은 자제
- 주의사항 : 단 둘만이 있는 공간에서의 증인의 진술에 대해서 다시 묻는 것은 동일하게 진술할 가능성이 높아 무의미한 질문이 되고, 증인의 진술의 일관성만 강화되는 경우가 있습니다. 우선 최대한 많은 질문을 구성해 놓고, 퇴고를 거치면서 마지막에는 핵심질문 중심으로 정리할 필요가 있습니다.

다) 증인신문 보조 주의사항
■ 증인이 피고인의 가족, 친구, 직장 동료 등 지인일 경우에는 검찰은 다음과 같은 점을 공격하려고 할 수 있습니다(특히 피고인이 신청한 증인의 경우).
- 검찰의 예상 질문 : "증인에게 이번 재판 전에 피고인이 '이렇게 말해달라'고 부탁한 적은 없습니까?"
- 증인도 선서 후 법정에서 거짓말을 하면 위증죄(형법 제152조)에 해당하여 5년 이하의 징역 또는 1천만원 이하의 벌금에 처해질 수 있습니다. 따라서 피고인의 기대와 달리 증인은 위증의 부담 때문에 사실과 다른 진술을 꺼릴 수 있으며, 실제로 피고인에게 받은 조언이나 부탁을 사실대로 진술할 수 있습니다.
- 증인이 "피고인이 이렇게 말하라고 했다"는 등의 진술할 경우, 법원은 증언의 신빙성을 낮게 볼 수 있으며, 자칫 피고인이 증인을 통해 증언을 조작하려 했다는 의심까지 받을 수 있습니다.
- 증인에게는 진술 내용을 암기시키거나 강요하지 마십시오.
- 증인에게는 "사실대로 말해달라"는 요청을 반복하고 강조하여, 피고인으로부터는

"사실대로 말해달라"는 취지의 이야기만 나누었다는 대답이 나오는 것이 가장 바람직합니다.

■ **지인인 증인에 대한 실제 대응 예시**
- 올바른 예 : "내 입장에서는 네가 기억하고 있는 사실을 그대로 말해주는 것만으로도 충분해."
- 올바른 예 : "너도 알잖아. 그런 사실이 없었던 것을. 법정에서는 있는 그대로만 말해주었으면 좋겠어."

2) 무죄주장 피고인신문 준비방법
가) 서설

무죄를 주장하는 피고인이 피고인신문을 하는 이유는 자신의 입장을 직접 재판부에 전달하여 사건의 진실을 밝히기 위함입니다. 피고인신문을 통해 고소인의 주장과 모순되는 부분을 논리적으로 반박하고, 자신의 진술 신빙성을 강화할 수 있습니다. 다만, 피고인신문은 변호인과 피고인이 미리 협의하여 준비한 인상을 줄 수 있어 재판부에 신뢰성이 약할 수 있습니다. 이에 반해 피고인신문과정 중 검사의 기습적인 질문이나 재판부의 예상치 못한 질문에 대한 즉각적인 답변은 진술의 가치를 더욱 높이는 요소로 작용합니다. 피고인신문은 자신의 방어권을 최대한 활용하며, 재판부의 신뢰를 얻고 억울한 처벌을 피하기 위한 절차입니다. 피고인신문이 불리하게 작용하는 경우도 있으므로 사건의 내용에 따라 변호사와 상의 후 진행하면 됩니다. 일반적으로는 진행하지 않습니다.

피고인신문을 통해 다음과 같은 점을 입증할 수 있습니다:
- 고소인의 주장에 허위나 과장이 있음을 밝힘
- 사건의 실체를 피고인의 입장에서 설득력 있게 설명
- 피고인의 진술의 일관성과 신빙성을 강조
- 고소인의 주장이 왜곡되었거나 사실과 다름을 논리적으로 반박

나) 피고인신문의 절차

①변호인의 질문
- 변호인이 피고인에게 질문하여 사건의 진실성을 증명하고, 피고인의 입장을 분명히 밝히는 과정입니다.
- 변호인의 질문은 피고인의 무죄를 입증하거나 검찰의 주장을 반박하기 위해 구성됩니다.

②검사의 질문
- 검사는 피고인의 신빙성을 떨어뜨리거나 유죄를 입증하기 위해 질문합니다.
- 공격적이거나 혼란을 유발하는 질문이 포함될 수 있으므로 주의가 필요합니다.

③판사의 보충질문
- 판사는 필요에 따라 사건의 사실관계를 명확히 하기 위해 추가 질문을 할 수 있습니다.

다) 변호인과 검사의 질문에 따른 대답 요령

■ 변호인의 질문에 대답 요령
- 목적 : 변호인은 피고인의 무죄를 강조하기 위한 질문을 합니다. 따라서 변호인의 질문에 정확하고 일관되게 대답하여 자신의 입장을 분명히 해야 합니다.

핵심사항

1. 변호인의 질문은 개방형으로
- 변호인은 "그날 무슨 일이 있었나요?", "당시 상황을 기억나는 대로 말씀해 보세요"처럼 답변이 정해져 있지 않은 개방적인 질문을 해야 합니다. 이러한 질문은 피고인이 자신의 기억을 바탕으로 자유롭게 설명할 수 있는 기회를 줍니다.

2. 피고인의 답변은 구체적이고 생생하게
- 피고인은 마치 그때 상황을 눈앞에 떠올리듯이, 장면을 회상하면서 말해야 합니다. 사건 현장의 분위기, 상대방의 말투, 자신의 감정 등을 떠올리며 말하면 자연스럽고 신뢰도 높은 진술이 나올 수 있습니다.

3. 외운 듯한 진술은 피해야(단답형 답변 지양)
- "사건은 이러이러했고, 저는 절대 그런 행동을 하지 않았습니다"처럼 문장 구조가 반복되거나, 문법적으로 완벽하게 짜인 말은 오히려 외워온 듯한 인상을 줄 수 있어 신빙성을 해칠 수 있습니다.

4. 진술의 자연스러움이 핵심
실제 사건을 떠올리면서 자신의 말로 풀어내면 진술의 흐름에 약간의 끊김이나 말더듬이 있어도 오히려 자연스럽고 진정성이 느껴집니다. 이는 판사나 검사에게 긍정적인 인상을 줄 수 있습니다.

5. 사건기억의 실재감이 중요
- 법정에서 가장 설득력 있는 진술은 '기억의 실재감'이 느껴지는 진술입니다. 이는 대답의 논리성보다도 실제 상황을 떠올리는 방식에서 나옵니다. 예를 들어 "그때 갑자기 전화가 와서 머뭇거렸는데, 통화를 끝내고 나서야 다시 이야기하게 됐어요"와 같은 식의 진술은 신뢰를 줍니다.

좋은 대답의 예시
- ■ 사실을 강조 : 변호인이 "당시 피해자와 어떤 대화를 나눴나요?"라고 묻는 경우, 구체적이고 명확한 진술로 답변합니다.
- ■ 예 : "피해자와는 먼저 인사를 나눴고, 그 후에 일상적인 대화를 나눴습니다. 그 이상의 신체 접촉은 없었습니다."
- ■ 반박 논리를 강화 : 변호인이 "피해자가 주장하는 행동을 한 적이 있습니까?"라고 묻는 경우, 분명히 부인하고, 자신의 행동을 상세하고 구체적으로 설명합니다.
- ■ 예 : "그런 행동은 한 적이 없습니다. 제가 그날 피해자와는 2미터 이상의 거리를 유지했습니다."

■ 검사의 질문에 대답 요령
- 목적 : 검사는 피고인을 혼란스럽게 하거나 유죄로 몰아가기 위해 질문합니다. 감정적으로 대응하지 말고 냉정하게 답변해야 합니다.

핵심사항

1. 질문의 전제를 점검하라
- 질문 안에 사실과 다른 내용이 숨어 있는지 살펴보세요. 전제가 틀렸다면 "그건 사실이 아닙니다"라고 명확히 반박해야 합니다.

2. 단답형 '예', '아니오'로 답하지 마라
- 검사는 "예"라는 대답만 받아내도 자신의 주장을 강화할 수 있습니다. 반드시 본인의 입장을 설명하면서 답하세요.
- 예 : "아니요, 거부 의사를 표현한 적은 없었고, 당시 분위기는 상호간의 동의 하에 이뤄졌습니다."

3. 검사의 말투나 유도신문에 휘말리지 마라
- 검사는 단호한 어조로 질문을 던지며 피고인을 위축시키려 합니다. 그러나 재판은 겁먹는다고 끝나는 곳이 아닙니다. 침착하게, 자신 있게 자신의 기억과 입장을 전달하는 것이 중요합니다.
- 예를 들어, "그날 피해자가 거부 의사를 밝혔는데도 계속 행동을 이어간 거 맞죠?", "당시 술김에 판단력이 흐려져서 실수하신 거잖아요?", "그 행동이 상대방에게 불쾌감을 줄 수 있다는 건 알고 계셨죠?" 등의 유도신문에 넘어가서 사실을 왜곡할 수 있는 대답을 해서는 안됩니다.

좋은 대답의 예시

- **정확한 사실만 진술** : 검사가 "왜 피해자가 그런 진술을 했다고 생각합니까?"라고 묻는 경우, 추측을 삼가고 사실만 답변합니다.
- 예: "피해자가 왜 그렇게 말했는지는 알 수 없지만, 제가 그런 행동을 하지 않았다는 것은 사실입니다."
- **불리하게 유도하는 질문은 피해가되 사실을 강조** : 검사가 "피해자와 함께 있던 시간 동안 무엇을 했습니까?"라고 묻는 경우, 정확하고 짧게 답합니다.
- 예 : "같은 공간에 있었던 것은 맞지만, 저는 피해자와 접촉하지 않았습니다."

라) 피고인신문을 잘 준비하는 방법

- **진술의 일관성 유지**
- 수사단계에서부터 법원 재판까지 같은 내용을 유지해야 합니다.
- 진술을 번복하면 신빙성을 잃게 됩니다.
- 경찰 조사 → 검찰 조사 → 법원 피고인신문 순서대로 흐름을 정리해야 합니다.
- 자신의 진술과 객관적인 증거(문자, 통화기록, CCTV) 사이에 모순이 없어야 합니다. 작은 모순도 재판부가 신뢰성을 의심하는 계기가 될 수 있습니다.

- **예상 질문을 미리 준비**
- 검사가 할 질문과 판사가 할 질문을 예상하여 답변을 준비해야 합니다.

- 예상 질문 예시
- "사건 당시 피해자는 어떤 반응을 보였습니까?"
- "사건 이후 피해자와 연락을 주고받은 적이 있습니까?"
- "당신은 피해자의 거부 의사를 명확히 알았습니까?"
- "피해자가 주장하는 폭행이나 협박이 있었다고 보십니까?"
- "피해자가 자발적으로 행동했다는 점을 증명할 수 있는 근거가 있습니까?"

■ 피고인의 신뢰도를 높이는 태도 유지
- 태도는 재판부가 피고인의 신빙성을 판단하는 중요한 요소입니다.
- 법정에서 피해야 할 행동
- 감정적으로 반응하지 말 것 (예: 고소인에 대한 원망, 분노 표현)
- 장황하게 말하지 말 것 (핵심만 정확하게 전달)
- 답변을 돌리지 말 것 (질문에 대한 명확한 대답)
- 기억나지 않는 내용에 대해 "기억이 나지 않는다"고 솔직하게 말할 것
- 미리 준비된 대본을 들고와서 법정에서 읽는 행동을 하면 안됩니다.
- 지나치게 외운 답변처럼 대답을 하면 안됩니다.

■ 피해자의 주장에 대한 반박 논리 준비
- 피해자의 주장이 허위이거나 과장되었음을 밝히려면 다음 사항을 검토해야 합니다.
- 진술의 모순 : 피해자의 이전 진술과 현재 진술이 다르다면 이를 지적
- 상식적이지 않은 행동 : 피해자가 사건 이후에도 피고인과 연락을 계속했다면, 강제성이 없었음을 입증
- 피해자의 동기 : 피해자가 보복성 허위 고소를 했다는 점을 간접적으로 증명할 자료 확보

■ 감정 억제
- 검사의 공격적인 질문이나 유도성 질문에도 감정적으로 대응하지 마십시오. 냉정하고 차분한 태도를 유지하는 것이 중요합니다.

■ 추측성 발언 자제

- 자신이 직접 경험하지 않았거나 정확히 알지 못하는 사항에 대해서는 추측하지 마십시오.
- 예 : "아마 그랬을 겁니다" 대신 "저는 그 부분에 대해 알지 못합니다"라고 답변하세요.

■ 짧고 명확한 대답
- 검사측 질문에 대해 불필요하게 긴 설명은 피하십시오. 간결하면서도 구체적인 답변이 바람직합니다.
- 예 : "그날 저는 피해자와 대화만 나눴습니다"와 같은 짧고 명확한 표현.

마) 피고인신문에서 하지 말아야 할 행동

■ 감정적인 반응
- 판사나 검사의 질문에 짜증, 분노, 억울함을 과도하게 표출하면 불리하게 작용할 수 있습니다.

■ 거짓말
- 사실과 다른 진술은 쉽게 반박될 수 있으며, 재판부의 신뢰를 잃게 됩니다.

■ 태도 불량
- 재판 중 고개를 숙이거나, 눈을 마주치지 않거나, 불성실해 보이는 행동은 피하십시오. 항상 정중하고 단정한 태도를 유지하세요.

바) 의뢰인이 변호사의 피고인신문을 돕기 위한 구체적인 방법

피고인신문을 효과적으로 진행하기 위해서는 변호사와의 협력이 중요합니다. 피고인신문은 변호사가 질문을 던지고, 피고인이 자연스럽게 답변하는 방식으로 진행됩니다. 따라서, 의뢰인은 변호사가 효과적인 질문을 할 수 있도록 적극적으로 도와야 합니다.

■ 피고인신문 전에 변호사와 충분한 논의
- 변호사가 효과적인 질문을 구성할 수 있도록 피고인의 입장을 충분히 설명해야

합니다.
- 수사기록, 고소인의 진술, 증거자료 등을 검토하면서 "이 부분을 꼭 질문해 달라"는 점을 변호사에게 요청할 수 있습니다.

■ **변호사의 질문 방식에 개방성을 유지**
- 변호사의 질문이 너무 유도적으로 보이면 재판부가 "짜고 친다"는 인상을 받아 피고인신문의 신빙성이 낮아질 수 있습니다. 따라서 변호사의 질문은 개방성을 유지하는게 원칙입니다.
- 예를 들어,
  - 잘못된 질문 방식: "당신은 피해자가 동의했다고 확신했습니까?" (유도질문)
  - 올바른 질문 방식: "사건 당시 피해자의 행동과 반응을 설명해 주세요." (개방형 질문)

■ **고소인의 주장에 대한 논리적 반박 정리**
- 변호사에게 고소인의 주장을 반박할 수 있는 논리와 증거를 정리해서 전달하고 변호사에게 적극적으로 정보를 제공해야 합니다.
- 예를 들어,
  - 피해자가 사건 후에도 연락을 했다면 "피해자가 이후에도 저와 친밀한 연락을 주고받았습니다."라고 변호사에게 말을 해주어야 합니다.
  - 피해자가 동의한 정황이 있었다면 "성관계 전에 피해자가 먼저 스킨십을 유도하는 행동이 있었습니다."라고 변호사에게 말을 해주거나 질문을 꼭 해달라고 요청해야 합니다.

3) 법원 무죄주장 최후진술 준비방법

가) 서설

무죄를 주장하는 피고인이 최후진술을 잘해야 하는 이유는 재판부에 자신의 진정성과 사건의 진실을 마지막으로 전달할 수 있는 중요한 기회이기 때문입니다. 최후진술에서는 법적인 논리보다 고소인의 주장과 사실관계가 다르다는 점을 구체적이고 논리적으로 설명하며, 이를 뒷받침할 근거를 제시해야 합니다. 특히, 고소인의 진술이 거짓말인 이유나 이를 입증할 정황을 함께 설명하면 재판부가 피고인의 주장을 신뢰하는 데 큰 영향을 줄 수 있습니다. 최후진술은 고소인과 피고인 중 재판부가 누구의 말을 더 신뢰할지를 결정하는 데 중대한 마지막 역할을 하므로, 논리적이고 진정성 있는 태도로 사실관계를 명확히 해야 합니다. 이는 피고인이 억울한 처벌을 피하고 무죄를 입증할 수 있는 최종적이고 결정적인 절차입니다.

나) 법정 출석시 복장과 주의사항

■ 깔끔하고 단정한 옷차림
- 법정은 엄숙한 분위기의 장소이므로, 지나치게 화려하거나 자유로운 복장은 피해야 합니다.
- 슬리퍼나 조리 등의 신발은 피하시기 바랍니다.
- 경찰, 군복, 종교 복장 등 법정의 중립성을 해칠 수 있는 복장은 피하십시오.
- 색한 머리나 문신이 보이는 옷은 피하시는 것이 좋습니다. 재판부뿐만 아니라, 피해자 측이 법정 방청석에 출석한 경우 외모에서 주는 인상이 부정적으로 작용하여 반성의 진정성을 의심받거나 불필요한 반감을 유발할 수 있습니다.

■ 정중한 태도 유지
- 법정에서는 항상 예의 바르고 겸손한 태도를 유지하세요. 판사, 검찰, 변호사에게도 존칭을 사용하며, 감정적 반응을 삼가야 합니다.
- 판사의 지시나 안내를 집중해서 듣고, 불필요한 행동(예: 몸을 흔들거나 고개를 자주 돌리는 것, 혼잣말을 하는 것)을 삼가야 합니다.
- 법정에서 손을 주머니에 넣거나 팔짱을 끼는 행동은 예의에 어긋납니다. 항상 단정한 자세를 유지하십시오.

■ 휴대폰 및 전자기기
- 법정 입장 전 휴대폰은 꺼두거나 진동 모드로 설정하십시오. 재판 도중 휴대폰 사용은 엄격히 금지됩니다.

■ 판사의 질문에 대한 답변
- 판사가 피고인에게 직접 질문을 하는 경우 정확히 답변하되, 진실을 바탕으로 일관성 있게 진술하는 것이 중요합니다.

■ 재판진행 중 혼잣말 삼가
- 재판진행 중에 간혹 혼잣말을 하는 경우 판사가 재판진행에 방해된다면서 경고하는 경우가 있습니다.

다) 최후진술에 들어가야 하는 내용

■ 사건의 핵심 논점 파악
- 재판에서 쟁점이 된 고소인의 주장과 자신의 반박 논리를 명확히 정리합니다.
- 예 : 고소인이 주장하는 사건 당시 정황에 대한 모순점을 구체적으로 언급.

■ 진정성 강조
- 억울함과 진실을 알리고 싶다는 의지를 진정성 있게 전달합니다.
- 예 : "제가 하지도 않은 일로 이렇게 재판을 받는 것이 너무 고통스럽습니다."

■ 감정 조절
- 지나치게 감정적으로 대응하지 않고, 차분하고 논리적으로 진술합니다.

■ 반복적인 주장 피하기
- 이전에 변호인과 증거를 통해 충분히 전달한 내용을 지나치게 반복하지 않도록 주의합니다.
- 예 : 이미 증거로 입증된 내용은 짧고 간결하게 언급.

■ 사회적 맥락 강조
- 자신의 평소 행동, 사회적 위치, 선량한 성품 등을 간결히 설명하여 무고 가능성을 암시합니다.

■ 구체적 결론으로 마무리
- 사건의 핵심과 자신의 결백을 강조하며 진술을 마무리합니다.
- 예 : "재판부께서 제 진실을 이해해주시길 간절히 바랍니다."

■ 시간 배분
- 약 1~2분 분량으로 구성하세요.
- 시간을 재며 연습해보세요.

■ 암기 또는 자필 준비
- 암기하여 말하는 것이 가장 좋습니다.
- 암기가 어려울 경우 A4에 자필로 작성하세요.
- A4로 미리 준비한 최후진술서는 최후진술 후 법원에 제출할 수 있습니다.

라) 최후진술에서 해서는 안 되는 말

■ 고소인을 비난하는 발언
- 고소인의 동기나 행동을 직접적으로 공격하거나 비난하는 것은 피해야 합니다.
- 예 : "고소인은 거짓말쟁이고, 저를 망치려고 하고 있습니다."

■ 감정적으로 과도한 표현
- 지나치게 격앙되거나 분노를 표현하는 것은 재판부에 부정적인 인상을 줄 수 있습니다.
- 예: "제가 왜 이런 일을 당해야 합니까? 정말 너무 억울합니다!"

■ 재판부에 대한 도전적 태도
- 재판부의 결정을 예단하거나 비판하는 태도는 피해야 합니다.
- 예: "이렇게 진행되면 저는 결국 불공정한 판결을 받을 겁니다."

■ **책임 회피 또는 변명**
- 자신의 책임을 과도하게 부인하거나, 본질과 상관없는 변명을 늘어놓는 것은 피해야 합니다.
- 예 : "제가 잘못한 건 아니지만, 그 상황이 어쩔 수 없었습니다."

■ **무의미한 호소**
- 구체적인 논리나 근거 없이 감정에만 의존해 호소하는 것은 재판부에 신뢰를 주지 못합니다.
- 예: "그냥 제가 잘못한 게 없으니 믿어주십시오."

마) 최후진술에서 하면 좋은 말

■ **자신의 억울함과 진실 강조**
- 자신이 억울한 처지에 놓였음을 차분히 설명하며, 재판부에 공정한 판단을 요청합니다.
- 예 : "저는 그날 어떤 잘못된 행동도 하지 않았으며, 재판부께서 객관적으로 판단해 주시길 간절히 바랍니다."

■ **증거와 논리 기반의 호소**
- 제출된 증거와 논리를 기반으로 자신의 무죄를 강조합니다.
- 예 : "CCTV 영상과 목격자 진술에서도 알 수 있듯이, 저는 강제성을 띤 행동을 하지 않았습니다."

■ **자신의 선량한 성품 강조**
- 자신의 평소 행실과 주변 평판을 언급하여 무고 가능성을 암시합니다.
- 예 : "저는 평소 주변 사람들과 원만한 관계를 유지하며 성실히 살아왔습니다."

■ **재판부에 대한 존중 표현**
- 재판부의 공정성과 현명한 판단을 믿는다는 메시지를 전달합니다.
- 예 : "재판부께서 제 진심을 이해하고 공정한 결정을 내려주시길 믿습니다."

바) 최후진술준비 예시 - 법정에서 말로 해야 합니다

아래는 최후진술준비 예시입니다. 예시는 참고용일 뿐이며, 똑같이 작성해서는 안 됩니다. 본인이 직접 경험한 사건과 본인만이 전달할 수 있는 독창적인 내용을 포함하여 작성하시기 바랍니다.

최 후 진 술 서

사건번호 : 부산지방법원 2025고단12345
피 고 인 : 김○○

존경하는 재판장님,
저는 오늘 이 자리에서 저에게 제기된 혐의를 명백히 부인하며, 사건의 진실이 밝혀지길 간절히 바라고 있습니다. 이번 사건으로 인해 피해를 주장하는 분께서 고통을 호소하신 점에 대해서는 안타깝게 생각하지만, 저는 결코 이와 같은 행위를 한 적이 없음을 다시 한번 강하게 말씀드립니다.
저는 처음부터 사건 당시의 상황에 대해 일관되게 진술해왔고, 제 진술은 수사 과정에서 제시된 객관적 증거와도 모순되지 않습니다. 제게 제기된 혐의는 피해자의 일방적인 주장과 신빙성이 결여된 진술에 의존하고 있으며, 저는 사실과 다른 혐의로 고통받고 있는 상황입니다.
수사 과정에서 제출된 증거들, 특히 당시의 대화 내용과 CCTV 자료는 제가 주장하는 사실과 일치하며, 피해자의 진술이 여러 차례 변경된 점도 신빙성에 의문을 제기할 수 있는 중요한 부분이라고 생각합니다. 저는 수사 초기부터 사건의 진실을 밝히기 위해 최선을 다해 협조했으며, 거짓 없이 모든 상황을 그대로 진술해왔습니다.
존경하는 재판장님, 저는 이번 사건으로 인해 한 사람의 인생이 어떻게 흔들릴 수 있는지 절실히 깨달았습니다. 그러나 저는 결코 혐의가 사실이 아님을 확신하기에, 진실이 밝혀질 때까지 끝까지 싸우고 싶습니다. 저는 이 재판을 통해 저의 무죄가 밝혀져, 저와 저를 믿어주는 가족들이 억울함에서 벗어날 수 있기를 간절히 바랍니다.
마지막으로, 저는 이번 사건을 통해 제 삶을 더욱 성숙하게 돌아보며, 앞으로도 법과 도덕을 지키는 성실한 삶을 살겠다는 다짐을 드립니다. 존경하는 재판장님께서 사건의 진실을 공정하게 판단해 주실 것을 믿습니다. 감사합니다.

2025년 ○○월 ○○일

피고인 : 김○○ (자필 서명)

자. 무죄가 나온 경우 고소인 상대로 할 수 있는 법적 조치

① 무고죄 고소
② 명예훼손 고소
③ 민사소송(위자료 등)

1) 서설
성범죄가 무혐의 또는 무죄가 나온 경우 고소인 상대로 할 수 있는 대표적인 법적 조치로는 ① 무고죄, ② 명예훼손, ③ 민사소송(위자료 + 일실수입 + 변호사비용 + 민사소송비용 등)을 검토할 수 있습니다.

2) 무고죄 고소

가) 무고죄의 의미와 판단 기준
무고죄는 「형법」 제156조 '타인으로 하여금 형사처분 또는 징계처분을 받게 할 목적으로 공무소 또는 공무원에 대하여 허위의 사실을 신고한 자는 10년 이하의 징역 또는 1천5만원 이하의 벌금에 처한다.'에 따라, 타인에게 형사처벌이나 징계를 받게 할 목적으로 허위 사실을 신고한 경우 성립합니다. 무혐의 처분이 내려졌더라도 무고죄가 반드시 성립하는 것은 아니며, 허위성 및 고의성 여부가 핵심적으로 판단됩니다.

나) 무고죄가 성립되지 않는 경우
성범죄 피해를 주장한 신고자가 다음 조건을 충족하면 무고죄가 성립하지 않습니다.

- 허위성이나 고의성이 없는 경우
- 피해자가 실제로 자신이 성범죄를 당했다고 믿고 신고한 경우, 허위의 고의가 없으므로 무고죄가 성립하지 않습니다.
- 예 : 상황을 오해하거나, 의사소통의 문제가 있었던 경우.

- 사실에 근거한 신고가 있었으나 혐의가 입증되지 않은 경우
- 신고 내용이 객관적 사실에 기초하고 있으나, 법적 판단이나 증거 부족으로 무

혐의 처분이 내려진 경우 무고죄가 성립하지 않습니다.
- 예: 두 사람이 합의된 신체 접촉을 했으나, 피해자가 이를 강제로 느꼈다고 주장한 경우.

■ 경미한 과장이 포함된 경우
- 피해자가 자신의 피해를 과장했지만, 본질적으로 허위 사실을 조작한 것이 아닌 경우 무고죄로 보지 않을 가능성이 있습니다.
- 예 : 사건 당시의 언행을 일부 왜곡하거나 감정을 부풀려 진술한 경우.

■ 법적 판단과 신고의 차이가 있는 경우
- 법적 판단과 피해자가 느낀 피해감 사이에 차이가 있어 무혐의가 나온 경우입니다. 피해자가 사회적으로 성범죄라고 생각해 신고했더라도, 법적 구성요건에 해당하지 않을 수 있습니다.
- 예 : 피해자가 기분이 나쁜 말을 듣고 성희롱으로 신고했으나 법원에서 이를 성범죄로 인정하지 않은 경우.

■ 공소시효가 경과된 경우
- 공소시효가 지난 범죄에 대해 고소를 했더라도, 해당 범죄가 사실로 존재했음이 인정되면 고소 내용이 허위가 아니기 때문에 무고죄가 성립하지 않습니다.

다) 무고죄가 성립되는 경우

성범죄 무혐의 처분 이후, 신고자가 다음 조건을 충족하면 무고죄가 성립할 수 있습니다.

■ 허위사실을 명백히 조작하여 신고한 경우
- 피해자가 사건 자체를 조작하거나 존재하지 않는 사실을 꾸며낸 경우 무고죄가 성립합니다.
- 예 : 피해자가 피의자와 만난 적이 없는데도 강간당했다고 허위 신고한 경우.

■ 처벌받게 할 목적으로 고의적으로 허위 신고한 경우
- 피의자를 사회적, 법적으로 곤경에 빠뜨리기 위해 고의적으로 허위 신고한 경우

입니다.
- 예: 이전에 원한 관계가 있는 사람을 보복하기 위해 강제추행을 당했다고 허위 신고한 경우.

■ 사건을 과도하게 조작하거나 부풀린 경우
- 피해자가 실제로 일부 사실이 존재했더라도, 중요한 핵심 부분을 의도적으로 허위로 꾸며낸 경우.
- 예: 단순 신체 접촉을 강간으로 허위 신고한 경우.

■ 피의자의 결백을 입증하는 명백한 증거가 있는 경우
- 피의자가 사건 당시 범죄를 저지를 수 없는 확실한 증거(알리바이, CCTV, 목격자 진술 등)가 있는 상황에서 신고 내용이 허위로 판명되면 무고죄가 성립할 가능성이 높습니다.
- 예: 피의자가 범죄 발생 시간에 다른 장소에 있었음을 증명한 경우.

■ 조작된 증거를 제출한 경우
- 피해자가 허위 신고를 위해 고의적으로 증거를 조작하거나 왜곡한 경우 무고죄가 성립합니다.
- 예: 메시지를 조작하거나, 사건 현장을 날조한 경우.

라) 무고죄 성립 여부 판단의 핵심

① 허위성 여부: 신고 내용이 객관적으로 사실인지 여부.
② 고의성 여부: 신고자가 피의자를 처벌받게 할 의도로 허위 내용을 주장했는지 여부.
③ 신고의 동기와 배경: 신고자가 실제로 피해를 느꼈는지, 아니면 악의적 목적으로 신고했는지 분석.
④ 증거와 진술의 신빙성 : 피해자와 피의자의 진술, 물적 증거 등이 무고 판단의 핵심 기준이 됩니다.

무고죄를 성립시키는 핵심적인 증거
1. 고소 내용이 허위임을 입증하는 증거

■ 객관적 사실과 고소 내용의 불일치
- 효과적인 증거: CCTV 영상, 사진, 녹음 파일, GPS 데이터 등 사건 당시의 상황을 객관적으로 증명할 수 있는 자료, 고소인의 주장이 사실이 아님을 보여주는 증거.
- 예시 : 고소인이 "특정 장소에서 성폭행을 당했다"고 주장했으나, 사건 당시 피고인이 다른 장소에 있었음을 증명하는 CCTV 기록.
- 예시 : 고소인이 "폭행을 당해 상처를 입었다"고 주장했으나, 병원 진단서에서 상처가 없다는 결과가 나왔을 경우.

■ 증인의 진술
- 효과적인 증거 : 사건 당시 상황을 목격한 제3자의 진술, 고소인의 주장과 배치되는 증언을 확보.
- 예시 : 고소인이 폭행이나 협박을 당했다고 주장했으나, 현장에 있던 증인이 "폭행이나 협박은 없었다"고 증언한 경우.

■ 디지털 증거
- 효과적인 증거 : 고소인과 피고인 간의 문자 메시지, 이메일, 통화 기록, SNS 대화 내용, 고소 내용과 상반되는 대화를 증명 등
- 예시 : 고소인이 "피고인이 협박했다"고 주장했으나, 해당 시점의 대화 내용에서 친근한 톤의 대화가 오간 경우.

2. 고소인의 허위 의도를 입증하는 증거

■ 고소인의 고의성 또는 보복 의도
- 효과적인 증거 : 고소인이 피고인을 해치려는 의도로 고소를 제기했음을 보여주는 자료. 고소 전에 갈등, 협박, 보복 의도를 나타낸 정황.
- 예시 : 고소인이 피고인에게 고소 이전에 "내가 너를 끝장내겠다"고 협박한 문자 메시지.
- 예시 : 고소인이 피고인에게 금전적 요구를 거절당한 뒤 고소한 경우의 입증 자료

■ 고소인이 고소 사실을 과장했음을 보여주는 자료
- 효과적인 증거 : 고소 내용 중 일부가 사실이나, 사건의 경중이 과장되었음을 입증하는 증거나 고소인이 사실 관계를 왜곡한 정황.
- 예시 : "폭행을 당했다"고 주장했으나, 고소인이 경미한 신체 접촉을 폭행으로 부풀렸다는 점을 입증할 수 있는 CCTV.

3. 고소인이 사건과 무관한 허위 사실을 진술한 증거

■ 진술의 일관성 부족
- 효과적인 증거: 고소인의 초기 진술과 후속 진술 간의 모순을 지적할 수 있는 기록.
- 예시 : 고소인이 처음에는 "폭행 당시 피고인이 칼을 들고 있었다"고 진술했으나, 이후 진술에서 "칼은 없었다"고 번복한 경우.

■ 허위 증거 제출
- 효과적인 증거 : 고소인이 사건을 뒷받침하기 위해 제출한 증거가 허위로 밝혀진 경우.
- 예시 : 고소인이 위조된 진단서를 제출하여 폭행 피해를 주장했으나, 병원 기록에 해당 진단서가 없는 경우.

4. 고소인의 동기가 의심스러운 정황 증거

■ 금전적 이익 또는 갈등으로 인한 고소
- 효과적인 증거 : 고소인이 금전적 이익이나 갈등 해결을 목적으로 고소했음을 보여주는 정황 자료.
- 예시 : 고소인이 고소 직전 피고인에게 "돈을 주지 않으면 고소하겠다"고 발언한 녹음.

■ 보복 고소

- 효과적인 증거 : 고소인이 피고인과의 이전 사건에서 불리한 결과를 경험한 뒤 보복적으로 고소한 경우.
- 예시 : 피고인이 고소인을 상대로 이전에 손해배상 소송을 제기한 뒤, 고소인이 이에 대한 보복으로 형사 고소를 진행한 경우.

5. 고소 내용이 사실일 수 없음을 증명하는 과학적 증거

■ 시간·장소의 모순
- 효과적인 증거 : 고소인이 주장하는 사건 시간과 장소가 실제로 발생할 수 없는 정황을 입증하는 자료.
- 예시 : 고소인이 "사건이 특정 장소에서 특정 시간에 발생했다"고 주장했으나, 피고인의 GPS 기록이나 통화 기록이 다른 장소에 있었음을 증명.

■ 법의학적 증거
- 효과적인 증거 : 고소인이 주장하는 신체적 피해가 과학적 근거로 설명되지 않는 경우.
- 예시 : 고소인이 폭행을 당했다고 주장했으나, 법의학 전문가가 "해당 상처는 자연적인 피부 상태"라고 증언.

6. 고소인이 허위 진술을 했음을 인정한 증거

■ 고소인의 자백
- 효과적인 증거 : 고소인이 허위 고소를 했음을 직접 인정한 경우.
- 예시 : 조사 과정에서 "당시 감정이 격해서 허위 고소를 했다"고 자백.

■ 고소인의 허위 고소를 암시하는 주변 진술
- 효과적인 증거 : 고소인의 친구나 지인이 "고소인이 고의적으로 허위 사실을 신고했다"고 진술.

3) 명예훼손 고소

가) 명예훼손의 성립 요건

명예훼손은 「형법」 제307조 제1항(사실적시 명예훼손), 제2항(허위적시 명예훼손) 및 「정보통신망 이용촉진 및 정보보호 등에 관한 법률」 제70조 제1항(정보통신망 사실적시 명예훼손), 제2항(정보통신망 허위사실 명예훼손)의 죄가 성립할 수 있습니다.

나) 명예훼손으로 고소할 수 있는 경우

- 허위사실 유포로 명예를 훼손한 경우
- 상대방이 성범죄 사실이 존재하지 않음을 알고 있으면서도, 허위사실을 유포하여 피의자의 명예를 훼손한 경우.
- 예 : 피해자가 존재하지 않는 강간 사건을 조작하여 SNS에 공개하거나, 주변인에게 허위 사실을 알린 경우.

- 사실을 과장하여 명예를 훼손한 경우
- 일부 사실이 있었더라도 이를 의도적으로 과장하여 피의자의 사회적 평가를 저하시킨 경우.
- 예 : 단순한 신체 접촉을 성범죄로 포장하여 주변에 알리거나 언론에 제보한 경우.

- 정보통신망을 통한 명예훼손
- SNS, 인터넷 게시글, 문자메시지 등을 통해 성범죄와 관련된 허위사실을 공공연히 유포한 경우.
- 예 : "○○씨가 성범죄를 저질렀다"라는 게시글을 작성하여 다수에게 공유한 경우.

- 고의적 비방 목적으로 허위사실을 유포한 경우
- 상대방이 보복하거나 악의적인 목적으로 명예훼손 행위를 한 경우.
- 예 : 직장에서 해고된 직원이 상사에 대한 허위 성범죄 신고를 하고, 이를 주변 동료들에게 알린 경우.

■ 사회적 파장을 크게 만든 경우
- 성범죄 혐의와 관련된 허위사실이 언론이나 대중에게 노출되어, 피의자의 사회적, 직업적 명예에 심각한 손상을 입힌 경우.
- 예 : 언론 인터뷰에서 허위사실을 주장하거나, 공공 집단에 메시지를 보낸 경우.

다) 명예훼손 고소가 어려운 경우
■ 상대방이 허위성을 인식하지 못한 경우
- 상대방이 허위사실임을 알지 못하고, 자신이 피해를 입었다고 믿고 신고하거나 주장을 한 경우.
- 예 : 상대방이 성범죄라고 믿었으나, 법적으로 성립하지 않은 경우.

■ 사적인 대화에서 진술한 경우
- 상대방이 특정인이나 소수의 사람에게 사적인 대화를 통해 언급한 하였고, 전달받은 사람에게 전파가능성이 없는 경우

■ 진실된 사실을 적시한 경우
- 상대방이 주장한 내용이 사실로 입증된 경우, 설령 그 내용이 피의자에게 불리하게 작용했더라도 위법성이 조각되는 경우 명예훼손이 성립하지 않습니다.

4) 민사소송(위자료 등)

가) 손해배상 청구
성범죄 무고로 인해 정신적 고통, 명예훼손, 경제적 손실 등이 발생한 경우 민사소송으로 손해배상을 청구할 수 있습니다. 민사소송의 주요 근거는 민법 제750조 '불법행위로 인한 손해배상'으로, 손해배상의 항목에는 위자료(정신적 피해 보상)와 경제적 손실(변호사비용, 소송비용 등)이 포함될 수 있습니다.

나) 위자료 금액에 영향을 미치는 주요 요인

■ 무고 행위의 고의성 및 중대성

- 고소인이 명백한 허위사실로 고소를 진행했는지, 고의적으로 피해자를 해치려 했는지가 고려됩니다.
- 명백한 고의성이 입증될수록 위자료 금액은 높아집니다.

■ 피해자가 겪은 정신적·사회적 피해
- 무고로 인해 피해자가 받았던 사회적 낙인과 정신적 스트레스의 강도.
- 구속, 퇴직, 퇴학 등 구체적인 불이익을 입었을 경우 금액이 증가합니다.

■ 형사·행정 절차 진행 기간
- 무고로 인해 오랜 기간 동안 수사, 재판, 행정소송을 겪었다면 위자료가 더 높게 책정됩니다.

■ 피해자의 사회적 지위
- 피해자가 사회적 명예를 크게 중시하는 직업(예: 공직자, 군인, 변호사 등)에 종사하는 경우 금액이 높아질 가능성이 있습니다.

다) 판례로 보는 위자료 금액 예시

■ 3천만 원~5천만 원
- 무고 행위가 비교적 단순하고, 피해자의 정신적·사회적 피해가 크지 않은 경우

■ 5천만 원~1억 원
- 무고로 인해 피해자가 구속되거나 장기간 수사·재판을 겪은 경우.
- 피해자의 명예와 신뢰가 크게 훼손된 경우.

■ 1억 원 이상
- 피해자가 심각한 정신적 충격으로 장기간 치료를 받거나, 직업적·경제적 피해가 중대할 경우.
- 허위 고소로 인해 중대한 사회적 불이익(퇴학, 파면, 이혼 등)을 겪은 경우.

실제 사건으로 보는 손해배상의 범위
(서울중앙지방법원 2022. 7. 7.선고 2021가단5283653 판결)

1. 사건 개요

원고(공군사관학교 생도)와 피고(대학교 학생)는 대회 참석 중 성관계를 가졌고, 이후 피고는 원고를 강간으로 고소.

형사소송에서 원고는 무죄 판결을 받았으며, 행정소송에서도 퇴학 처분이 취소되어 공군사관학교에 복교 후 졸업하고 공군 소위로 임관.

원고는 피고의 고소를 무고와 명예훼손으로 주장하며 손해배상을 청구.

2. 손해배상의 범위

①일실수익 : 원고가 부당한 고소로 인해 공군사관학교를 퇴교하면서 발생한 급여 손실(66,477,220원).

②변호사 비용 : 부당고소로 인하여 형사소송 대응을 위해 지출한 변호사 선임 비용(21,600,000원). (대법원 1977. 4. 12. 선고 76다2491 판결 참조)

③위자료 : 장기간 수사와 재판, 퇴교 처분 등으로 인해 받은 정신적 고통에 대한 배상(100,000,000원).

총 188,077,220원 승소한 사례

8. 자주 묻는 질문(Q&A)

가. 피해자에 대한 대처 궁금증

1) 죄를 인정하는 경우, 피해자에 대한 사과는 언제가 적절한가요?

사과는 빠를수록 효과적입니다. 사과의 타이밍은 매우 중요하며, 일반적으로 빠르면 빠를수록 피해자의 마음을 누그러뜨리는 데 유리합니다. 재판 과정에서 피해자가 "단 한 번도 사과를 받은 적이 없다"는 취지로 엄벌 탄원서를 제출하는 사례도 종종 있으므로, 가능한 한 신속히 진정성 있는 사과의 메시지를 전달하는 것이 좋습니다. 메시지를 작성할 때는 본 책의 사죄편지 작성 방법을 참고하여 신중하게 작성하시길 권장합니다.

2) 피해자에게 합의를 이유로 직접 접촉해도 되나요?

아니오, 직접 접촉은 매우 위험합니다. 가해자나 가해자 가족이 합의를 이유로 피해자에게 직접 연락하거나 접촉하는 것은 2차 가해로 여겨질 수 있습니다. 피해자가 이를 수사기관이나 법원에 증거자료로 제출하면, 법원은 이를 협박이나 회유 시도로 간주하여 형량을 가중할 가능성이 높습니다. 따라서 합의를 시도하려면 반드시 변호사를 통해 진행하는 것이 원칙이며, 법적 절차를 준수하는 것이 가장 안전합니다.

3) 합의가 되면 사건이 종결되나요?

아니요, 합의가 되더라도 사건은 계속 진행됩니다. 성범죄는 합의가 성사되더라도 사건이 자동으로 종결되지 않으며, 수사와 재판 절차는 계속 진행됩니다. 다만, 합의는 매우 중요한 양형 요소로 작용하므로, 합의가 이루어지면 처벌이 대폭 낮아질 가능성이 큽니다. 합의는 피해자의 처벌불원 의사를 얻는 과정으로, 성공 자체가 쉽지 않은 경우가 많으므로 신중히 접근해야 합니다.

4) 피해자와의 대화나 성관계 대화를 몰래 녹음한 경우, 증거로 사용할 수 있나요?

대화 녹음은 적법하지만, 성관계 영상은 불법입니다. 자신이 대화 당사자인 경우, 상대방 동의 없이 대화를 몰래 녹음하는 것은 적법하며, 법적 증거로 사용할 수 있습니다. 그러나 음성 대화가 아닌 성관계 영상을 몰래 촬영한 경우에는 이는 불법 행위에 해당하며, 해당 영상은 불법 증거로 간주됩니다. 또한, 카메라촬영죄 등으로 처벌받을 수 있으므로 절대 촬영하지 않도록 주의해야 합니다.

나. 경찰단계 궁금증

1) 변호사를 선임하는 것이 수사관에게 나쁘게 보이지는 않을까요?

전혀 그렇지 않습니다. 변호사도 본인의 가족이 사건에 연루되면 변호사를 선임하여 대응합니다. 경찰 역시 본인이나 가족이 형사사건에 연루되면 변호사사무실에서 변호사를 선임합니다. 실제로 변호사 경험상, 경찰 단계에서 혼자 대응하다가 상황이 악화되는 사례가 빈번합니다. 간혹 담당 수사관이 "별거 아니다" 또는 "변호사를 선임할 필요가 없다"는 말을 하여 이를 신뢰하고 진행하다가 후회하는 피의자 분들이 많습니다. 예를 들어, "별거 아니다."는 말을 믿고 변호사 없이 조사에 임했다가, 담당 수사관이 갑자기 구속영장을 청구하여 구속된 후 변호사를 찾는 사례도 있었습니다. 변호사를 선임하는 것은 피의자 등의 권리이며, 신중하고 철저히 준비하는 데 꼭 필요한 조치입니다.

2) 휴대폰을 바꾸거나 채팅 기록을 삭제해도 되나요?

위험한 행동입니다. 디지털 자료 삭제·초기화는 증거인멸 의심 사유가 될 수 있습니다. 원본 보존 후 변호사 지시에 따라 제출 여부를 결정하세요. 간혹 담당수사관이 영장을 미리 받아두고 경찰조사에 출석한 피의자의 스마트폰을 압수하는 경우도 있으니 참고바랍니다.

3) CCTV는 어떻게 확보하나요?

CCTV는 24~72시간 내 자동 덮어쓰기 되는 곳이 많습니다. 즉시 해당 CCTV 보관자에게 개인정보보호법에 근거하여 열람청구를 하거나 CCTV 열람을 거부하는 경우 백업이라도 요청을 하여 이후에 법원을 통한 증거보전신청 등을 이용하여 CCTV를 안정적으로 확보할 수 있도록 해야 합니다.

4) 경찰조사 소요시간은 어느 정도인가요?

경찰 조사 시간은 사건의 복잡성과 질문 내용에 따라 다르지만, 일반적으로 한 번의 조사는 1~3시간 정도 소요됩니다. 다만, 추가적인 질문이 필요하거나 피의자가 진술 준비가 부족한 경우, 조사 시간이 3시간 이상 길어질 수도 있습니다.

5) 경찰조사의 횟수가 어떻게 되나요?

경찰 조사 횟수는 사건의 성격과 진행 상황에 따라 다르지만, 보통 1~2회로 진행되는 경우가 많습니다. 자백(인정)사건의 경우에는 1회로 그치는 경우가 많습니다. 다만, 무죄를 주장하거나 추가 증거가 발견되거나 진술이 상충되는 경우에는 3회 이상 조사를 받을 수도 있습니다. 변호사를 통해 조사 진행 상황을 파악하고 효과적으로 준비하면 조사 횟수를 줄일 수 있습니다.

6) 피의자가 피의자신문조서에 날인하지 않는 경우는 어떻게 되나요?

피의자가 날인을 거부하면, 그 취지가 조서에 기재됩니다. 피의자신문조서는 경찰 또는 검찰 조사 단계에서 작성된 진술 내용을 기록한 문서로, 피의자가 날인을 거부할 경우 해당 조서는 재판에서 증거로 사용할 수 없습니다. 특히, 재판 단계에서 내용에 대해 증거 부동의를 하면 법정 증거로 채택되지 않고, 재판부에서 볼 수 없는 것이 원칙입니다.

7) 거짓말탐지기 응해야 하나요?

거짓말탐지기에 응할지 여부는 자유입니다. 원칙적 수락이 유리하나, 건강·심리상태가 결과에 영향을 줄 수 있으면 변호사와 응시 여부·질문지 사전 검토 후 결정하시면 됩니다. 거짓말탐지기는 경찰서에서 시행되지 않고 경찰청(본청)에서 별도의 날을 잡고 진행됩니다.

8) 거짓말탐지기의 질문은 무엇인가요?

거짓말탐지기는 일반적인 피의자조사와 달리 질문이 많지 않고, 동일한 사실관계에 대해 2~3개의 다른 형태로 질문을 하여 신뢰도를 검증합니다. 예를 들어, "당시 피해자의 의사에 반해 강제로 성관계를 했습니까?"라는 질문 후, "피해자가 거부했는데도 성관계를 강행했나요?"와 같은 방식으로 반복 질문이 진행됩니다. 진술의 일관성을 유지하고, 변호사와 충분히 사전 준비를 하는 것이 중요합니다.

9) 경찰 단계에서 피해자와 합의를 할 수 있나요?

네, 경찰 단계에서도 피해자와 합의할 수 있지만, 검찰의 형사조정제도나 법원의 양형조사 절차는 경찰 단계에서는 진행되지 않습니다. 합의는 수사관에게 요청해 변호인에게만 피해자 연락처를 공개하는 조건으로 피해자와의 연락을 주선받거나, 피해자 측 변호사를 통해 진행해야 합니다. 이 과정에서 2차 가해로 오해받지 않도록 변호사의 조력을 받아 신중히 접근하는 것이 중요합니다.

10) 경찰이 수사한 사건은 모두 검찰로 송치되나요?

경찰이 수사한 사건이 모두 검찰로 송치되는 것은 아닙니다. 혐의가 없거나 증거가 부족하다고 판단되면 경찰은 불송치 결정을 내릴 수 있습니다. 다만, 불송치 결정에 대해 피해자가 이의신청을 하면 검찰이 사건을 다시 검토할 수 있습니다.

11) 경찰이 검찰로 송치한 사건에 대해 검찰이 보완수사를 할 수 없나요?

검찰이 직접 추가수사를 진행하는 경우는 제한적이며, 일반적으로 경찰에 보완수사를 요구합니다. 검찰은 경찰에 보완수사를 요청하고, 경찰은 이를 바탕으로 추가수사를 진행합니다. 보완수사 결과를 검토한 후 경찰이 범죄 혐의가 인정된다고 판단하면 사건을 다시 검찰로 송치하고, 혐의가 인정되지 않으면 불송치 결정을 내립니다.

12) 검찰이 경찰에 보완수사 요구를 몇 번까지 할 수 있나요?

검찰이 경찰에 보완수사를 요구하는 횟수에는 법적으로 제한이 없습니다.
필요에 따라 여러 차례 보완수사를 요청할 수 있으며, 이는 사건의 복잡성과 증거 부족 여부에 따라 결정됩니다. 다만, 보완수사가 반복되면 사건이 지연될 수 있으므로 신속한 대응이 중요합니다.

13) 경찰의 사건 불송치 결정에 대해 고소인은 어떠한 불복 절차를 거칠 수 있나요?

고소인은 경찰의 불송치 결정에 불복할 경우 해당 경찰관서의 장에게 이의신청을 할 수 있습니다. 이의신청은 공소시효가 경과되지 않는 한 기한이 없으며, 경찰은 사건을 지체 없이 검사에게 송부해야 합니다. 일반적으로 고소인은 30일 이내 이의신청을 하거나 그 기간을 경과한 경우에는 이의신청이 없는 경우가 많습니다. 검사는 이를 검토해 범죄 혐의 유무를 다시 판단하며, 필요한 경우 경찰에 보완수사를 요청하거나 직접 보완수사를 진행할 수 있습니다.

14) 경찰의 수사 과정에서 법령 위반, 인권침해, 수사권 남용 등이 있을 경우 어떻게 해야 하나요?

피의자, 고소(발)인, 피해자 등 사건 관계인은 경찰 수사 과정에서 법령 위반, 인권침해, 또는 수사권 남용이 의심될 경우 검사에게 신고하고 구제를 요청할 수 있습니다. 검사는 신고된 내용을 검토한 후, 필요 시 시정 조치를 명하거나 직접 수사를 통해 적법성을 판단하고 문제를 해결할 수 있습니다. 구제를 위해서는 구체적인 사례와 증거를 함께 제출하는 것이 중요합니다.

15) 검사에게 구제신청을 한 경우 어떤 조치가 이루어지나요?

검사는 시정 조치의 필요성을 판단하기 위해 경찰에 사건 기록 등본을 요청하여 검토할 수 있습니다. 검토 결과, 필요하다고 판단되면 해당 경찰관의 직무 배제, 수사 방식의 재조정, 사건의 재조사 등을 요구하거나 직접적인 시정 조치를 명할 수 있습니다. 이러한 과정은 사건의 공정성과 적법성을 보장하기 위해 이루어집니다.

다. 검찰단계 궁금증

1) 경찰의 불송치 결정 이후 해당 사건은 검찰에서 어떤 절차를 거치나요?

해당 사건에 대한 기록은 검찰에 전달되어 검사가 90일간 불송치 결정의 옳고 그름을 검토합니다. 검사가 기록을 검토한 결과 재수사가 필요하다고 판단하면 경찰에 재수사요청을 할 수 있습니다.

2) 검사가 재수사 요청을 할 경우 재수사 기간이 정해지거나, 재수사 결과를 통보하도록 독촉하는 절차가 있나요?

법령상 독촉하는 절차 또는 재수사 기간은 규정되어 있지 않습니다.

3) 만약 재수사한 결과, 경찰이 기존 결정을 번복해 범죄혐의가 인정된다고 판단해 사건을 검찰에 보내면 이후 절차는 어떻게 되나요?

일반 사건 송치 때와 동일하게 검사는 사건을 검토한 후 기소나 불기소 등의 처분을 할 수 있습니다. 또한 공소제기 여부를 결정하기 위해 필요한 경우에는 경찰에 보완수사를 요구하거나 직접 보완수사를 할 수도 있습니다.

4) 재수사한 결과 경찰이 기존 결정을 유지해 검찰에 결과를 통지하는 경우, 검사는 추가로 재수사 요청을 할 수 있나요?

아니오. 「검사와 사법경찰관의 상호협력과 일반적 수사준칙에 관한 규정」에 따라 재수사 요청 횟수는 1회로 제한됩니다.

5) 검찰이 보완수사 명령을 경찰에 한 경우, 경찰은 또 다시 불송치 결정을 할 수 있나요?

네. 검찰의 보완수사 명령 후에도 경찰은 추가 수사를 통해 혐의가 없다고 판단되면 다시 불송치 결정을 내릴 수 있습니다.

6) 경찰의 수사중지 결정이 있을 때도 검찰에서 사후 검토를 하나요?

네. 경찰이 수사중지를 결정하고 검사에게 사건 기록을 보내면, 검사는 30일 이내에 검토해야 합니다. 검사가 사건 기록을 검토한 결과, 피의자나 참고인의 진술 없이도 범죄혐의 유무를 판단할 수 있거나 피의자나 참고인의 소재를 확인할 수 있음에도 경찰이 확인하지 않았거나, 소재 확인을 위한 조치가 충분하지 않았다고 판단한 경우에는 경찰에 시정조치를 요구할 수 있습니다.

한편, 경찰은 시정조치 요구에 따라 보완조치를 이행하고, 그 결과에 따라 수사중지 결정을 하거나 수사를 진행한 뒤 (검찰에) 송치, 불송치의 결정을 하게 됩니다.

7) 경찰의 수사중지 결정에 불복할 때 당사자는 어떤 조치를 취할 수 있나요?

당사자는 수사중지 결정에 대해 통지를 받은 날부터 30일 이내에 담당 경찰관이 소속된 경찰관서나 바로 위 상급경찰관서의 장에게 수사중지 결정에 대한 이의제기서를 제출할 수 있습니다. 또한 수사중지 기록을 검토 중인 검사에게 수사중지 결정이 법령위반, 인권침해, 현저한 수사권 남용에 해당한다는 취지의 구제신청을 할 수도 있습니다. 수사중지 사실을 알게 된 피의자나 참고인 또한 경찰에 자신의 소재를 알리고 수사를 재개해 달라고 요청할 수 있습니다.

8) 검찰이 불기소 처분을 했을 경우, 고소인 등은 어떻게 불복할 수 있나요?

고소인의 경우 불기소 처분이 옳은지, 그렇지 않은지 여부를 판단해 달라고 고등검찰청에 항고한 후 고등법원에 재정신청을 할 수 있습니다. 고소하지 아니한 피해자의 경우 헌법재판소에 헌법소원을 제기할 수 있습니다. 다만 인용될 확률은 거의 없습니다.

9) 수사절차 진행 중에 상대를 무고죄로 고소할 수 있나요?

가능합니다. 그러나 실무상 성범죄 사건의 수사결과가 나오지 않은 상태에서는 무고죄 진행이 어려운 경우들이 많습니다.

10) 수사단계에서 무혐의를 받은 경우 상대방을 무고죄로 처벌시킬 수 있나요?

무혐의가 나왔다고 하여 반드시 무고죄가 성립하는 개념은 아닙니다. 무고죄는 상대방이 사건을 조작하고 명백한 허위사실을 꾸며서 고소한 경우에만 성립하고, 단순히 증거불충분으로 무혐의가 나온 것은 무고죄가 성립하지 않습니다.

11) 기소 여부는 언제 결정되나요?

검찰은 사건 송치 후 통상적으로 3개월 내에 기소 여부를 결정합니다. 다만 사건의 복잡성, 추가 수사의 필요성 등에 따라 시간이 더 소요되거나 단축될 수 있습니다. 변호사는 사건 진행 상황을 지속적으로 모니터링하며 피의자 등에게 안내할 것입니다.

12) 검찰 단계에서 피해자와 합의를 할 수 있나요?

네. 검찰단계에서 형사조정제도를 이용할 수 있습니다. 그러나 형사조정신청이 반드시 받아들여지는 것은 아니며, 경미한 성범죄 사건에서만 검찰이 이를 승인하거나 피해자가 합의 의사가 있음을 수사기관에 밝힌 경우에는 담당 검사 직권으로 조정 절차가 시작될 수 있습니다.

13) 검찰단계에서 형사공탁을 할 수 있는지 여부?

가능은 하지만 현실적으로 활용이 어렵습니다. 형사공탁의 특례는 기소된 피고인에게만 적용되므로, 검찰 단계에서는 피해자의 인적사항을 반드시 알아야 공탁이 가능합니다. 그러나 검찰 단계에서 피해자의 인적사항을 알기 어려운 경우가 많아,

이 단계에서 형사공탁이 실질적으로 이루어지는 경우는 드뭅니다. 피해자와의 합의를 통해 공탁을 진행하는 것이 보다 일반적입니다.

14) 검찰 조사 이후 제가 해야 할 일은 무엇인가요?

검찰 조사가 끝난 후에도 검찰의 처분이 나오기 전까지는 추가 자료 제출이 필요한 경우 적극적으로 제출을 해야 하고, 검찰의 처분을 기다려야 합니다.

15) 검찰 단계에서 사건이 법원으로 넘어갈 확률은 얼마나 되나요?

검찰은 수사 결과와 법적 판단에 따라 사건을 법원으로 기소할지 여부를 결정합니다. 성범죄 사건의 경우 기소율이 상대적으로 높고, 무죄혐의가 애매한 경우에는 기소되어 법원의 판단을 구하는 경향이 강합니다. 그러나 증거가 명백히 불충분한 경우 불기소가 됩니다. 유죄인정(자백) 사건의 경우 사안의 경중에 따라 사안이 경미한 경우 약식기소를 하거나 사안이 중한 경우 정식기소(구공판)을 하게 됩니다. 정식기소되는 경우 검찰로부터 대부분 실형을 구형받습니다.

라. 재판단계 궁금증

1) 피고인이 미성년자인 경우 가정법원 재판과 일반 형사재판의 차이점이 무엇인가요?

소년이 형사재판을 받는 경우와 가정법원에서 소년보호재판을 받는 경우에는 절차와 결과에서 여러 차이점이 있습니다. 형사재판에서는 검사가 공소를 제기하며, 피고인(소년)은 변호인의 조력을 받아 재판에 임합니다. 공판 절차를 통해 유·무죄를 판단하고, 유죄 시 형벌을 선고합니다. 반면, 소년보호재판에서는 검사의 공소 제기 없이, 소년부 판사가 조사관의 조사보고서를 토대로 심리 여부를 결정합니다. 심리 과정에서 소년의 환경, 성행, 보호자의 보호 의지 등을 종합적으로 고려하며, 비공개로 진행됩니다. 형사재판에서 유죄 판결 시 형법에 따른 형벌(징역, 금고 등)이 부과되며, 이는 전과로 기록됩니다. 반면, 소년보호재판에서는 소년법에 따른 보호처분이 내려지며, 이는 전과로 남지 않습니다. 보호처분에는 보호자나 소년을 보호할 수 있는 자에게 감호 위탁, 수강명령, 사회봉사명령, 보호관찰, 소년보호시설 위탁, 소년원 송치 등이 있습니다. 형사재판에서 구속된 소년은 성인과 분리된

소년 전담 교정시설에 수감되지만, 형이 확정되면 소년교도소 등에 수용됩니다. 반면, 소년보호재판에서는 심리 중 필요한 경우 소년분류심사원에 위탁될 수 있으며, 보호처분에 따라 소년원 등에 수용될 수 있습니다.

2) 약식기소가 되면 바로 벌금이 확정되나요?

아닙니다. 검찰이 약식기소를 한 후 법원에서 약식명령을 발부를 해야 하고, 피고인은 약식명령 송달일로부터 7일 이내에 이의신청을 할 수 있습니다. 7일 동안 이의신청이 없는 경우 약식명령이 송달된 지 7일 후에 약식명령은 자동으로 확정됩니다. 약식명령 확정 후에는 정식 재판을 청구할 수 없으며 결정된 처분(벌금 등)을 따라야 합니다. 약식명령의 불복기간(7일)은 '송달일'부터 계산되며, 이와 달리 정식재판 후 선고되는 판결에 대해서는 '선고가 된 날'부터 불복기간(7일)이 계산됩니다.

3) 만약 약식명령에 대해서 피고인이 이의신청을 하면 어떻게 되나요?

피고인이 이의신청을 하면 약식명령은 효력을 잃고, 사건은 정식 재판으로 전환됩니다. 정식 재판에서는 벌금형을 포함한 처벌이 더 무거워질 가능성도 있지만, 피고인의 방어권이 더욱 폭넓게 보장됩니다. 따라서 무죄를 받고 싶은 피고인은 적극 고려할 필요가 있습니다.

4) 공판기일에 출석하지 않으면 어떻게 되나요?

피고인이 정당한 사유 없이 공판기일에 출석하지 않으면 재판이 진행되지 못하고 기일이 연기될 수 있습니다. 특히, 형사재판에서는 피고인의 출석이 의무이므로, 반복적인 불출석은 법원의 불이익한 판단으로 이어질 수 있으며, 경우에 따라 구속영장이 발부될 위험도 있습니다. 만약 건강상 문제나 긴급한 사유가 있다면 사전에 증빙 자료를 제출하고 재판부의 기일변경 허가를 받아야 불이익을 피할 수 있습니다.

5) 항소를 한 경우에도 1심 판결에 받은 보호관찰소 신고, 신상정보공개 등록, 성폭력 치료 프로그램 이수명령, 벌금 등의 부가처분을 이행해야 하나요?

1심 판결에 대해서 7일 이내 항소를 한 경우 1심 판결이 확정되지 않습니다. 따라서 1심 판결의 효력이 발생하지 않습니다. 그러므로 1심 판결시에 받은 부가처분을 이행하지 않아도 됩니다. 벌금도 가납벌과금 납부명령서가 오더라도 당장 벌금을 납부하지 않아도 됩니다(말 그대로 '가납'이므로 임시로 납부하라고 하는 것입니다). 다만 미리 가납 벌금을 낸 경우 항소심에서 양형자료로 제출하는 경우가 있습니다.

6) 첫 재판 날에 선고까지 되나요?

아니오. 일반적으로 첫 재판 날에는 선고가 이루어지지 않습니다. 형사재판은 공판기일과 선고기일이 나뉘며, 첫 공판기일 이후 선고기일은 통상적으로 3~4주 뒤에 별도로 잡힙니다. 피고인은 일반적으로 최소 두 차례 법정에 출석해야 하며(약식명령 사건은 재판이 열리지 않습니다. 만약 약식명령 사건에 정식재판 청구를 한 경우에는 공판기일에는 참석해야 하나 선고기일에는 참석하지 않아도 됩니다), 재판이 끝난 후 판사가 판결문을 작성할 시간을 가지기 때문입니다. 재판부마다 선고기일이 잡히는 기간은 다소 차이가 있을 수 있습니다.

7) 법원에 몇 번 가야 하나요?

형사재판에서는 최소 2번 이상 법원에 출석해야 함이 원칙입니다. 첫 번째는 공판기일에 참석하여야 하고, 두 번째로는 선고기일에 참석하여야 합니다.
자백 사건의 경우, 첫 공판기일에서 심리가 종료되면 선고기일이 잡힙니다. 다만, 합의가 되지 않아 양형조사 절차를 밟아야 하는 경우 또는 변호인을 통한 합의를 할 시간이 더 필요한 경우 합의를 하기 위한 추가 공판기일이 열릴 수 있습니다.
반면, 무죄를 주장하는 부인 사건의 경우, 증인신문 등 심리가 필요한 경우 여러 차례 공판기일에 출석해야 할 가능성이 높습니다. 사건의 복잡성과 진행 상황에 따라 출석 횟수는 달라질 수 있습니다.

8) 재판시간은 어떻게 되나요?

첫 재판은 비교적 짧게 진행되며, 증인신문이 있는 재판은 시간이 더 소요됩니다. 첫 재판은 재판부가 피고인의 입장을 확인하는 자리로, 죄를 인정할지 부인할지 등을 확인하며 통상 5~10분 안에 종료됩니다. 변호인이 미리 의견서를 제출해 재판 준비가 완료된 경우 더욱 간결하게 진행됩니다. 이후 증인신문이 있는 재판은 증인 1인당 약 1시간 정도 소요될 수 있어 시간이 더 길어질 수 있습니다.
일반적으로 자백(인정) 사건의 경우 서류 중심으로 재판이 이루어지므로 공판기일의 재판 자체의 시간은 매우 짧고, 부인(무죄) 사건의 경우 증인신문 등의 재판이 이루어지는 경우 2시간 이상 재판이 소요되는 경우가 있습니다.

9) 과거 동종전과가 현재 사건에 얼마나 영향을 미칠까요?

과거 동종전과는 현재 사건의 처벌 수위와 형량에 상당한 영향을 미칩니다. 법원은 재범 가능성과 피고인의 교화 가능성을 판단하기 위해 과거 동종전과를 중요한 양형 요소로 고려합니다. 동종전과가 있을 경우, 재범 우려가 높다고 평가되어 형량이 가중될 가능성이 큽니다. 특히, 동일한 범죄를 반복한 경우, 법원은 더 엄격한 처벌을 통해 재범 방지와 사회적 경각심을 강조하려는 경향이 있습니다. 그러나 반성, 피해 회복, 재범 방지 노력을 입증하면 형량이 다소 완화될 여지가 있으므로, 이를 적극적으로 준비하는 것이 중요합니다.

10) 검찰의 구형은 언제 결정되나요?

검찰의 구형은 공판 절차가 모두 마무리된 후, 최종 공판기일에 결정됩니다. 자백 사건의 경우 보통 첫 재판에 구형이 결정됩니다.

검사는 재판에서 제시된 증거와 피고인의 진술, 법적 쟁점을 종합적으로 검토한 후, 피고인에게 적합하다고 판단되는 형량을 재판부에 요청합니다. 구형은 최후변론과 피고인의 최후진술 직전에 이루어지며, 재판부의 판결에 영향을 미치는 중요한 요소로 작용합니다.

11) 법원 마지막 재판이 끝나고 선고기일이 잡힌 경우에도 양형자료를 제출할 수 있나요?

형사재판에서 선고기일 전에는 (증거자료와 달리) 양형자료를 제출할 수 있습니다. 선고기일은 판결이 선고되는 시점이므로, 그 전에 제출되는 모든 자료는 피고인의 형량 결정에 중요한 역할을 합니다. 만약 반드시 내고 싶은 양형자료가 있고 시간이 촉박하다면 선고기일 연기신청서를 제출하면서 선고기일을 연기하려는 소명사유와 소명자료를 첨부하여 선고기일을 연기하는 방법도 하나의 방법입니다.

12) 재판단계에서 피해자의 인적사항을 모르는 상황에서 형사공탁을 할 수 있는지 여부

네. 재판단계에서 피해자의 인적사항을 모르더라도 형사공탁이 가능합니다. 피해자의 인적사항을 알 수 없는 경우에도 형사공탁의 특례에 따라 공탁을 진행할 수 있습니다.

13) 형사공탁을 한 경우 피해자가 형사공탁금을 찾지 않은 경우에 형사공탁금을 회수할 수 있나요?

아니오. 형사공탁을 통해 피해자에게 금전을 공탁한 경우, 피해자가 이를 수령하지 않더라도 피공탁자의 동의 없이 공탁금을 회수하는 것은 일반적으로 불가능합니다. 기본적으로 공탁금은 소진되는 돈입니다.

14) 선고기일에 혼자 출석하나요?

네, 선고기일에는 피의자 등이 혼자 출석하는 것이 원칙입니다. 선고기일은 판사가 이미 결정된 판결문을 읽는 자리로, 변호사의 변론이나 발언권이 없습니다. 만약 구속 가능성이 있는 경우, 대중교통을 이용하거나 가까운 지인과 함께 출석하는 것이 좋습니다. 선고는 피고인석에 일어서서 내용을 듣는 방식으로 진행되며, 원칙적으로 피고인에게 별도의 발언권은 주어지지 않습니다. 변호사는 선고기일에 출석하지 않지만, 선고 후 형사판결문 열람 청구와 항소장 접수 등의 후속 업무를 지원합니다.

15) 선고기일에 꼭 참석해야 하나요?

선고기일에는 피고인이 반드시 출석해야 합니다. 선고는 재판부가 판결문을 읽는 자리로, 피고인이 직접 판결을 듣고 이를 확인해야 하기 때문에 출석이 의무입니다. 만약 정당한 이유 없이 선고기일에 불출석할 경우, 구속영장이 발부될 수 있습니다. 다만 예외적으로 약식기소된 사건에 피고인이 정식재판을 청구하여 진행된 재판의 선고기일은 피고인이 출석하지 않아도 됩니다.

16) 선고기일이 변경되었는데 왜 그런가요?

형사재판의 선고기일은 여러 사유로 변경될 수 있습니다.

첫 번째로, 재판부의 사정으로 인해 변경되는 경우가 있습니다. 예를 들어, 판사의 사임, 휴가, 건강 문제 등 재판부 내부적인 이유로 일정 조정이 필요할 수 있습니다. 또한, 사건이 복잡하여 판결문 작성에 추가 시간이 필요한 경우나, 동일 재판부에서 진행 중인 다른 사건 일정과의 충돌로 선고기일이 조정될 수 있습니다.

두 번째로, 선고 직전에 새로운 증거가 제출되거나 추가 심리가 필요한 경우에도 변경될 수 있습니다. 검찰이나 변호인이 선고기일 직전에 재판부에 추가적인 의견서나 자료를 제출하면, 재판부는 이를 검토하고 추가적인 시간이 필요하다고 판단할 수 있습니다.

세 번째로, 피고인의 개인적인 사정으로 선고기일이 변경되는 경우도 있습니다. 피고인이 건강상의 이유나 긴급한 개인 사정으로 선고기일에 출석할 수 없음을 사전에 소명하면 재판부는 일정을 변경할 수 있습니다.

변경된 선고기일은 재판부가 피고인이나 변호인에게 사전에 통보합니다.

선고기일이 변경되었다고 하여 피고인에게 불리하게 작용하는 것이 아닙니다.

17) 실형이 선고되면 즉시 구속되나요?

불구속 상태에서 재판을 받았더라도, 선고 당일 실형이 선고되면 원칙적으로 법정에서 구속됩니다. 다만, 집행유예가 선고된 경우에는 구속되지 않습니다. 다만 실형 선고라고 하더라도 피해자와의 합의 가능성이나 사건의 중대성을 고려하여 실형을 선고하더라도 불구속을 하는 경우가 있습니다. 다만 실형선고를 하면서 불구속을 하는 경우는 이례적인 경우에 해당합니다.

18) 집행유예와 선고유예의 차이는 무엇인가요?

집행유예는 형의 선고는 하되 일정 기간 형의 집행을 유예하는 것이며, 그 기간 동안 별다른 문제가 없으면 형의 집행이 면제됩니다. 선고유예는 일정 기간 형의 선고 자체를 유예하는 것으로, 유예 기간 동안 범죄를 저지르지 않으면 형의 선고가 면제됩니다. 선고유예가 더 경미한 판결입니다. 다만 정식 기소까지 된 성범죄 사건에서 선고유예는 거의 없는 편입니다.

19) 형사판결문은 피해자도 받을 수 있나요?

형사판결문은 피해자에게 자동으로 송달되지 않으며, 피해자가 판결문을 원할 경우 법원에 신청하여 발급받아야 합니다. 다만, 피해자는 검찰을 통해 사건 결과를 문자메시지로 통보받는 경우가 있으며, 필요 시 검찰청에서도 사건 진행 결과를 확인할 수 있습니다.

20) 형사판결이 선고되면 재판 절차가 끝이 나는 것인가요?

형사판결이 선고되었다고 해서 아직 모든 절차가 끝난 것은 아닙니다. 피고인 또는 검사가 판결에 불복하는 경우, 판결 선고일로부터 7일 이내에 항소장을 제출하여 항소를 제기할 수 있습니다. 판결선고 후 7일 안에 검사 및 피고인 모두가 항소를 하지 않은 경우에 형사판결이 확정이 되고 비로소 모든 절차가 끝이 납니다. 특히, 무죄가 선고되거나 형량이 지나치게 낮게 나온 경우에는 검사가 항소할 가능성이 높아집니다.

21) 변호사의 업무는 언제 종료되나요?

변호사의 업무 기간은 선임 계약의 내용에 따라 다르지만, 일반적으로 판결 선고 시까지입니다. 즉, 변호사의 임무는 선고기일에 종료되는 것이 원칙입니다. 심급 대리 원칙에 따라 1심, 2심, 3심은 각각 별개의 절차로 간주되며, 1심 판결 선고 후에는 변호사의 임무도 종료됩니다. 피의자 등은 1심 판결에 불만이 있거나 상황에 따라 2심에서 변호사를 교체할 수 있으며, 심급이 달라지면 재판부의 판사와 공판 검사도 모두 새롭게 구성됩니다. 이는 각 심급에서 독립적인 재판이 이루어짐을 반영한 절차입니다.

22) 형사판결문은 언제, 어떻게 받을 수 있나요?

형사사건의 판결문은 자동으로 송달되지 않으므로, 직접 신청하여 수령하셔야 합니다. 형사 판결등본은 판결 확정 전과 판결 확정 후로 나누어 신청 방법이 달라집니다. 판결 확정 전(선고일로부터 7일 이내)에는 해당 사건이 진행된 법원에 열람 신청할 수 있습니다. 판결 확정 후(선고일로부터 7일 이후 또는 3심 확정 후)에는 사건 기록이 검찰청으로 이관되므로, 가까운 검찰청을 방문해 판결등본을 신청해야 합니다. 판결문 작성에는 약 2~3일이 소요되므로, 선고 당일 바로 수령이 어려울 수 있습니다. 또한 형사사건의 항소 기한은 판결 선고일로부터 7일 이내이므로, 신속히 판결문을 수령해 대응해야 합니다. 변호인이 있는 경우 변호인사무실에서 판결문 열람업무를 진행합니다.

23) 형사판결에 불복하려면 어떻게 해야 하나요?

형사판결에 불복하려면 항소 또는 상고 절차를 통해 상급 법원에 재판을 요청할 수 있습니다. 항소는 1심 판결에 불복하여 2심 법원에 재판을 청구하는 것이며, 상고는 2심 판결에 불복하여 대법원에 법률적 판단을 요청하는 절차입니다. 항소는 선고일로부터 7일 이내에 항소장을 제출해야 하며, 항소이유서는 소송기록접수통지서를 받은 날로부터 20일 이내에 제출해야 합니다. 이 기간 내에 항소이유서를 제출하지 않으면, 법원은 항소를 기각합니다. 정해진 기간을 반드시 지켜야 하므로 주의가 필요합니다.

마. 집행단계 궁금증

1) 언제부터 언제까지 벌과금 납부 가능한가요?

법원에서 벌과금 선고를 받아 검찰청에서 가납부 지로를 발송한 때부터(벌과금 선고일로부터 최소 5~7일 이후, 가납의 경우 고지서 발송일로부터 +15일 납부기한) 납부 가능합니다. 늦어도 벌과금이 확정된 이후, 지로에 기재된 본납부 기한(30일) 내에는 반드시 납부해야 합니다.

2) 성매매알선으로 추징금이 부과되는 경우 납부 기한은 언제까지인가요?

형사 판결이 확정되면, 검찰은 납부 대상자에게 추징금 납부 명령을 통지합니다. 검찰이 납부 명령을 발송한 후, 통상 30일 이내에 추징금을 납부해야 합니다. 정확한 기한은 납부통지서를 확인하시면 됩니다.

3) 신용카드로 벌과금 납부 가능한가요?

벌과금이 확정된 후 가능(가납부 단계에서는 신용카드 불가)하며, 카드할부결제도 가능하나, 카드결제수수료 및 할부수수료는 납부자 부담입니다.

4) 벌과금을 조금씩 나누어(분납) 낼 수 있나요?

경우에 따라 가능합니다. 다만, 기초생활수급자, 장애인, 실업급여수급자, 의료급여 대상자, 한부모가족 보호대상자, 불의의 재난 피해자, 질병이나 중상해로 1개월 이상의 장기 치료를 받아야 하는 자, 본인 외에는 가족을 부양할 사람이 없는 자 등 그 대상은 제한적입니다. 벌과금 분납이 허가되면 최장 6개월의 범위 내에서 균등하게 액수를 나누어 납부 합니다.(재산형 등에 관한 검찰집행사무규칙 제12조 제1항 참조)

5) 벌과금을 일부 현금, 일부 신용카드로 낼 수 있나요?

가능합니다. 신용카드는 벌금이 확정된 이후에만 가능합니다.

6) 사전구속영장으로 이미 구속된 상태에서 실형이 선고된 경우, 구속된 기간은 형기에 반영되나요?

네. 사전구속영장으로 인해 이미 구속된 기간은 형기에 포함됩니다. 형법 제57조에 따르면, 피고인이 구속된 상태에서 형이 확정된 경우, 구속 기간은 선고된 형기의 일부로 산입됩니다. 예를 들어, 실형 1년이 선고되었고 사전구속 상태로 3개월을 복역했다면, 선고일 기준으로 남은 형기는 9개월이 됩니다.

7) 실형이 확정되어 구속된 경우 보석으로 나올 수 있나요?

아니오. 형사 판결이 확정되어 구속 수감된 경우, 보석 제도를 통해 석방되는 것은 불가능합니다. 보석은 재판이 진행 중인 피고인에 대해 구속의 집행을 일시적으로 정지시키는 제도로, 판결 확정 전까지 적용될 수 있습니다. 따라서, 판결이 확정되어 형이 집행 중인 경우에는 보석을 신청할 수 없습니다.

8) 실형이 확정되어 구속된 경우 부모 장례식 등이 있는 경우 형집행정지를 할 수 있나요?

네. 특별한 사정이 있는 경우, 형집행정지를 고려할 수 있습니다. 형집행정지는 형의 집행 중에 일정한 사유가 있을 때 형의 집행을 일시적으로 정지하는 제도로, 주로 건강상의 이유나 직계가족 또는 배우자의 직계존속이 사망한 때 등이 있을 때 검토됩니다. 형집행정지를 신청하려면 관할 검찰청에 관련 사유를 소명하는 자료를 첨부하여 신청서를 제출해야 하며, 검찰의 심사를 거쳐 승인 여부가 결정됩니다.

9) 만약 선고기일에 실형으로 법정구속이 되어 형이 확정된 경우 더 이상 방법이 없나요?

아닙니다. 가석방 제도가 있습니다. 형기의 1/3 이상을 마쳤다면 가석방 제도를 통하여 조기에 출소가 가능할 수 있습니다. 예를 들어, 6년형을 선고받은 경우 2년(6년 × 1/3) 이상 복역 후 가석방 신청이 가능합니다. 단 가석방 신청을 하여 심사를 받아야 합니다.

10) 무죄가 나온 경우 소송비용은 누가 부담하나요?

형사소송에서는 민사소송과 달리 소송비용 패소자 부담 제도가 없습니다. 따라서, 무죄 판결을 받더라도 고소인에게 소송비용을 부담시키는 제도는 없습니다. 피고인이 변호사 비용이나 기타 소송비용을 부담해야 하며, 일부 비용은 국가에서 보전해주는 경우도 있으나 제한적입니다. 소송비용의 상세 내용은 변호사와 상담을 통해 확인하는 것이 좋습니다.

바. 양형자료 궁금증

1) 성범죄예방교육 등의 양형자료는 어디서 만들 수 있나요?

법원에서 정해놓은 기관은 없습니다. 스스로 재범가능성을 없애는 의지를 보여주는 양형자료이기 때문에 성의와 진정성이 중요합니다. 성범죄예방교육 관련해서 강의를 들을 수 있는 기관을 인터넷에서 찾아서 적절한 곳을 선택하여 진행하시면 됩니다.

2) 정신과 심리상담 등의 양형자료 어떻게 받을 수 있어?

정신과 심리상담 등의 양형자료를 확보하려면, 심리상담이 가능한 정신과 병원을 찾는 것이 우선입니다. 네이버 지도나 다음 지도에서 '○○ 지역 정신과 병원 심리상담'으로 검색하면 관련 병원을 쉽게 찾을 수 있으며, 보건복지부 정신건강복지센터를 통해 가까운 정신과 병원이나 상담소를 추천받을 수도 있습니다. 정신과 병원의 심리상담은 대개 건강보험이 적용되어 비용 부담이 적으며, 상담이나 진단 결과는 개인정보로 보호되어 본인의 동의 없이 외부로 공개되지 않습니다.

법원 제출용 양형자료를 준비하는 경우, 상담 전에 병원 측에 해당 용도를 미리 알리는 것이 중요합니다. 필요시 법원 제출용 진단서나 상담 기록을 요청할 수 있으나, 추가 비용이 발생할 수 있으니 사전에 확인해야 합니다. 이러한 과정을 통해 양형자료로 활용할 수 있는 상담 기록을 효과적으로 준비할 수 있습니다.

성 범 죄 변 호 사 의
억울하거나
과한 처벌
막는 법

초판 1쇄 발행　2025. 10. 28.

지은이　김현태
펴낸이　김병호
펴낸곳　주식회사 바른북스

책임편집　주식회사 바른북스 편집부

등록　2019년 4월 3일 제2019-000040호
주소　서울시 성동구 연무장5길 9-16, 301호 (성수동2가, 블루스톤타워)
대표전화　070-7857-9719 | **경영지원**　02-3409-9719 | **팩스**　070-7610-9820

・바른북스는 여러분의 다양한 아이디어와 원고 투고를 설레는 마음으로 기다리고 있습니다.

이메일　barunbooks21@naver.com | **원고투고**　barunbooks21@naver.com
홈페이지　www.barunbooks.com | **공식 블로그**　blog.naver.com/barunbooks7
공식 포스트　post.naver.com/barunbooks7 | **페이스북**　facebook.com/barunbooks7

ⓒ 김현태, 2025
ISBN 979-11-7263-638-8 03360

・파본이나 잘못된 책은 구입하신 곳에서 교환해드립니다.
・이 책은 저작권법에 따라 보호를 받는 저작물이므로 무단전재 및 복제를 금지하며,
이 책 내용의 전부 및 일부를 이용하려면 반드시 저작권자와 도서출판 바른북스의 서면동의를 받아야 합니다.